La guerra mundial de los romanos

TIEMPO DE HISTORIA

Giusto Traina

La guerra mundial de los romanos

Del asesinato de Julio César a la muerte de Marco Antonio y Cleopatra (44-30 a. C.)

Traducción castellana de
Silvia Furió

CRÍTICA
BARCELONA

Primera edición: septiembre de 2024

La guerra mundial de los romanos
Del asesinato de Julio César a la muerte de Marco Antonio y Cleopatra
Giusto Traina

Título original: *La guerre mondiale des Romains. De l'assassinat de César à la mort d'Antoine et Cléopâtre (44-30 av. J.-C.)*

Cartografía: Philippe Paraire

Iconografía: DAU, Grupo Planeta

Av. Diagonal, 662-664, 08034 Barcelona (España)
Crítica es un sello editorial de Editorial Planeta, S. A.

editorial@ed-critica.es
www.ed-critica.es

ISBN: 978-84-9199-672-9
Depósito legal: B. 12.387-2024
Impresión y encuadernación: Rotoprint
Printed in Spain - Impreso en España

PEFC Certificado
Este libro procede de bosques gestionados de forma sostenible
PEFC
PEFC/14-38-00305
www.pefc.es

Prólogo

El fin de la República romana: ¿guerra civil o guerra mundial?

Para los romanos, el fin de la República fue un largo siglo marcado por las guerras civiles: Mario contra Sila, César contra Pompeyo, Octaviano contra Marco Antonio, por mencionar tan solo los conflictos más largos y cruentos. En su compendio escolar, destinado a su joven discípulo Macrino (en el que algunos han querido ver al futuro prefecto del pretorio y después emperador en 217-218 d. C.), el maestro Lucio Ampelio enumera estas guerras, la última de ellas la de «César Augusto contra varios generales»: los cesaricidas Bruto y Casio, Sexto Pompeyo y Marco Antonio.[1] No se trataba, por lo tanto, de un conflicto corriente, sino de una auténtica guerra en mayúsculas, que duró catorce años: desde el asesinato de Julio César en el año 44 a. C. hasta la victoria definitiva de Octaviano sobre Antonio y Cleopatra en el 30. Según este esquema, destinado a los escolares del Principado romano, las guerras del final de la República aparecen como una serie de ajustes de cuentas entre romanos: una guerra entre facciones interrumpida en determinados momentos para luchar contra los bárbaros o los rebeldes. La victoria final de Octaviano, que en el año 27 adoptó el nombre de Augusto y propició el paso de la República al Principado, puso fin a las guerras civiles.[2]

Los colegiales de la época de Ampelio aprendían así a memorizar las guerras civiles de Roma. En realidad, la situación era mucho más compleja, puesto que los acontecimientos del final de la República no se limitaban a un simple encadenamiento de guerras civiles. Su perspectiva era mundial. Este término podría parecer anacrónico, porque antes del siglo XIX no se habla de «guerra mundial». De hecho, los antiguos conocían perfectamente la diferencia entre un conflicto ordinario y una «gran guerra».[3] Asimismo, los romanos eran conscientes de que sus guerras civiles, por lo menos a partir de mediados del siglo I antes de nuestra era, habían alcanzado una dimensión internacional, desde Hispania hasta el Imperio parto. Así pues, Floro (originario del África romana y por lo tanto sensible al carácter mundial del Imperio) presenta el combate entre César y Pompeyo como un conflicto que «no era simplemente una guerra entre aliados o una guerra externa, sino más bien algo que incluía todas las formas de guerra: en pocas palabras, más que una guerra».[4] Por otro lado, no se pueden analizar los acontecimientos del final de la República sin comprender el reto militar más importante: la continuación de la gran expedición a los Balcanes, y después a Oriente, preparada por César e interrumpida por su asesinato. Como veremos más adelante, Octaviano y Marco Antonio trataron de llevar a cabo esta tarea, pero con resultados mediocres.

Desde la perspectiva histórica tradicional, centrada en Roma y en Italia, los pueblos vecinos habrían asistido, más o menos de cerca, a las guerras civiles de los romanos en calidad de peones de un juego sobre el tablero del *Imperium Romanum*. Bereberes, hispanos, galos, griegos, tracios y armenios habrían ocupado la primera fila de estos espectáculos trágicos de las guerras civiles romanas de las que dependía su destino. En la lejana Mesopotamia, sentados en las últimas gradas de este teatro mundial, los partos observaban también las vicisitudes de sus rivales, que, de vez en cuando, interrumpían las hostilidades para establecer o restablecer alianzas más o menos duraderas, que permitían, de paso, liquidar a los jefes más débiles que reclamaban una parte del poder.

Este libro propone una perspectiva diferente. Pese a que la mayor parte de nuestras fuentes reflejan más el punto de vista de los romanos que el de las *gentes* del exterior, sin llegar a escribir una verdadera historia «inclusiva», trataremos de proponer un nuevo equilibrio despojando a los extranjeros de su papel de personajes secundarios. Junto con Octaviano y Antonio, y otros romanos más o menos importantes, hubo otros extranjeros menos conocidos que Cleopatra implicados en el Gran Juego entre Roma, los partos y los demás pueblos vecinos: el moro Bogud, el cilicio Tarcondimoto y el armenio Artavasdes.

Introducción

El último proyecto de Julio César

La muerte violenta de Julio César interrumpió bruscamente todos sus proyectos, a partir de su campaña oriental. El dictador debería haber partido de Roma el 18 de marzo del año 44 para unirse a las legiones que ya habían atravesado el Adriático, pero el día 15 —los idus de marzo según el calendario romano— fue apuñalado por un grupo de conspiradores. El historiador Nicolás de Damasco describió el impactante contraste entre el cadáver inerte de César y la grandeza de sus conquistas, realizadas o imaginadas: «El muerto todavía yacía en el lugar donde había caído, ignominiosamente manchado con la sangre de un hombre que había llegado hasta la lejana isla de Britania, hasta el Océano, y que había previsto alcanzar los reinos de los partos y los indios, para reunir bajo un solo imperio a todas las potencias de la tierra y del mar. Y ahora yacía allí, sin que nadie osase asumir la responsabilidad de recoger el cuerpo».[1]

Nicolás escribió su *Vida de Augusto* como muy tarde algún tiempo después de la muerte del *princeps*. Se trata, pues, del testimonio más antiguo del proyecto de campaña de César, que anhelaba «llegar hasta los reinos de los partos y de los indios». El objetivo del dictador era reanudar las hostilidades contra el imperio iraní, que se extendía desde Mesopotamia hasta Asia central. Entre los años 54 y 53, los partos habían reaccionado a la tentativa de invasión de la Alta Mesopotamia por el gran ejército del ambicioso Marco Licinio Craso: en torno a cuarenta mil hombres, legionarios y auxiliares que la caballería iraní y sus aliados detuvieron y aniquilaron el 9 de junio del 53, en la llanura de Carras (en la actualidad Harrán, en Turquía, cerca de la frontera siria). Craso no había previsto ni la reacción ni la superioridad táctica del enemigo: días después de la masacre de sus hombres, murió, tontamente, en una escaramuza. Decían que su cabeza había sido entregada al rey al final de un banquete, en una macabra puesta en escena.[2] Varios legionarios supervivientes fueron capturados. Y para colmo de humillación, los partos se apoderaron de las enseñas militares de siete legiones, asestando con ello un golpe casi mortal al prestigio de Roma en Oriente.

Después de Carras, los partos y sus aliados árabes no dejaron de hostigar a la provincia romana de Siria. En el año 51, contando con la superioridad de sus fuerzas y con la tenaz resistencia de la población local frente a la dominación romana, llegaron hasta las puertas de Antioquía.[3] Sin embargo, la guerra civil entre Pompeyo y César retrasó las operaciones. Bajo el mando del procuestor C. Casio Longino (el futuro cesaricida), los legionarios acantonados en Siria contuvieron la invasión de la provincia; no obstante, había que reforzar el dispositivo de defensa y sobre todo recuperar el prestigio romano en Oriente. En torno al año 50, cuando César todavía se encontraba en la Galia, el Senado le había ordenado que destinase dos legiones de su ejército a la guerra contra los partos. Pompeyo, que desde hacía un tiempo se preparaba para la guerra civil, aprovechó la ocasión para debilitar las tropas de su rival: estas permanecieron en Italia, a su servicio.[4] Al evitar a los partos los costes de una nueva guerra, Pompeyo se aseguró el apoyo de Orodes II. De este modo, cuando César desencadenó la guerra, «los partos eligieron el bando pompeyano por la amistad contraída con Pompeyo con ocasión de la guerra contra Mitrídates, y también a causa de la muerte de Craso, cuyo hijo [el joven M. Craso, veterano de las Galias como su hermano Publio, desaparecido en Carras] habían oído que era partidario de César y estaban seguros de que trataría de vengar a su padre en caso de una victoria de César».[5] En la campaña de Farsalia (donde tuvo lugar la batalla decisiva contra César el 9 de agosto del 48), Pompeyo intentó negociar la ayuda directa de los partos, aunque en vano: decían que Orodes había reclamado Siria a cambio.[6] Tras la derrota, Pompeyo valoró incluso refugiarse con el rey, que «en aquellos momentos era el más adecuado para acogerlos y protegerlos en su debilidad y para, a continuación, reforzarlos y permitirles regresar con un importante ejército».[7] Según Dion Casio, que sin duda utiliza una fuente favorable a Pompeyo, aquello no era más que un rumor sin fundamento: los partos no eran de fiar porque habían encarcelado al embajador de Pompeyo. Sea como fuere, unas semanas después de la derrota de Farsalia, Pompeyo fue ejecutado en Egipto.

Ya nada se oponía a la guerra contra los partos, incluso después de los largos años de guerras exteriores y civiles que habían desgastado a los legionarios. En el verano del año 47, César se trasladó a Siria y después a Cilicia y restableció el orden en el Oriente controlado por los romanos. Buena parte de los antiguos aliados de Pompeyo le pidieron perdón. El dictador les concedió clemencia haciendo gala de su reputación, y de una de las cualidades de su política, mediante el pago de un tributo.[8] César recibió en Siria a los reyes, «tiranos» y «dinastas» cuyos reinos se encontraban en la frontera de las provincias romanas, empezando por Siria y Cilicia.[9] Estos aliados de Roma más o menos poderosos estaban integrados en el *Imperium Romanum*. En las regiones menos urbanizadas de Anatolia, los romanos no ejercían un control directo, sino que propiciaban una hegemonía «imperialista» que consistía en una supervisión de los equilibrios políticos y en la recaudación de impuestos. En Oriente se respetaba el poder del rey, e incluso los menos poderosos poseían un carisma religioso que les garantizaba la fidelidad de los súbditos y el control de los nobles sometidos a ellos. Roma tenía gran interés en respetar estas tradiciones, al mismo tiempo que apoyaba e incluso imponía a sus soberanos. Además, César podía contar con el respaldo de la megalópolis de Antioquía y con el de los judíos, gracias a sus excelentes relaciones con Hircano II, el gran sacerdote del Templo de Jerusalén.

No obstante, César no podía permanecer más tiempo en Oriente, porque tenía que acabar con la guerra civil contra los hijos y los aliados de Pompeyo, primero en África y después en Hispania. Es más, durante su prolongada ausencia, en Roma se habían desatado revueltas. Había que regresar enseguida. Tiempo después, en un discurso pronunciado a comienzos del año 43 y recogido por Dion Casio, Cicerón acusaría a Marco Antonio de haber fomentado los disturbios del año 47. «Fue en gran medida por su culpa», dijo, «que, después de la victoria de Farsalia, no se pudiera dominar de inmediato toda la región del Ponto y a los partos. A causa de las fechorías de Antonio, César tuvo que regresar aquí a toda prisa, sin poder terminar con estos pueblos como bien habría podido hacer».[10] En definitiva, César apuntaba a los dos polos estratégicos de Oriente: el mar Negro y Mesopotamia. Ninguna de estas regiones estaba enteramente bajo el control de Roma. De momento, César había solventado la situación en Siria (que había sido exprimida al límite por el gobernador pompeyano Escipión),[11] confiando la provincia a su primo Sexto César, sin duda designado su sucesor.[12] En su camino de regreso a Italia derrotó a Farnaces, rey del Bósforo cimerio (*«veni, vidi, vici»*).

Los romanos eran conscientes de las ambiciones de César, que se confirmaron cuando celebró, en el verano del 46, una serie de triunfos espectaculares, consagrando cuatro ceremonias a sus victorias en las cuatro partes del mundo: la Galia, África, el Ponto y Egipto. El pueblo vio entonces desfilar carros cargados de botín y de prisioneros. Las conquistas estaban personificadas: cuadros pintados representaban el Rin y el Ródano y una estatua de oro simbolizaba el Océano, con los rasgos de un cautivo.[13] Entre los prisioneros había algunos personajes de rango más o menos elevado: el pequeño Juba, huérfano del rey de Numidia que había sido aliado de Pompeyo; la joven Arsínoe, hermana pequeña de Cleopatra y reina de Egipto entre los años 48 y 47; y sobre todo Vercingétorix, trasladado a Roma tras su derrota en Alesia

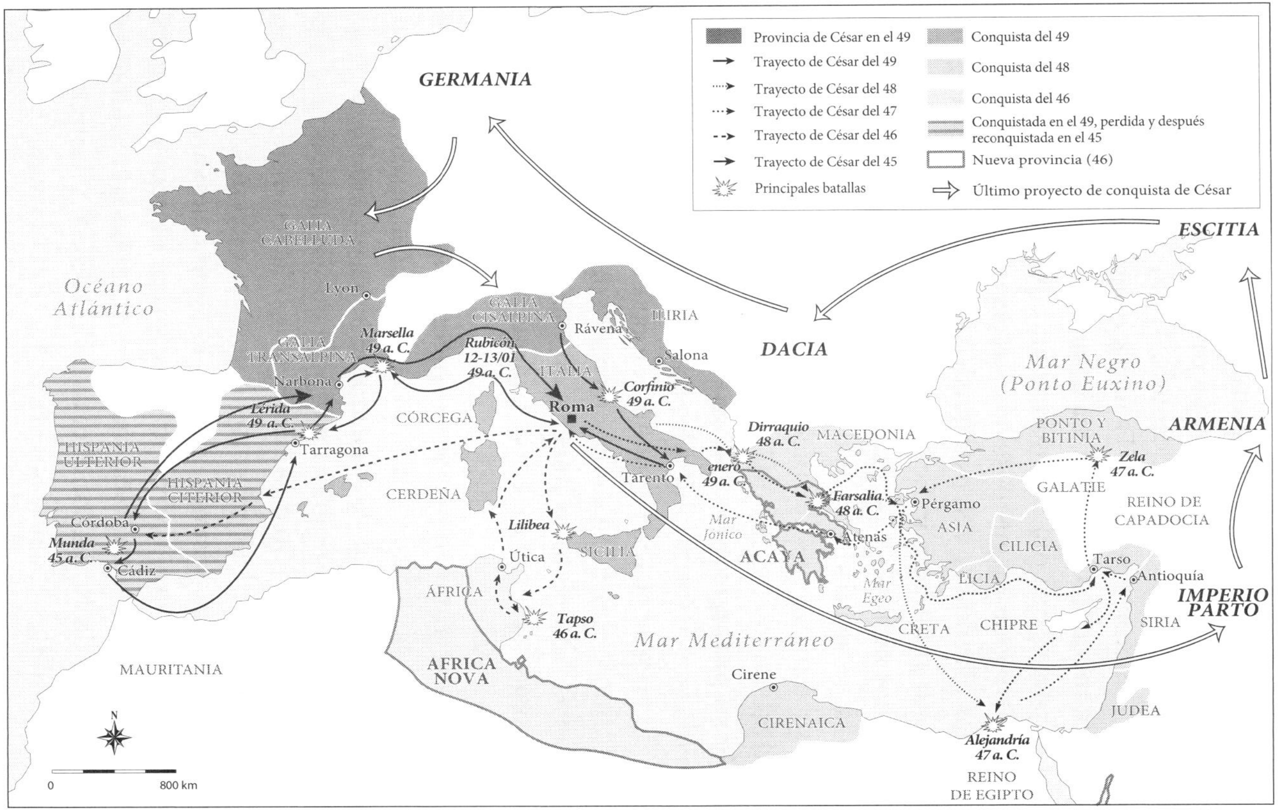

Las guerras civiles de César

en el año 52. Por su corta edad, perdonaron a Juba y a Arsínoe: el primero recibió educación romana y sería nombrado, años después, rey de Mauritania por Augusto; a la segunda se la exilió en Asia Menor. En cambio, no hubo piedad para el jefe de los galos, que fue estrangulado poco después. Otros prisioneros menos prestigiosos fueron enviados a la arena, donde murieron.

De esta manera, César llevaba a cabo una verdadera reinterpretación paroxística del triunfo romano, para disfrute del pueblo, pero para gran disgusto de sus adversarios. Con semejantes ceremonias ostentosas y sensacionalistas alardeaba de su gloria militar en un ambiente de fiesta popular, que, a la vez, permitía a sus soldados mofarse de él cantando versos satíricos que hacían burla de la sexualidad equívoca de su comandante. Al mismo tiempo, se tomaba una revancha póstuma sobre Pompeyo, su eterno rival, cuyos tres triunfos celebrados en el año 61 habían ofendido su prestigio. Sin embargo, aunque hacía soñar al pueblo romano, suscitaba también las críticas de algunos senadores, sobre todo porque al año siguiente, en octubre del 45, César celebró un triunfo sobre Hispania: en realidad, un triunfo sobre los pompeyanos.[14] Numerosas puestas en escena presentaban estas victorias como si fueran exteriores, minimizando el problema de las guerras civiles.

César no escatimó en juegos ni espectáculos «con actores que hablaban todas las lenguas». En un lago artificial, excavado cerca de los jardines de César y rellenado de agua, se simuló un combate naval que se remontaba a una época muy lejana, entre «egipcios» y «tirios».[15] El Circo Máximo acogió la reconstrucción de una batalla campal en la que participaron dos ejércitos, compuestos por mil hombres, sesenta jinetes y cuarenta elefantes.[16] Estas representaciones permitían olvidar los enfrentamientos entre romanos. Se mostraban también animales extraños que simbolizaban el dominio de Roma sobre el mundo bárbaro y la naturaleza salvaje y se subrayaba, al mismo tiempo, la grandeza del promotor de los juegos, sobre todo cuando se exhibían especies hasta entonces desconocidas. Con ocasión del triunfo egipcio de César, el pueblo pudo admirar por primera vez al *kamelopardalis*, el «dromedario manchado»,[17] probablemente una jirafa. Una última revancha sobre Pompeyo, que, en los juegos que había organizado durante su consulado en el año 55, introdujo en Roma un rinoceronte y otras bestias exóticas.[18]

Entretanto, la situación en la frontera oriental estaba lejos de estar solucionada. Un veterano de Pompeyo, el caballero Quinto Cecilio Baso, difundió la falsa noticia de la eliminación de César en África afirmando que los pompeyanos le habían confiado la gestión de Siria.[19] Se organizó un motín en el que Sexto César encontró la muerte; Baso, arrogándose el título de pretor, tomó el mando de las tropas de Siria e instaló su base operativa en la rica ciudad de Apamea. Quinto Cornificio, gobernador de Cilicia, recibió la orden de sofocar la rebelión, pero Baso podía contar con el apoyo de los «filarcas», los caudillos de las comunidades locales. Los partos aprovecharon su ausencia para arremeter una vez más contra la Siria romana. En el año 46, en la primera *Carta a César*, el historiador Salustio observa que la única causa posible de la caída de Roma sería la recurrencia de las guerras internas que, mediante el desgaste de los ciudadanos, abrirían las puertas a reyes y bárbaros.[20] En el año 45, el prudente Orodes tomó finalmente partido en favor del núcleo de resistencia de Baso: el rey envió a su hijo Pacoro al frente de un ejército con el fin de apoyar la rebelión.[21] La campaña contra los partos era algo crucial, y César, vencedor de la guerra civil contra los pompeyanos, organizaba los últimos preparativos antes de emprender la marcha hacia Oriente.

El pueblo soñaba con conquistas y botín, y los aristócratas no se oponían a una nueva expedición: había que defender las fronteras, decían, vengar a Craso y el honor de Roma, y someter a un reino que se alzaba ahora como el imperio rival. De hecho, en aquellos momentos, las virtudes militares de Craso todavía no se cuestionaban, como sí ocurriría más adelante, que se llegó incluso a caricaturizar al desdichado comandante bajo los rasgos de un rico ambicioso desprovisto de talento estratégico. Cierto es que personas como Cicerón criticaban, de forma más o menos explícita, los sueños de gloria de los líderes políticos romanos. Sin embargo, cuando el Senado votó el senadoconsulto para la expedición oriental no hubo oposición. A propósito de los acontecimientos de comienzos del año 44. Dion Casio escribió que «el deseo de vengar a Craso y a todos aquellos que murieron con él invadió el corazón de todos los romanos. Si aún quedaba una esperanza de subyugar a los partos, aquel era el buen momento. [Los senadores] votaron unánimes y confiaron la campaña militar a César; hicieron grandes preparativos para esta guerra».[22]

Nicolás de Damasco no exageraba cuando evocaba una campaña contra los «reinos de los partos y los indios»: en la frontera oriental del Imperio parto había efectivamente un reino indoescita. Craso ya había expresado los mismos sueños de gloria, se imaginaba superando las conquistas orientales de sus predecesores Lúculo y Pompeyo, y se veía llegando «hasta Bactriana, la India y el mar Exterior».[23] Harto sensible al escenario geopolítico oriental, Nicolás mencionaba proyectos de nuevas conquistas que recordaban las hazañas de Alejandro, modelo de César y de varios generales romanos de la República.

La figura del rey de Macedonia, que había subyugado a los persas y reunido Europa y Asia bajo un solo y único dominio, habitaba la imaginación de los jóvenes aristócratas romanos que leían sus aventuras en los libros de historia. Los romanos cultivados soñaban con las campañas de Alejandro y sobre todo con la India. En el año 62, durante el proconsulado en la Galia Cisalpina de Q. Cecilio Metelo Céler, un rey de los galos boyanos le trajo esclavos «indios» capturados en el mar del Norte.[24] Para Cornelio Nepote, que narra esta anécdota, estos eran la prueba de que se podía navegar por la costa del «mar exterior» (el Océano), desde Frigia hasta la lejana India. Se ha especulado mucho sobre la identidad de estos «indios», incluso se ha llegado a suponer que se trataba de esquimales de América del Norte o de Groenlandia. No sería de extrañar, porque muchos autores antiguos no distinguían entre la India y Etiopía.

Evidentemente, en Roma se decía que la fama de Alejandro se debía a que solo se había enfrentado a los orientales, que eran pésimos guerreros. Sin duda no habría logrado vencer a las legiones romanas ni a los feroces bárbaros de Occidente. Las conquistas romanas se extendían ahora desde Occidente hasta Oriente y abarcaban tierras en las que el macedonio jamás había puesto los pies. No obstante, el mito de Alejandro conservaba toda su fuerza. En torno al año 69, cuando tenía unos treinta años y se encontraba en Hispania en calidad de cuestor, César se desplazó a Gades (Cádiz), antigua colonia situada junto al Atlántico, al final de lo que los griegos denominaban el *oikoumenē*, el mundo habitado. Gades, aliada de Roma, era «la ciudad que proporciona la mayor flota comercial»: sus habitantes, escribía Estrabón, vivían fundamentalmente del mar y los pescadores se desplazaban hacia las costas de Mauritania.[25] Mientras visitaba el templo de Hércules (la divinidad púnica Melqart), vio una estatua de Alejandro que le hizo exhalar «un profundo suspiro, un lamento por su inacción; y reprochándose el no haber realizado todavía nada memorable a la edad en que Alejandro ya había conquistado el universo, presentó inmediatamente su renuncia al cargo, con el fin de regresar a Roma y aprovechar cuanto antes la ocasión de distinguirse».[26]

Esta historia no deja de ser reveladora independientemente de que César pudiera haberla inventado *a posteriori*. En efecto, Gades estaba situada junto a las Columnas de Hércules, es decir, en el otro extremo del mundo: la estatua de Alejandro simbolizaba el anhelo de reunir a la *oikoumenē*, desde el Atlántico hasta la India. Por este mismo motivo, en los años 55 y 54, César había intentado conquistar la isla de Britania, en una expedición sin demasiado éxito, pero que causó sensación en los romanos. Decían que se había desplazado hasta Britania con la esperanza de encontrar perlas.[27] Sin duda, se había inspirado en Pompeyo, que había mostrado una enorme cantidad de perlas orientales con ocasión de su triunfo en el año 61 e introducido la moda entre las romanas acaudaladas.[28] No obstante, los relatos de las conquistas de Alejandro le habían influido también considerablemente. Por otro lado, César no había acudido al templo de Gades en calidad de turista, sino para interrogar a los sacerdotes del santuario acerca de un sueño perturbador: había soñado que se acostaba con su madre. Para los antiguos, este tipo de sueños no era infrecuente, al contrario, se los consideraba portadores de presagios favorables.[29] Los sacerdotes tranquilizaron al joven romano: su destino era el de someter a la Tierra, «nuestra madre común».[30]

Tiempo después, en la primavera del año 47, después de ayudar a Cleopatra a ganar la guerra dinástica y conseguir el trono de Egipto, César la acompañó por el Nilo (ya estaba encinta de un hijo suyo), al frente de una flota de cuatrocientas naves, en su recorrido por el país. Según Suetonio, él habría querido llegar hasta los confines de «Etiopía», el África negra, es decir, hasta la primera catarata, pero el ejército se negó a seguirlo.[31] No caben dudas acerca de la veracidad de esta información, puesto que el plan de su campaña oriental es harto elocuente en sí mismo.

Unas semanas antes de su asesinato, los adversarios de César difundieron rumores inquietantes. Cada uno contaba su historia, pero todos tenían la sospecha de que el dictador aspiraba a la corona. Algunos rumores aseguraban que César quería fundar un reino y establecer su capital en Ilión, en la antigua Troya.[32] Otros, los más frecuentes, que el centro de este reino sería Egipto, porque la reina había dado a luz en Alejandría a su hijo Ptolomeo XV, al que los alejandrinos llamaban Cesarión («pequeño César» en griego). A su regreso a Egipto tras la muerte de César y después del fallecimiento de su hermano y esposo Ptolomeo XIV por envenenamiento, Cleopatra reconoció públicamente que el niño era hijo de César; en Roma Marco Antonio afirmaba también que este último había reconocido a «Cesarión»[33] (pero Cesar lo desmintió en su testamento). Al parecer, Cleopatra residió en Roma en dos ocasiones, en los años 46 y 44; por lo tanto, se encontraba allí aquel funesto día de los idus de marzo, cuando se produjo el cesaricidio y, según Cicerón, emprendió rápidamente la huida.[34] Esta relación con la reina egipcia no era la única: se decía que César pronto tendría autorización para casarse con tantas mujeres como quisiera para obtener descendencia masculina, y se atribuía a este gran seductor un amorío con Eunoé, esposa de su aliado Bogud, rey de Mauritania.[35] Pero Egipto era una conquista aún más importante, porque su riqueza desempeñaba un papel fundamental para sustentar una campaña contra los partos.

En realidad, César no había olvidado Roma. A diferencia de su rival Pompeyo, que había puesto en marcha un programa de gran envergadura cuyos principales monumentos servían sobre todo para resaltar su personalidad de general triunfante, César se había distinguido por construcciones de utilidad pública adoptando la actitud de los censores republicanos. Es más, había redactado proyectos de ley, que habría promulgado para ampliar la ciudad, equiparla y embellecerla con monumentos espectaculares. Pero también había formulado un plan todavía más ambicioso. Entre sus proyectos, tenía previsto desecar los pantanos pontinos, al sur de Roma; abrir un canal hasta el lago Fucino, en el centro de la península; construir una carretera que uniese el mar Adriático con el Tíber, atravesando la cordillera de los Apeninos. Con el objetivo de convertir Roma en el centro de un mundo unificado, el proyecto consistía en estructurar la red de carreteras que unía la ciudad con el resto del Imperio y mejorar así las comunicaciones y el abastecimiento de una capital ahora en plena expansión. Asimismo, la eliminación parcial del lago Fucino y de las marismas que ocupaban la región por la que discurría la vía Apia había de permitir al dictador la recuperación de vastos terrenos cultivables, además de garantizar más seguridad en los caminos, porque los pantanos eran refugio de malhechores.

El proyecto de César no apuntaba solamente al imperio rival. Algunos años después de Nicolás de Damasco, Veleyo Patérculo confirma que su expedición preveía por lo menos dos campañas de envergadura. Menciona este detalle importante en la sección del resumen que dedica a los primeros años de la vida de Octavio, el futuro Augusto. Este joven de diecinueve años esperaba a César en Epiro, en la ciudad griega de Apolonia (en la actualidad Poiana, en Albania), «para seguirlo, primero en la campaña contra los getas (los dacios) y, después, contra los partos».[36] Pronto conoceremos a Octavio, pero de momento concentrémonos en los aspectos de la campaña de César, que no correspondía ni a una repetición de la expedición de Craso ni a un simple ajuste de las fronteras orientales. Al contrario, se trataba de una auténtica «gran estrategia» que planeaba una primera campaña en los Balcanes y una segunda en Oriente. Dicho de otro modo, una guerra contra el rey de los dacios, Burebista, y otra contra Orodes II. Por su parte, en su obra sobre las guerras civiles, Apiano nos detalla la entidad de su cuerpo expedicionario: más allá del mar Jónico aguardaban ya dieciséis unidades de infantería y diez mil jinetes.[37] Para contabilizar tan gran ejército, Apiano debió de añadir también a los auxiliares: en otro fragmento precisa que estaba compuesto por seis legiones además de «un gran número de otros soldados».[38]

Aunque varias fuentes mencionan a Orodes II, permanecen silenciosas en cuanto a Burebista, que, sin embargo, durante casi cuarenta años, dirigió la geopolítica de los Balcanes. Con él, los dacios entraron en la historia: este pueblo formaba parte del gran grupo étnico de los tracios y constituía su rama septentrional. Estaban emparentados con el pueblo de los getas, que, en torno al siglo IV a. C., había creado una red de relaciones diplomáticas y comerciales con los Estados y las tribus limítrofes. En época de Burebista, los getas formaban un solo *ethnos* unitario con los dacios. En sus *Historias filípicas*, Pompeyo Trogo hace una digresión acerca de la historia de los Balcanes, en la que cuenta la ocupación del territorio por parte de los celtas y después su retirada a la Galia, los orígenes de los panonios y «la expansión de los dacios gracias al rey *Burobustes*».[39]

En su *Geografía*, Estrabón dedica a Burebista un pequeño retrato en el que evoca el gran poder (*megalēn archēn*) que había alcanzado en el transcurso de unos años.[40] El rey había sometido a los pueblos celtas y germánicos vecinos: su Estado, estructurado en cuatro regiones, promovió una política agresiva y de incursiones en los Balcanes, al sur contra Macedonia e Iliria y al norte contra las tribus celtas de los boyanos y los tauriscios. Asimismo, había establecido su residencia en Sarmizegetusa Regia, una ciudad de arquitectura helenística situada en el corazón de una región rica en yacimientos auríferos y salinas.

En aquella época, las tribus federadas bajo Burebista podían reclutar un ejército de doscientos mil hombres.[41] El rey había sabido aprovechar las victorias romanas en Oriente, que habían debilitado a las ciudades griegas en el mar Negro y eliminado al poderoso rey del Ponto, Mitrídates VI. Sin embargo, los romanos no habían conseguido dominar el sector occidental del mar Negro: en el año 61, C. Antonio Híbrida, procónsul de Macedonia (y tío de Marco Antonio), fue atacado por la tribu germánica de los bastarnos,[42] que sin duda formaba parte de la coalición dirigida por los dacios/getas. Los rumanos todavía celebran las hazañas de Burebista: bajo el régimen de Nicolae Ceaușescu, se destacó su obra de unificación del país con el objetivo de afirmar la continuidad del pueblo rumano a lo largo de los siglos.

Los romanos consideraban a los dacios una amenaza, porque sus aliados celtas formaban parte de la galaxia de tribus potencialmente temibles si llegaban a crear una coalición. Lo mismo ocurría con el conjunto de poblaciones que vivían más allá de los Alpes y que eran percibidas como un peligro. Por este motivo, en tiempos de la guerra de las Galias, el poder de César se extendía también a Iliria, que el procónsul visitó en el año 54; en aquella misma época había reforzado también el arco alpino con una red de fortificaciones. César había consolidado el control romano de la barrera que representaban los Alpes hasta *Emona* (Liubliana), desde donde se podían alcanzar los valles del Nauportus y del Sava, en manos de la confederación de los tauriscios; asimismo, había favorecido la colonización del Adriático con la fundación de Salona y de *Narona* (actualmente el pueblo de Vid, cerca de

Metković). Estrabón documenta que «cuando Burebista reinaba sobre los getas, el divino César ya había preparado una expedición contra él».[43] Conforme a una tradición recogida por los primeros historiadores de la nación goda (Casiodoro y Jordanes, en el siglo VI de nuestra era), Burebista había sometido a los «godos» (probablemente tribus de la estepa), que habían llevado a cabo ataques contra la nación de los germánicos. Debido a ello, se había hecho famoso por ser más fuerte que César, «el primero que había reivindicado el mando sobre todos los romanos, que había subyugado todo el universo y que dominaba todos los reinos y, sin embargo, César, pese a sus reiterados intentos, no había podido someter a los godos».[44]

La actitud de Burebista frente a los romanos no difería de la de Orodes II. Una inscripción griega encontrada en Bulgaria honra a Akorniōn, embajador del rey que había negociado la alianza con Pompeyo en Macedonia.[45] Sin lugar a dudas, Burebista era uno de estos reyes «amigos», cuya amistad no solo significaba la sumisión al pueblo romano, sino que implicaba asimismo un lazo de amistad con la persona de Pompeyo.[46] En su discurso pronunciado en el funeral de César, Marco Antonio acusó a aquel de haber querido fundar un «reino personal» en Macedonia.[47] Efectivamente, en la lista de tropas a favor de Pompeyo en Farsalia (la «barbarie en discordia de la multitud heterogénea» evocada por Lucano)[48] no figuran ni los getas ni los dacios: señal de que el rey, al igual que el parto Orodes, había preferido permanecer en la neutralidad. Los tracios, en cambio, habían proporcionado a Pompeyo unidades auxiliares, aunque en número harto reducido y más bien simbólico: el rey Cotis IV, de la dinastía de los asteanos, había enviado quinientos jinetes comandados por su hijo Sadalas, mientras que su homónimo Cotis VI, de la dinastía de los sapeanos, había enviado a su hijo, el príncipe Rhaskypolis (o Rescuporis), procedente de Macedonia, al mando de doscientos hombres: Sadalas fue perdonado.[49] César sabía perfectamente que podía ser clemente con los reinos de poca importancia, pero no con los imperios ni con los reinos con ambiciones de convertirse en tales. Por otro lado, en su arenga a las tropas antes de la batalla, había exhortado a sus hombres a tener en cuenta solo a los italianos, porque los aliados no eran más que «esclavos sirios, frigios y lidios dispuestos siempre a emprender la huida y a servir». Por consiguiente, no había que prestar atención a sus maniobras de hostigamiento; sin embargo, después de la victoria, había que masacrarlos para dar ejemplo.[50]

La situación en los Balcanes era crítica, no tenía nada que envidiar al «polvorín» de los siglos XIX y XX. En Dalmacia, las tribus locales habían acogido a los supervivientes pompeyanos y provocado el malestar de los subordinados de César que los perseguían. Los dálmatas habían ocupado sesenta ciudades, y el antiguo legado de César, P. Vatinio, que había recibido en el año 45 un *imperium* proconsular, solo había conseguido reconquistar veinte a final de aquel año.[51] En el reino del Bósforo cimerio, César había sentado en el trono al poderoso y «muy amigo» Mitrídates de Pérgamo, con el encargo de «interponerse» entre las provincias romanas, los bárbaros y los reyes enemigos.[52] Con esta elección había tratado de garantizar la continuidad dinástica, no obstante, durante su ausencia, el equilibrio de la región siguió siendo precario.

El «polvorín de los Balcanes» explotó en el año 45, cuando Mitrídates de Pérgamo fue eliminado por el gobernador Asandro, vencedor de Farnaces.[53] Sin duda, las tribus de los escitas y sármatas que habían formado parte del ejército del rey desempeñaron un papel importante.[54] Asandro se convirtió en único dueño y señor del Bósforo y controlaba las tribus del interior.[55] A pesar de que Roma reconoció al cabo de varios años su título real, en el momento de la muerte de César constituía una amenaza al equilibrio geopolítico en el sector del mar Negro. Al mismo tiempo, afirma Suetonio, había que «contener a los dacios que se habían expandido hasta el Ponto y Tracia».[56] Esto explica en gran medida por qué César deseaba derrotar a los tracios antes que a los partos y marchar contra Burebista. Para triunfar allí donde Craso había fracasado, tenía que consolidar su base territorial y crear una red de alianzas en la Europa oriental. No era tarea fácil, porque el interior del país era poco conocido y todavía circulaban ciertas leyendas, como la de la existencia de un canal que unía el Adriático con el mar Negro.[57]

Ninguna de estas posibles razones de la campaña de César le daba necesariamente la connotación de una *bellum iustum* (guerra justa, es decir, legal). Un fragmento de Apiano indica con mayor exactitud sus motivaciones y, por lo menos para los partos, el verdadero *casus belli*: «Él pensaba en una larga campaña contra los getas y los partos, en la que atacaría primero a los getas, un pueblo rudo, guerrero y vecino nuestro, y después a los partos, para castigarlos por haber violado los pactos estipulados con Craso».[58] Apiano consideraba que el único motivo para una guerra contra los getas era su proximidad con la provincia romana de Macedonia: la amenaza de estos bárbaros quedaba implícita. En el caso de los partos, lo que justificaba la guerra no era la muerte de Craso, sino la violación de ciertos pactos cuyas modalidades se nos escapan. Es posible que estos acuerdos hubieran sido pactados por Craso y Mitrídates III, el hermano rival de Orodes II que había pedido ayuda a Roma y que Orodes había hecho ejecutar un año antes del intento romano de invasión y su trágica conclusión en Carras.

Suetonio y Plutarco, que escribieron en la época de las campañas del emperador Trajano contra los dacios y los partos, ofrecen los detalles complementarios relativos al contexto geopolítico de la última campaña del dictador. El primero evoca las medidas «para defender y extender el Imperio». Tras mencionar la necesidad de «contener» a los dacios, detalla que el itinerario de la campaña contra los partos pasaba por la Armenia menor y que César no deseaba atacar a los partos antes de haber obtenido toda la información necesaria.[59] La situación era delicada. El asesinato de Sexto César había comprometido el escenario en Siria. Las legiones tampoco podían pasar por el reino de la Gran Armenia, porque, después de Carras, el joven rey Artavasdes II, hijo del gran Tigranes, había roto relaciones con Roma y sellado una alianza matrimonial con los partos: su hermana había desposado al hijo de Orodes II, el príncipe heredero Pacoro. El único itinerario posible pasaba por el reino amigo de Capadocia, gobernado por Ariobarzanes III, quien, en el año 45, por decisión de César, había recibido el territorio de la Armenia menor.

Por su parte, Plutarco enumera los ejemplos de ambición (*philotimia*) y de grandeza (*megalourghia*) de un César que, tras vencer a todos sus enemigos internos, estaba ahora en competencia consigo mismo, porque «había concebido el proyecto, con todos sus preparativos, de una expedición contra los partos. Según sus planes, primero quería derrotar a los partos para atravesar a continuación Hircania, bordear el mar Caspio y el Cáucaso, y después rodear el Ponto e invadir el territorio de los escitas. Acto seguido, proyectaba atacar los países próximos a los germánicos y la propia Germania, para finalmente atravesar la Galia y regresar a Italia. De este modo, habría recorrido el círculo del Imperio, cuya frontera por todos lados habría sido el Océano».[60]

Dicho de otro modo, César anhelaba completar el mapa de la conquista romana para que el territorio del Imperio coincidiera con el del mundo habitado. Un proyecto largo y ambicioso, destinado sin duda a mantener ocupados a César y a sus legiones durante años. Unas semanas después de la muerte de César, Cicerón (que no albergaba ningún afecto por el dictador) dijo que jamás habría regresado de su campaña.[61] Después de todo, hablamos de un hombre de cincuenta y seis años, agotado por largos años de guerra y que padecía epilepsia. No obstante, este proyecto visionario se ajustaba perfectamente al personaje, él, «que parecía completamente invencible, ya que, al parecer, había librado trescientas batallas en Asia y en Europa sin jamás perder ninguna».[62] Por otro lado, resulta más difícil comprender por qué no menciona Plutarco la campaña preliminar contra los getas. El hecho es que el fragmento de la *Vida de César* no contradice las demás fuentes. Lógicamente, su itinerario circular no dejaba de emular los proyectos de Alejandro Magno.

En Roma y en el territorio italiano, César asumía la magistratura extraordinaria de la dictadura; hacía algunas semanas se había convertido en dictador perpetuo y había elegido a Lépido como comandante perpetuo de la caballería: probablemente hay que comprender la expresión *dictatura perpetua* como una «dictadura sin caducidad» más que como una «dictadura de por vida». La sesión senatorial del 15 de marzo debía confirmar su estatus en las provincias y, sobre todo, deliberar sobre un tema inaudito. En febrero, había encargado al colegio sacerdotal de los *quindecemviri* (cuyo deán era Aurelio Cota, tío materno de César) la consulta de los Libros Sibilinos, aquellas respuestas oraculares oscuras que se conservaban en el centro de la religión cívica romana: el templo capitolino, consagrado a la tríada de Júpiter, Juno y Minerva. Tras la lectura de este texto, Cota explicó que solamente un rey podía conquistar Partia;[63] por consiguiente, para triunfar en su campaña oriental, César tenía que acatar esta predicción y hacerse nombrar rey, cosa que iba en contra de una tradición secular. A finales de enero del año 44, el Senado había decidido, tras una deliberación, conceder a César no solo los honores divinos, sino también el título de *Divus Iulius*. Pero el dictador, que no había aceptado el título de rey, rechazó *a fortiori* ser divinizado en vida.

Poco importa, el complot ya estaba en marcha. El día de los idus de marzo, un primo lejano y antiguo lugarteniente de César (que lo había nombrado gobernador de la Galia Cisalpina para el año 43), miembro de la conjura, había convencido a este último de que no pospusiera la sesión del Senado pese a que abundaban los malos presagios, explicándole la solución prevista para respetar la respuesta de los Libros Sibilinos sin contravenir las *mos maiorum*, las tradiciones de los ancestros: los senadores lo proclamarían «rey de las provincias exteriores de Italia», con autoridad para portar la diadema fuera de la península.[64]

¿Quiso César realmente ser rey? Por supuesto, no se trataba de un retorno a la monarquía de Rómulo ni mucho menos a una monarquía de tipo helenístico, porque ni siquiera sus partidarios más leales lo hubieran tolerado. Por otro lado, con su aceptación de la dictadura perpetua —una fórmula necesariamente ambigua—, César había quebrantado un verdadero tabú político. En cualquier caso, el dictador no debía ser eliminado solamente porque aspiraba a la monarquía, sino también porque proyectaba un imperio cuyo centro ya no era la ciudad de Roma. Lo que sí es seguro es que estos rumores recibieron un impulso formidable que aceleró la decisión de los conjurados: un triunfo de César en Oriente habría determinado el ascenso irresistible de su prestigio. El proyecto de una campaña oriental de César, que quedó interrumpido por su muerte, fue una de las causas de su asesinato. El dictador había reunido un numeroso ejército y de gran valor. La mayoría de estos hombres estaban ya al otro lado del Adriático, en la provincia de Macedonia, donde esperaban a su general. Entre ellos Octavio, el joven heredero de César.

Primera parte

EL MUNDO DESPUÉS DE LOS IDUS DE MARZO

1

¿Apolo contra Dioniso?

La muerte de César interrumpió también sus proyectos de poner al día el inventario geográfico del mundo. Como el excelente estratega que era, conocía el valor de los conocimientos, pues basta recordar el célebre inicio de *La guerra de las Galias* con la descripción de las «tres partes» de la Galia. Para controlar el mundo uno ya no podía contentarse con las informaciones literarias a menudo obsoletas, excepto para alimentar la propaganda. Por consiguiente, a comienzos del año 44, César había encargado a cuatro sabios griegos, elegidos por su erudición, que redactasen una descripción del mundo conocido: Nicodemo, Dídimo, Teodoto y Políclito. El dictador había confiado a cada uno de ellos una de las cuatro partes del mundo: Nicodemo se ocupaba de Oriente, Dídimo de Occidente, Teodoto del Septentrión y Políclito del Sur.[1]

La exploración del mundo iba pues a desmarcarse del modelo dominante de la partición en tres continentes, correspondiente al sistema de Eratóstenes, que recordaba los tres triunfos de Pompeyo: en el año 79 en África, en el 71 en Hispania y el último, el más espectacular, en Oriente en el 61. En esta ocasión, se hizo hincapié en que era el primer romano que había logrado victorias en los tres continentes.[2] No obstante, el que había sido su rival, César, con su cuádruple triunfo en el año 46 (la Galia, el Ponto, África y Egipto) y el de Hispania en el 45, podía con razón vanagloriarse de haber triunfado en las cuatro partes del mundo.

Este mismo patrón vuelve a aparecer un siglo después en la primera geografía escrita en latín, *De Chorographia*, de Pomponio Mela, un hispano nacido en el estrecho de Gibraltar.

La historia de los cuatro sabios, que tuvo cierta notoriedad en la Edad Media, no ha dejado de suscitar la perplejidad de los sabios modernos. Para algunos, no es más que una narración ficticia; para otros, se trata de simples tareas catastrales. No obstante, convendría no descartar la posibilidad de que hubiese en ella un fondo de verdad histórica, pues concuerda ampliamente con el espíritu visionario de César. Es muy probable que, al igual que otros proyectos, la delimitación de las cuatro partes del mundo contemplara una empresa coherente a escala del *oikoumenē*, que, sin embargo, no se podía concebir para el conjunto de los territorios, especialmente fuera de las provincias y los reinos aliados de Roma. Se inscribe también perfectamente en el desarrollo de una cultura científica en Roma durante este período. Confundidos por las tradiciones griegas que imputaban a César la destrucción de la Biblioteca de Alejandría en el año 46 a. C., hemos perdido de vista la importancia de los progresos científicos de aquella época.

No todos los romanos compartían la misma sensibilidad. El gran sabio Varrón, en su tratado sobre agricultura en forma de diálogo (que terminó en el año 37 a. C., a los veinticuatro años de edad), se divierte representando el chovinismo un poco caricaturesco que caracteriza las declaraciones de sus contemporáneos. El inicio del diálogo escenifica al senador Fundanio, suegro de Varrón, y a los caballeros C. Agrio y P. Agrasio. Estos hombres se encuentran en las *Carinae*, el barrio distinguido en el que vivían Pompeyo y Cicerón. En el célebre templo de Tellus, contemplan una imagen de Italia expuesta en una de las paredes. Estamos probablemente en torno al año 54 a. C., en el momento de la renovación del edificio bajo la supervisión de Cicerón.[3] Esta representación, que no era necesariamente un mapa, sirve de inspiración para los personajes de Varrón, que, evocando la ciencia geográfica helenística, observan que los territorios europeos son más favorables al cultivo de los campos que los territorios asiáticos y meridionales, por no hablar de los territorios de la Europa del Norte con sus «inviernos permanentes».[4] La conclusión era evidente: Italia era el paraíso de los agricultores.[5]

Este chovinismo que Varrón presenta con un toque de ironía se parece mucho a una cierta forma de resiliencia: el territorio italiano había sufrido las devastaciones de la guerra social de entre los años 91 y 89 a. C., de otras guerras civiles y de la guerra servil entre los años 73 y 71, cuando Espartaco, un guerrero de origen tracio convertido en esclavo, mantuvo en jaque a los romanos con un ejército de esclavos y de marginados. No obstante, no hay que considerar estas palabras como prejuicios simplistas de patriotas ignorantes que jamás han salido de Italia. Al contrario, y a pesar de que sus nociones de geografía parezcan superficiales, habían viajado a ultramar. Lo evidencia la pregunta de Agrasio a sus amigos: «Vosotros que habéis recorrido tantos países, ¿habéis visto alguno mejor cultivado que Italia?». Agrio y Fundanio responden que no, y a continuación se detienen a valorar la superioridad del territorio italiano en comparación con los países que han conocido directamente; tal era el caso de Varrón, que, antes de consagrar su vejez al estudio, había servido a su patria en Hispania (junto a Pompeyo y contra César) y en el mar Egeo. Sin duda se sirvió de estas experiencias en sus tratados de geografía, desgraciadamente perdidos, así como de las indicaciones recogidas durante las campañas de los grandes generales como Pompeyo en Oriente o César en las Galias, en Britania y en Germania, y transmitidas bien directamente (como en los *Comentarios* de César), bien por medio de escritos de eruditos de su séquito.

Sea como fuere, César era perfectamente consciente del peligro que entrañaba la falta de información. La arrogancia de los protagonistas del diálogo de Varrón revelaba el punto débil de los conquistadores romanos: la infravaloración de los adversarios y la ignorancia de su entorno y costumbres. Los errores tácticos que hicieron sucumbir a Craso en el año 53 procedían de un sistema de información ineficaz que había alimentado la convicción de que se luchaba contra enemigos fáciles de batir. Los exploradores (*exploratores*) y los espías (*speculatores*) de César formaban probablemente una red de extraordinaria calidad, pero esto no era suficiente. Los proyectos ambiciosos a escala mundial requerían conocimientos más sólidos: el fracaso de César en la isla de Britania fue en gran parte resultado de informaciones limitadas.

¿Cumplieron su misión los sabios nombrados por César y obtuvieron nuevas informaciones de interés militar? Conforme a la tradición, el trabajo de estos sabios (y de sus ayudantes) concluyó definitivamente bajo Augusto. Por consiguiente, habrían actuado durante todo el período de la última guerra civil, e incluso más tarde. En cualquier caso, cuando César sucumbió a las puñaladas de los conjurados, no hubo tiempo para pensar en esto durante algunos meses. El día de los idus de marzo, el joven Octavio se encontraba en Apolonia de Iliria, al otro lado del mar Jónico, adonde el dictador lo había enviado «para su educación».[6] Desde hacía ya unos cuarenta años, se consideraba muy aconsejable que los jóvenes romanos realizasen estudios en Grecia. Durante la primera mitad de la década de los años 70 a. C., Cicerón y César habían estudiado en Rodas, donde habían seguido las enseñanzas del gran retórico Apolonio Molón. Una generación después, el futuro cesaricida C. Casio Longino estudió en Rodas, mientras que M. Junio Bruto, el otro jefe carismático del complot, prefirió Atenas. Por su parte, Pompeyo ofreció a sus hijos Gneo y Sexto un maestro particular procedente de la provincia de Asia, Aristodemo de Nisa.[7] Sin embargo, a pesar de su pasado ilustre, que según sus habitantes se remontaba hasta la guerra de Troya, la ciudad de Apolonia no era en absoluto un núcleo cultural de renombre: para Cicerón, se trataba de una ciudad «grande y [militarmente] bien equipada».[8] Algunos de los que ejercían de maestros locales no dejaban de admirar el talento del joven romano,[9] pero Octavio había llegado de Roma con su profesor, el filósofo Apolodoro de Pérgamo. Dos jóvenes condiscípulos se encontraban junto a él: Quinto Salvidieno Rufo y

Marco Agripa, que pronto lo seguirían en sus campañas militares.[10]

No obstante, en el plano cultural, Apolonia no estaba en grado de rivalizar con Atenas, donde, en la misma época, dos jóvenes realizaban sus estudios: el poeta Horacio y Marco Tulio Cicerón, hijo del gran Cicerón. A los veinte años, el joven Marco había partido, en marzo del 45 a. C., hacia Atenas para estudiar con Cratipo de Pérgamo, un filósofo peripatético que había obtenido la ciudadanía romana, que César le había concedido a petición de su protector Cicerón.[11] Este último había también convencido a las autoridades atenienses para que le permitiesen instalarse en su casa.[12] Durante algún tiempo, Marco hijo siguió además los cursos de un profesor de retórica, Gorgias, que se reveló un maestro en libertinaje. Cicerón había depositado grandes esperanzas en este hijo al que había dedicado su tratado *Sobre los deberes*, terminado a finales del 44. Marco trabajaba su griego, pero habría preferido una vida de acción; de muy joven había combatido en Farsalia, en el bando de Pompeyo, y después de la victoria de César esperaba unirse al dictador en Hispania.[13] Tras invertir una importante suma, el padre prefirió alejar a su hijo aventurero de los peligros de Roma.

Aunque Apolonia no fuese famosa por sus profesores, por lo menos podía vanagloriarse de una excelente posición estratégica. Esta ciudad, situada en un territorio pantanoso en el límite entre el mar Adriático y el mar Jónico, era uno de los puntos de partida de la *via Egnatia*, la gran ruta militar que unía el Adriático con Tesalónica, construida por el gobernador de Macedonia C. Egnatius en la segunda mitad del siglo II: uno de los centros estratégicos de los Balcanes, donde se desarrollaron batallas decisivas. Aunque en esta época no se puede hablar de una provincia de Ilírico, se habían previsto mandos militares asimilables a proconsulados.[14]

Durante la guerra civil entre César y Pompeyo, los ciudadanos de Apolonia habían elegido el bando de los cesarianos y reforzado el prestigio de la ciudad respecto a su rival Dirraquio

(Durrës). No era gran cosa como centro intelectual, pero sí el enclave ideal para reunir a las tropas procedentes del puerto de *Brundisium* (Bríndisi). De hecho, la «estancia de estudios» de Octavio no fue más que un interludio en la espera de la llegada de César para la expedición contra los dacios y después contra los partos. Tan solo estuvo en Apolonia tres meses. Tuvo que regresar a Roma ante el anuncio del cesaricidio. De todos modos, no habría permanecido mucho tiempo, porque desde el mes de enero, el ejército que César había enviado a Macedonia ya se encontraba sobre el terreno bajo el mando del legado M. Acilio Canino.[15] El procónsul de Macedonia era Q. Hortensio, hijo del gran orador celebrado por Cicerón, mientras que Iliria estaba controlada por P. Vatinio, un veterano de las Galias y de la guerra contra Pompeyo, al que César había confiado las operaciones contra los dálmatas. Había sido un antiguo partidario de César, pero ahora Vatinio ya no lo llevaba en el corazón: a finales de enero del año 44, desde su base operativa de *Narona*, manifestaba a Cicerón su descontento ante la negativa del dictador a concederle un triunfo pese a sus esfuerzos.[16]

Durante su estancia en Apolonia, Octavio expresó su deseo de conocer su carta astral, una práctica bastante popular entre los aristócratas romanos. Justo después de los idus de marzo, Cicerón había publicado su tratado *Sobre la adivinación*, en el que criticaba, entre otros, a los astrólogos que pretendían leer el futuro de un individuo basándose en los movimientos de los astros.[17] Estos sabios mezclaban varios tipos de conocimientos, que se incorporaban a la tradicional *disciplina* de los etruscos.[18] En adelante llamaría «caldeos» (babilonios) a todos los astrólogos extranjeros, por ejemplo, a los egipcios, puesto que la sabiduría bárbara se presentaba como una mezcla exótica. Por otro lado, la infancia de Octavio estuvo marcada por los horóscopos: a su nacimiento, el senador P. Nigidio Fígulo, un gran sabio que introdujo en Roma la astrología de los «caldeos», predijo que el niño se convertiría en señor del mundo. Poco después, con ocasión de las operaciones contra los besos de Tracia, su padre, C. Octavio (gobernador de Macedonia en el año 60), había consultado unos «oráculos bárbaros» en el «bosque sagrado Liber pater», sin duda el santuario Perperikon en la Bulgaria meridional, vinculado probablemente al culto de Zagreo, y que los griegos atribuían a Dioniso.[19]

Para su horóscopo, Octavio se dirigió a un astrólogo local, a un tal Teógenes. Acompañado de Agripa, Octavio acudió a su observatorio. Teógenes elaboró el horóscopo de ambos jóvenes, sin duda con un astrolabio. Agripa recibió «predicciones magníficas y casi increíbles», pero cuando le llegó el turno a Octavio, el astrólogo se prosternó ante el joven.[20] No cabe duda de que esta historia se elaboró con posteridad (quizás en torno al año 11 d. C., cuando Augusto hizo publicar su horóscopo). Sea como fuere, Apolonia fue el punto de partida de su largo recorrido hacia el poder.

La noticia de la muerte de César la trajo un liberto enviado por Atia, la madre de Octavio. El joven y sus amigos estaban a punto de cenar. Los habitantes de Apolonia, que todavía no estaban al corriente, habían intuido, sin embargo, que algo grave acababa de ocurrir y acudieron a Octavio.[21] Los notables le rogaron que se tomase su tiempo y que permaneciese en la ciudad amiga a la espera de nuevos acontecimientos. En cambio, Agripa y Salvidieno Rufo le propusieron que se dirigiera a Roma al frente de un ejército de veteranos.[22] Los soldados de las campañas de César, decenas de miles de hombres, representaban efectivamente un problema social: César había evitado fundar demasiadas colonias militares, porque prefería diseminar a los veteranos por toda Italia y las islas del mar Tirreno, con la fundación de la colonia de *Turris Libisonis* (Porto Torres) en Cerdeña. Por otro lado, César había seguido enrolando soldados hasta el 46 a. C.: el problema se planteó en el momento de su victoria final y, de hecho, no se resolvió. Al mismo tiempo, había otorgado la ciudadanía romana a varios provinciales con el objetivo de ampliar y fortificar el círculo de ciudadanos romanos. Su intención, con el establecimiento de tantos soldados, era promover una cierta uniformidad en la administración de los municipios, gracias al mestizaje de la población, que permitía reconstituir las instituciones municipales.

Con la perspectiva de recuperar el carisma de su padre adoptivo, Octavio partió hacia Italia, donde encontró a hombres dispuestos a seguirlo. Evocará esta decisión justo al inicio de su testamento político, un texto que los modernos denominan sus *Res gestae*: «A los diecinueve años de edad alcé, por decisión personal y a mis expensas, un ejército que me permitió devolver la libertad a la República, oprimida por el dominio de una facción tiránica».[23] Antes de retomar los proyectos de César, había que asegurar, en primer lugar, un ejército (privado), pero también una base consolidada en el centro del poder romano. Concluido el período de estudios, despidió a su maestro Apolodoro y renunció a aprender correctamente el griego.[24]

Entretanto, los cesaricidas Bruto y Casio habían obtenido una «amnistía» (en griego *amnēstia,* «olvido»), promulgada por el cónsul Marco Antonio para evitar el peligro de una guerra civil. Esta medida, cuya paternidad reclamaba Cicerón, se inspiraba en «el antiguo ejemplo de los atenienses», cuando los restauradores de la democracia, en el año 403, obligaron a todos los ciudadanos a jurar solemnemente que «olvidarían las desgracias», es decir, que aceptarían la reconciliación política mediante una amnistía general.[25] Evidentemente, Antonio había propuesto la amnistía a cambio de una serie de medidas jurídicas que le beneficiaban. Bajo la amenaza de la reacción del pueblo y de los veteranos, los senadores tuvieron que ratificar las «actas de César», que, en previsión de una larga ausencia, había ya asignado las magistraturas, los sacerdocios, los gobiernos de provincias y los mandos militares para los cinco años siguientes. Marco Antonio podía contar con el apoyo de un gran número de senadores, en particular con los miembros cooptados o rehabilitados por César para ampliar la asamblea. Desde el inicio, tuvo que evaluar el contexto político y comprendió que la «libertad» invocada por los conjurados constituía ahora un valor que incumbía esencialmente a los aristócratas. Además, supo mantener las relaciones con el ejército, que de algún modo se sentía huérfano de César y que le atribuyó, por aclamación, su primer título de *imperator* (general victorioso). En cuanto a los senadores conservadores, su autoridad quedaba limitada, porque temían los poderes consulares de Marco Antonio.

Bruto y Casio se alejaron de Roma. El 5 de junio del año 44, el Senado les encargó que se ocupasen del abastecimiento de la ciudad: Casio, antes pretor peregrino (encargado de los procedimientos jurídicos con los extranjeros), tuvo que partir hacia Sicilia; Bruto, que había tenido que ceder el cargo de pretor urbano a Cayo Antonio (hermano menor de Marco Antonio), sería enviado a la provincia de Asia. Casio, que tenía cuarenta y tres años cuando alzó su puñal contra César, reivindicaba un pasado de guerrero experimentado. Había sido cuestor en el ejército, había sobrevivido al desastre de Carras y durante dos años había estado organizando la defensa de Siria y sofocado, entre otras, una insurrección en Judea.[26] En el año 51 alejó a los partos, que habían llegado a las puertas de Antioquía, con el joven príncipe Pacoro al frente: aplastó al ejército del general parto Osaces (Vasak), gracias a una estratagema que le valió figurar en el compendio de soluciones militares de Frontino.[27] Cicerón, que en aquella época era procónsul de la vecina Cilicia y que había realizado operaciones militares en la frontera con Siria, nos informa de que Osaces resultó gravemente herido y murió pocos días después.[28] Sin duda, Casio reaccionó con vehemencia ante la perspectiva de velar literalmente por el grano en una provincia.[29] Consideraba que esta medida era un ultraje, porque él era un guerrero y se veía a sí mismo como un héroe de la República.

Bruto, dos años menor que Casio, tenía una actitud mucho menos marcial (se impone una precisión. Aunque César, mientras estaba siendo apuñalado, le dijera en griego: «¿También tú, hijo mío?», no era su padre. Sin embargo, sentía por él un gran afecto, sobre todo porque mantenía una relación amorosa con su madre, Servilia, cuando Bruto era ya adolescente). En el 53, Bruto había sido cuestor en Cilicia, donde se había distinguido por operaciones económicas un tanto informales; en el 48, había combatido en Farsalia bajo el mando de Pompeyo, pero tras la derrota había obtenido el perdón de César. En el 47, había acompañado a César en sus campañas diplomáticas en Asia y, en el 46, había gobernado la Galia Cisalpina. Finalmente, en el 44, Bruto y Casio obtuvieron provincias: el primero consiguió Creta, con el título de procónsul, el segundo la Cirenaica.

En resumen, Octavio no estaba preparado para recoger el legado político de César. Pese a que el objetivo principal era vengar la muerte del dictador, también había que neutralizar a los potenciales rivales, empezando por el cónsul Marco Antonio, que había sabido aprovechar la oportunidad del funeral del dictador al que Octavio no había podido asistir. Sin embargo, poco importaba, porque el testamento de César ya se había abierto y los romanos habían sido informados de que el dictador lo había adoptado y le había legado gran parte de su patrimonio. Pero la situación se transformaba, y con razón. El carisma de Marco Antonio dependía sobre todo de su gestión de la herencia de César. Ahora bien, la entrada en escena del joven lo trastocó todo. No solo reclamó la herencia de su padre, sino que estaba dispuesto a rebajar el papel del cónsul. Al principio, Antonio trató de obstaculizar y reprimir los intentos de Octavio, que, por medio de espectáculos y repartos de dinero, procuraba hacerse con los favores del pueblo. Retrasó las operaciones testamentarias que habrían permitido a este último repartir el patrimonio tan codiciado. Además, conservó los documentos del dictador como si tuviera intención de hacerse pasar por el verdadero sucesor de César.

Los astros ayudaron una vez más, o mejor, un astro. El joven al que ya comenzaban a llamar «César» se aprovechó de una nueva señal celeste: el paso de un cometa particularmente brillante llamado «astro juliano» (*sidus Iulium*), que en los años sucesivos desempeñaría un importante papel en la propaganda. El cometa fue avistado entre el 23 y el 24 de julio, con ocasión de los *Ludi Victoriae Caesaris*, unos juegos privados instituidos por Julio César, que el joven César había transformado en juegos funerarios; esto permitió sin duda hacer que el pueblo olvidase el recuerdo de los prodigios negativos que habían marcado el último mes de vida del dictador.

En general, los cometas se percibían como señales negativas; Plinio el Viejo afirma que «son astros llenos de presagios funestos, y que no se contentan con expiaciones ligeras».[30] En el caso de este mes de julio, la cuestión era más compleja. El *sidus Iulium*, representado en varias ocasiones en las monedas, simbolizaba la realeza cósmica de Julio César, a semejanza de los reyes helenísticos; hacía algún tiempo, a pesar de las tradiciones iraníes, los reyes Mitrídates VI del Ponto y Tigranes de Armenia habían representado, asimismo, cometas en sus monedas.

Dejemos de lado estas historias de astros y dejemos de llamar «Octavio» al futuro Augusto, que se convirtió en *Caius Iulius Caesar Octavianus*. Es verdad que no le gustaba este último *cognomen*, que recordaba sus orígenes. Pese a ello, nosotros le llamaremos Octaviano para evitar la confusión con Julio César. En Roma, valiéndose de sus prerrogativas de cónsul, Marco Antonio había conseguido controlar la situación, pero, a pesar de la voluntad de restablecer la *concordia*, desencadenó un clima de terror. Por más que los romanos estuviesen habituados a la arrogancia de los poderosos, la del cónsul era excesiva. Un adversario encarnizado como Cicerón, que tuvo que abandonar la ciudad provisionalmente, hablaba de *immanitas* (brutalidad).[31] Esta iba acompañada de manifestaciones que escandalizaban a los conservadores. Cicerón recordaba así la época de la dictadura de César, cuando Marco Antonio se desplazaba por Italia en un *essedum*, un carro de guerra galo, junto a su amante Volumnia Citeride, una actriz liberta.[32]

Mientras Antonio recomponía el cuadro de asignaciones de las provincias y afirmaba con ostentación su propio *imperium* consular, su escolta armada se apostaba cerca de los lugares de reunión del Senado para influir en los presentes y en el escrutinio. Su guardia, dirigida por lugartenientes de triste reputación, estaba compuesta únicamente por centuriones experimentados y en sus filas había incluso un escuadrón de arqueros itureos, guerreros temibles originarios de una región entre el Líbano y el Anilíbano a los que Cicerón, escandalizado por su presencia en el Foro, definía como miembros de «los más bárbaros de todos los pueblos».[33]

Bajo la República, este exotismo militar no era infrecuente: las casas y los trofeos de los comandantes victoriosos estaban adornados con «armas bárbaras». Pero el exotismo de Marco Antonio no terminaba allí. Con ocasión de un banquete, ordenó que unos esclavos públicos azotasen con aciones de cuero a su hombre de confianza, el senador L. Vario.[34] Lo que Cicerón consideraba una manifestación de brutalidad de Antonio para con sus compañeros de desenfreno (puesto que se trataba de un suplicio reservado, bien a los soldados indignos, bien a los esclavos o, a lo sumo, a los malos alumnos) era, en realidad, una especie de ritual oriental. Efectivamente, se pensaba que, en el país de los partos, los «amigos del rey» no tenían derecho a participar en los banquetes y tenían que sentarse como perros junto al soberano, que, a menudo, decidía hacer que los azotasen: el desdichado cortesano, empapado en su propia sangre, tenía, pese a todo, que venerar a su rey como un benefactor.[35]

A ojos de Posidonio, el intelectual amigo de Pompeyo que había relatado esta costumbre bárbara en sus *Historias*, esta práctica solo podía tener una connotación negativa, en contraste con los «amigos» que los reyes helenísticos trataban con todos los honores. Los lectores romanos, que odiaban a los partos por razones evidentes, solo podían considerarla una manifestación de despotismo oriental. Sin embargo, Antonio no era el único «orientalista» de su generación. Un representante de Roma que quisiera gobernar el Oriente tenía que aplicar reglas diferentes de las de los sistemas de gobierno de tradición griega o romana. La amenaza parta había provocado de nuevo inestabilidad en el equilibrio fijado por Pompeyo y había que establecer una relación menos unilateral. César había comprendido perfectamente esta exigencia y Antonio no hizo más que seguir su política y prolongarla.

Cicerón no veía o, más probablemente, no quería ver el verdadero significado de esta práctica. La comparación entre los pasajes de las *Filípicas* (los discursos vehementes que Cicerón pronunció contra Antonio a partir del 2 de septiembre del año 44)[36] y el fragmento de Posidono muestra que Vario había sido fustigado en el transcurso de una especie de reinterpretación que Marco Antonio hacía de una costumbre iraní, o por lo menos de lo que los romanos consideraban como tal basándose en el relato de Posidonio. Sin embargo, al final de la República, no todos los romanos captaban este tipo de alusiones. Se trataba más bien de un código para iniciados relacionado con la intensa actividad de simposios que Antonio, con sus camaradas, había integrado en su programa ideológico. Sin duda este fue el caso de Vario, al que le impusieron el elocuente sobrenombre de *Cotyla*, «bocal». Por consiguiente, hay que considerar estos aspectos como parte de la ideología de Antonio en lugar de minimizarlos reduciendo la fustigación de Vario a nivel de broma entre compañeros de juerga. No obstante, esta interpretación banal de los banquetes de Marco Antonio relativiza los argumentos sesgados de Cicerón, que se complacía describiendo a los senadores que apoyaban a Antonio como subalternos sin dignidad y a su jefe como un borracho entregado a una depravación desenfrenada. Estas extravagancias formaban parte del gusto de Antonio por el exotismo, compartido por otros romanos.

Por otro lado, los banquetes aristocráticos representaban un aspecto fundamental en la sociedad de finales de la República. En ellos se tejían redes de clientelismo y de relaciones transversales en un ambiente de gusto y cultura comunes. Los gastos considerables que ocasionaban, y para los que el cónsul podía a veces recurrir a los fondos públicos, servían para acrecentar su popularidad. Los diversos amigos y pedigüeños se presentaban en la zona «pública» de su casa, la sala de recepción en la que la dueña de la casa, su mujer, Fulvia (viuda de los políticos Clodio y Curión), ejercía también su influencia. Así se decidían importantes asuntos de Estado. Fue especialmente en presencia de Fulvia cuando, mediante el pago de diez millones de sestercios, los embajadores de Galacia consiguieron la restitución de las posesiones del rey Deyótaro (¿Deiotarix?), el «tetrarca» de la tribu de los tolistoboges. Acusado por otro príncipe gálata de haber urdido un complot para matar a César, tuvo que trasladarse a Roma para el proceso. Defendido por Cicerón, que lo conocía desde su proconsulado en Cilicia en los años 51/50, Deyótaro no fue condenado, pero César le arrebató Armenia menor y una parte de Galacia, que fueron adjudicadas respectivamente a Ariobarzanes III de Capadocia y a Mitrídates de Pérgamo.

Antonio restableció el poder de Deyótaro recurriendo a los mapas de César que había conservado, sin duda falsificados, con el pretexto de que una *lex Iulia* le autorizaba a reocupar sus territorios. El cónsul recibió a cambio una suma descomunal que le permitió pagar sus antiguas deudas. Cicerón protestó porque esta concesión había pasado por manos de Fulvia como intermediaria y trató de desacreditar al rey asegurando que él había decidido ocupar militarmente estos territorios.[37]

Antonio era un buen conocedor de Oriente y había comprendido el papel central que Galacia representaba para la política romana. De hecho, Deyótaro había generado importantes progresos en la región. Con el fin de reemplazar, no sin dificultades, el sistema tribal de los celtas de Asia por una monarquía helenística, había recurrido a los aspectos de la cultura griega, como la arquitectura, y al modelo militar de Roma: treinta unidades de su ejército estaban armadas como las cohortes romanas.[38] En el 54, cuando el ejército de Craso se detuvo en Galacia, el general encontró al rey ocupado en la construcción de una nueva «ciudad» (quizás la fortaleza de *Peium*, destinada a albergar el tesoro real). No se trataba de un helenismo de fachada, puesto que, además, el sabio Diófanes de Nicea le había dedicado su compendio en seis libros de la traducción griega del manual de agricultura del cartaginés Magón (el original estaba en lengua púnica).[39] Y Cicerón, con ocasión del proceso, no dejó de exaltar sus cualidades de administrador presentándolo como un «excelente *pater familias*, agricultor y pastor muy concienzudo»:[40] en otras palabras, un hombre providencial para su reino.

Precisamente en este clima favorable, Antonio intentó aumentar su peso militar apoderándose del ejército acantonado en Macedonia, enviado por César, que todavía seguía cerca de Apolonia. Las seis legiones y los demás auxiliares formaban un cuerpo expedicionario más que respetable: entre la «gran cantidad de otros soldados», es decir, la masa de auxiliares, Apiano enumera la infantería ligera, los arqueros (indispensables para hacer frente a los partos) y los gimnetas, aquellos guerreros originarios de las islas Gimnesias (en la actualidad, las Baleares), famosos por su habilidad en el lanzamiento de proyectiles con honda.[41] Se decía que los dacios, al enterarse de la muerte de César, se aprestaban a arrasar Macedonia. Cornelio Dolabela, antiguo yerno de Cicerón y rival de Marco Antonio, estaba a cargo de las tropas romanas. Hacia el año 44, los dos cónsules «ordinarios» (que habían accedido al puesto a comienzos de año) eran César y Antonio; en previsión de la partida de César a Oriente, Dolabela había sido nombrado cónsul sufecto (lat. *suffectus*, «sustituto»).

Ahora bien, Antonio, que temía a los veteranos del ejército privado de Octaviano, codiciaba el ejército de Macedonia para utilizarlo en Italia, con el pretexto de que los partos, al menos por el momento, no constituían ninguna amenaza. Pidió al Senado que le permitiese utilizarlos para meter en cintura a los bárbaros en los Balcanes; el Senado se tomó su tiempo y envió expertos a Macedonia para evaluar la situación. Finalmente, Antonio obtuvo el mando de este ejército para el año 43 a. C., pero intercambió el gobierno de Macedonia con el de la Galia Cisalpina.[42] Macedonia fue asignada a su hermano Cayo Antonio, que salió rumbo a su provincia a finales del año 44, sin duda algunas semanas antes de finalizar su pretura urbana. Entretanto, los comisarios enviados a Macedonia refirieron al Senado que allí no había dacios, pero que no quedaba excluido que apareciesen cuando el grueso del ejército se hubiera marchado a otro lugar.[43] Pese a todo, el Senado había confiado a Marco Antonio el mando de dichas legiones; su hermano tenía una y Dolabela otra para Siria. No obstante, Antonio no consiguió hacerse con las legiones de Macedonia. La comisión senatorial había hecho hincapié en el peligro que representaría una eventual partida de este cuerpo: en los Balcanes, entre Macedonia e Iliria, quedaban siete legiones.[44]

En Italia la situación era cada vez más compleja. Cicerón había empezado a redactar las *Filípicas*. La *Segunda Filípica* era un verdadero manifiesto contra Antonio, es más, una «biografía no autorizada», y, de hecho, una incitación a eliminarlo. Durante el tiempo que pudo, Antonio respondió a los insultos de Cicerón acusándolo de haber sido el principal instigador del asesinato de César. No obstante, la posición del cónsul era cada vez más delicada, pese a haber conseguido el proconsulado de las Galias y conservado el mando de las cuatro legiones acantonadas en Macedonia que había recuperado en *Brundisium*, donde, acompañado de Fulvia, como siempre, tuvo que reprimir con sangre una revuelta de militares y aristócratas locales.

Los años siguientes estuvieron marcados por la incertidumbre de las relaciones entre Marco Antonio y Octaviano. Su oposición respondía en gran medida a su naturaleza. En primer lugar, había una brecha generacional (Marco Antonio tenía unos cuarenta años, mientras que Octaviano solamente diecinueve), y ambos, a su manera, se erigían en herederos de César: uno legítimo y el otro espiritual. También influían sus preferencias religiosas: el antiguo brazo de César se identificaba con Dioniso, dios de la embriaguez y del exceso, mientras que el joven César con el más racional Apolo, y estos dioses parecían regir sus comportamientos. Los dos hombres se distinguían también por su modo de expresarse en público: Octaviano prefería la *gravitas* del estilo retórico «neoaticista», que se había puesto de moda, y no desperdiciaba la ocasión de criticar a Antonio por su estilo ampuloso y redundante, propio de la tendencia llamada «asianista», que este había aprendido durante sus estudios en Grecia.[45]

A partir del año 44, Octaviano y Antonio «actuaban totalmente el uno contra el otro, pero sin enfrentarse todavía abiertamente, y aunque en realidad ya habían entrado en guerra, por lo menos se esforzaban por ocultarlo bajo las apariencias». En este pasaje, sacado de Tucídides, los señores de la guerra Octaviano y Antonio se encuentran al mismo nivel que las ciudades de Atenas y Esparta.[46] El joven César, aprovechando el consenso de la plebe de Roma y de los veteranos, creó su propia red política y reclutó legiones en Samnio y en Etruria. En Roma, para inquietud de Cicerón, había pronunciado un discurso en la asamblea de la plebe, en el que confirmaba su pretensión de obtener los cargos de su padre.[47]

Entre octubre y noviembre empezaron a circular las *Filípicas* entre los ciudadanos influyentes. Poco después, Antonio, que había sufrido la deserción de dos legiones, tuvo que abandonar Roma para pasar el invierno en esta «acrópolis» de Italia que era la Galia Cisalpina. Debía ocupar el puesto del procónsul Décimo Bruto (un antiguo cesariano que había participado en el cesaricidio), y poco después partió hacia su provincia para reclutar tropas y efectuar operaciones militares en los Alpes, donde los soldados lo habían aclamado *imperator*. Por su parte, Décimo Bruto envió un informe al Senado en el que deseaba recibir el honor de la *supplicatio*, una ceremonia oficial en la que se agradece a los dioses la victoria. En una carta enviada a Cicerón a comienzos de otoño, narra sus hazañas contra los indígenas llamados *inalpini*, situados entre el Piamonte y Saboya, y sus operaciones contra «los más belicosos de estos pueblos», con la conquista de varias fortalezas y la devastación del territorio. El objetivo principal de dichas operaciones, escribía, no era la gloria personal: se trataba, ante todo, de entrenar a sus soldados y subirles la moral «para velar por nuestros asuntos», es decir, en previsión de una guerra civil contra Antonio. Cicerón le prometió hacer cuanto estuviera en sus manos para asegurar su dignidad y su gloria.[48] Paralelamente, establecía una alianza tan sorprendente como necesaria con el joven hijo adoptivo de César, al que esperaba poder manipular. El 20 de diciembre del año 44 a. C., pidió oficialmente al Senado que declarase a Antonio enemigo público. La asamblea no aprobó la petición, pero anuló las decisiones más importantes tomadas por el cónsul y lo destituyó de toda función para el año siguiente. Era el inicio de una nueva guerra civil, y de la primera guerra entre Apolo y Dioniso.

2

Señores de la guerra en Occidente

Los intentos de los conservadores por restablecer el orden republicano provocaron efectos colaterales. Veremos que la «amnistía» de Bruto y Casio les permitió, tras las primeras semanas de confusión, ocupar posiciones de poder en Oriente. En Occidente, otro personaje se aprovechó del desorden político y militar: Sexto, hijo pequeño de Pompeyo, que había sobrevivido a la guerra de Hispania de César, al contrario que su hermano mayor, Gneo el Joven, cuya cabeza cercenada fue exhibida públicamente en *Hispalis* (Sevilla).[1] Teóricamente, César había «pacificado» Hispania, pero Sexto consiguió huir, sin duda, con ayuda de los aristócratas locales y los colonos romanos, siempre fieles a la causa pompeyana.

Para hacer frente a estos ataques, César se vio obligado a permanecer en Hispania hasta septiembre del año 45 a. C., donde se le unió Octavio. Sin embargo, cuando regresó a Italia, Sexto supuso un quebradero de cabeza para sus legados, debido a los ataques que lanzó por toda la península Ibérica en los meses precedentes a los idus de marzo. En el año 44, el gobernador de la Hispania Ulterior asentado en *Corduba* (Córdoba) era Asinio Polión, cesariano fiel, veterano de Farsalia y de otras guerras civiles. Más tarde, en sus *Historias* en diecisiete volúmenes, narró las últimas guerras civiles. Polión había dirigido las operaciones contra Sexto, pero al parecer no lo hizo mejor que su predecesor, C. Carrinas. Apiano relata al respecto una historieta muy poco convincente: Sexto no habría revelado inmediatamente su identidad a los hombres que había reclutado para sus actos de piratería; tras presentarse como Pompeyo, todos los veteranos dispersados que habían militado con su padre o su hermano corrieron para unirse a él.[2]

Sexto era mucho más temible que Bruto y Casio, porque la fama de su padre no era menor que la de César. El enfrentamiento entre Pompeyo *Magnus*, «el Grande», y César continuó mucho después de la muerte de los dos protagonistas. La última fase de las guerras civiles que determinó el fin de la República se consideró como una prolongación del conflicto, por lo menos hasta la derrota de Sexto en el año 36. Este último había elegido el sobrenombre de *Pius*, con la intención de destacar su piedad filial y su deseo de vengar la muerte de su padre y de su hermano.

A partir de esta fecha, Sexto Pompeyo influyó en los acontecimientos del Mediterráneo. Pese a ello, el hijo menor de Pompeyo Magno se considera a menudo un personaje de segunda fila. En uno de los libros más hermosos de historia antigua jamás escritos, *La revolución romana*, el gran historiador británico Ronald Syme no duda en calificarlo de joven aventurero (solía utilizar esta expresión para describir a los personajes que no le gustaban). Efectivamente, se presentaba a Sexto como «un joven sin instrucción, de lenguaje grosero, despierto y fogoso, presto a la acción, rápido en la reflexión, en lo relativo a la lealtad todo lo contrario que su padre, liberto de sus libertos, esclavos de sus esclavos, celoso de las personas de mérito para obedecer a los más mediocres».[3] La propaganda de sus enemigos no dudó en atribuirle un papel menor de bandido, incluso de pirata, ni en insinuar que, si su padre había hecho del Mediterráneo «un puerto seguro y bien cerrado»,[4] su hijo habría desbaratado este trabajo. En el siglo II d.C., Floro exclamaba: «¡Oh! ¡Cuánto difiere el hijo del padre! Uno exterminó a los piratas de Cilicia, el otro los asocia a sus objetivos».[5] Ya no era una guerra civil: las operaciones de Sexto respondían más bien al bandolerismo.[6]

El descrédito de Sexto procede de la propaganda elaborada por su principal adversario, Cayo Julio César Octaviano. El prestigio del nombre de Pompeyo le aseguraba la lealtad de las tropas, pero Sexto no era un mal comandante: la cadena de acontecimientos demostrará su talento de estratega, indudablemente mayor que el de Octaviano. Este *adulescens*, «hombre joven», convertido rápidamente en adulto (en el año 44 tenía veintidós años) había reclutado un ejército de legionarios y auxiliares, el equivalente a siete legiones, en el noroeste de la península Ibérica. Dos días después de los idus de marzo, Décimo Bruto escribió a Bruto y a Casio, manifestando su temor: para él tan solo Sexto Pompeyo y Cecilio Baso podían garantizar su seguridad. En otras palabras, los únicos refugios posibles eran los territorios de Hispania y de Siria, controlados por los enemigos de los cesarianos.[7] Sin embargo, justo después de los idus de marzo, los cónsules habían negociado con Sexto, y este finalmente había «cedido».[8] Poco después, Décimo Bruto pudo regresar a la Galia Cisalpina, junto a sus legiones, mientras que Cicerón se había planteado también la posibilidad de encontrar refugio, aunque

Aureus de Sexto Pompeyo «*Magnus Pius*, *imperator* por segunda vez; prefecto de la flota y del litoral por senadoconsulto», con la barba en señal de duelo por su padre y su hermano. La fecha de emisión (¿año 42?) es discutible.

no descartaba acudir junto a Sexto Pompeyo.[9] El 10 de julio del año 44 a. C., Cicerón se enteró de que Sexto había partido con una legión de Cartago Nova (hoy Cartagena) y asediaba Baria (actualmente Vera, en Andalucía). Durante la toma de esta plaza fuerte se enteró de la noticia del asesinato de César, que habría desencadenado la euforia general.[10]

La situación cambió gracias a la intervención del gobernador M. Emilio Lépido, un hombre con una carrera ejemplar. Antes había sido comandante de la caballería de Julio César, es decir, brazo derecho del dictador, y lo sucedió en el cargo de gran sacerdote (el más alto responsable de la religión cívica) gracias a una maniobra de Antonio. Evidentemente, Lépido había reflexionado sobre la experiencia de su padre M. Emilio Lépido, el «cónsul subversivo» del año 78 a. C., desdichado protagonista de un enésimo episodio de guerra civil, justo después de la muerte de Sila. El error del padre de Lépido fue su decisión de avanzar sobre Roma en el año 77, en lugar de regresar a su propia provincia, la Galia Transalpina. En aquella misma época, otro elemento subversivo, Sertorio, había combatido en Occidente; antes de ser vencido definitivamente, había controlado Hispania durante seis años, donde se había convertido en un auténtico señor de la guerra. Pompeyo, que consolidaba entonces su propio poder, consiguió incitar el descontento de los romanos que no toleraban las relaciones de Sertorio con las aristocracias hispánicas. Este último fue finalmente asesinado, y su destino debió de convencer a Lépido de la necesidad de cooperar con los otros gobernadores: sabía perfectamente que, para controlar el sector occidental del Mediterráneo, había que dominar toda la Europa occidental romanizada.

César había confiado a Lépido la Galia Narbonense y la Hispania Citerior: grosso modo, la región mediterránea de los Pirineos hasta Cartago Nova. Permaneció en Hispania hasta octubre del año 44 a. C., para negociar el cese de hostilidades por parte de los pompeyanos, y después se instaló en la Galia. Aunque todas las fuentes se concentran en lo que sucedía en Roma, el destino de Roma se cumplió en Occidente, donde Lépido fue la pieza central de la creación del dispositivo estratégico destinado a consolidar la presencia romana en las Galias. En el discurso fúnebre de César, Antonio había precisado el desafío de la guerra de las Galias para el dictador, que no se había limitado a combatir contra los enemigos de las poblaciones aliadas. En efecto, César había conquistado todos los pueblos de estas regiones antes desconocidas,[11] acelerando el proceso de incorporación de la Galia Cisalpina al resto de Italia. En cuanto a la Galia Transalpina, la conquista cesariana había establecido un nuevo paisaje geopolítico. Hasta el final de las guerras civiles, estos territorios no habían conocido acontecimientos sustanciales, aparte de algunas revueltas esporádicas. Una parte de la aristocracia gala había apoyado la causa de César, que al final de la guerra había recompensado a varios caudillos y miembros de la aristocracia con magistraturas en su ciudad, distribuciones de tierras e incluso la concesión de la ciudanía romana. La ciudad de *Arelate* (Arlés) obtuvo el estatus de colonia romana. La misma política de integración se llevó a cabo en la Transalpina, cuyo gobernador era L. Munacio Planco, una vez más, un fiel lugarteniente de Julio César que había combatido a su lado contra los galos y, más tarde, en las guerras de Hispania y de África contra los pompeyanos.

Por consiguiente, hay que imaginar el desafío que suponía el control de la región. De hecho, la guerra no terminó en el año 52 en Alesia. Los galos no habían dejado de luchar contra los ejércitos romanos y, en el momento de los idus de marzo, los lugartenientes cesarianos continuaban combatiendo. Las clientelas y las alianzas forjadas por César suponían asimismo la implicación de las poblaciones germánicas más allá del Rin, que habían formado un verdadero glacis protector de los federados. La noticia de la muerte de César se difundió muy rápidamente entre los pueblos galos y, en Roma, muchos temieron revueltas, sobre todo en las tribus germánicas de la Galia Bélgica. A finales del mes de marzo, llegaron noticias bastante tranquilizadoras: los germánicos declararon su obediencia a Roma.[12]

El Senado autorizó a Munacio Planco a fundar dos nuevas colonias romanas: *Lugdunum* (Lyon) y, al noreste de los helvecios, *Raurica* (Augst). Entretanto, en las tribus galas se había desarrollado la práctica de construir *oppida*, plazas centrales fortificadas que los arqueólogos consideran un fenómeno de «protourbanización». A estas aglomeraciones, de función defensiva, se añadían los enclaves de carácter comercial. En cuanto al campo, en la *Guerra de las Galias* César nombra diferentes tipos de hábitat, sobre todo los *vici* (pueblos) y los *aedificia* (granjas aisladas). La agricultura floreciente, junto con una ganadería igualmente importante y la práctica de la caza en los bosques, había permitido el avituallamiento de las legiones de César. Aunque el proceso de romanización como formación de una civilización galo-romana no se materializó hasta mediados del siglo I d. C., la arqueología muestra en cambio signos de una especie de aculturación mediterránea a partir del siglo II, por ejemplo, la aparición precoz de razas animales importadas de Italia (primero en los enclaves aristocráticos).

Lépido, por su parte, administraba la vieja provincia creada en torno al año 100, que englobaba más o menos la Provenza, el suroeste y el valle del Ródano. Sus límites eran la colonia cesariana de Vienne y el lago de Ginebra al norte, los Pirineos al suroeste, los Alpes al este, el Macizo Central al norte. Por su parte, la ciudad griega de *Massalia* (Marsella), aliada de Roma durante mucho tiempo, controlaba una buena parte de la costa mediterránea. Estaba situada en medio de la «vía de Hércules», el itinerario que Aníbal había tomado para ocupar Italia. Su prestigio había quedado socavado por su actitud durante la guerra civil: asediada por César en septiembre del año 49 a. C., la ciudad capituló y, aunque no perdió su autonomía, tuvo que renunciar a una buena parte de su territorio. Con todo, su puerto quedó activo. Además, conservaba su papel de centro cultural que atraía a los jóvenes galos que no podían permitirse una estancia en Rodas o en Atenas. Sin apenas ocultar su desprecio, Estrabón habla de «centro de educación para los bárbaros».[13] Aproximadamente en aquella misma época, Valerio Máximo exaltaba el espíritu conservador de los masaliotas que habían conservado sus tradiciones, que según él se remontaban a los colonos griegos que habían fundado la ciudad. Los ciudadanos eran muy rigurosos en lo relativo a la liberación de esclavos, a los espectáculos inmorales, a las ceremonias funerarias demasiado complejas y a los cultos considerados peligrosos para la comunidad: «Hay un gladio con el que degollaban a los condenados, que pertenece a los tiempos de la fundación de la ciudad. Evidentemente, está todo oxidado y difícilmente podría servir para este menester, pero demuestra que hasta en las cosas más insignificantes, hay que conservar todo lo que recuerda las costumbres antiguas».[14]

Los bárbaros de los que se hace aquí mención eran celtas «buenos», como la familia de los Pompeii Trogi, que pertenecían a la ciudad de los voconces, en la Galia Narbonense, cuyo *oppidum* más famoso era Vasio (Vaison-la-Romaine). Debían su nombre de *Pompeius* y la ciudadanía romana a Pompeyo, que en época de sus campañas contra Sertorio entre los años 76-72 había recompensado así al abuelo de Pompeyo Trogo por sus servicios como oficial de la caballería auxiliar. Su hijo había servido en la guerra de las Galias encargándose de la correspondencia y de ciertas tareas diplomáticas: César incluso le había confiado su sello. Se trataba probablemente del intérprete Cn. Pompeyo, mencionado por César, que en noviembre del año 54 fue enviado en calidad de embajador a Ambiórix, jefe de los eburones.[15] El hijo de este fiel servidor de César era el historiador Pompeyo Trogo, autor de una historia universal publicada bajo el principado de Augusto, y que, sin duda, había realizado estudios griegos en la antigua colonia focea de *Massalia*.

Fue precisamente en Marsella donde Lépido convocó rápidamente a Sexto Pompeyo. Al elegir como punto de encuentro esta antigua plaza fuerte pompeyana, que había sido duramente castigada durante la guerra civil, Lépido mostraba, sin duda, buena voluntad, máxime cuando Sexto le había entregado una parte de sus legiones, pero también era un pretexto para alejarlo de Bruto y Casio, que habían reclamado su regreso justo después de los idus de marzo.[16] Por su parte, Sexto había conservado su flota, que de momento estaba amarrada en *Massalia* y que, en adelante, constituiría su verdadera fuerza. Gracias, sobre todo, a su diplomacia, Lépido evitó la guerra civil y permitió que Sexto Pompeyo recuperase las propiedades de su familia en Hispania.[17] El Senado concedió a Pompeyo el Joven el papel esencial de prefecto de la flota militar y de las costas del Mediterráneo, un cargo proconsular.[18]

Sin embargo, en la confusa situación de las Galias después de la conquista romana, era preciso negociar constantemente con las aristocracias locales a fin de sancionar el sistema de alianzas. Así fue como Lépido se implicó en la fundación de *Lugdunum*, junto con Planco.[19] Se ha dudado de esta información aportada por Dion Casio, pero es evidente que Lépido, aunque su acción no fue oficial en la fundación de la colonia, se había convertido en el protagonista del teatro de operaciones en Occidente. Tenía el prestigio y la habilidad diplomática necesarios para controlar un equilibrio geopolítico difícil, al parecer de acuerdo con los otros dos gobernadores, Munacio Planco y Asinio Polión.

En África, aprovechando el clima de confusión que se había producido después de los idus de marzo, el príncipe númida Arabión recuperó una parte de las tierras que había tenido que abandonar en el año 46 a.C., tras la victoria de César en África y la ocupación del reino de su padre Masinisa II. Como Sexto Pompeyo controlaba el estrecho de Gibraltar, Arabión podía conseguir el aprovisionamiento de sus hombres a cambio de prestar estos últimos a los pompeyanos, porque estaban muy bien entrenados.[20] En África, sin duda con el apoyo de la flota de Sexto Pompeyo, recuperó rápidamente una parte de sus dominios en detrimento del rey Boco II, que se vio obligado a retirarse hacia el oeste. Eliminó también a P. Sitio, que, nacido entre los años 95 y 90 a.C., era originario de *Nuceria* (Nocera Superiore), en Campania. Hijo de un rico caballero vinculado a una red comercial bastante importante, había crecido entre la Campania y Roma, y, siendo todavía joven, tuvo que vivir el enfrentamiento violento de la revuelta de Espartaco, que saqueó *Nuceria* durante el invierno de los años 73-72. Tras la represión de la revuelta, Sitio retomó el negocio de su padre, primero en Roma (donde frecuentó personajes importantes como Cicerón) y después en Hispania, donde formó parte del círculo de Craso y probablemente conoció a César, cuestor en el año 68. Hacia mediados del 64, Sitio abandonó Hispania para instalarse en África con un grupo de compañeros que han sido descritos como aventureros. De hecho, tuvo que huir de procesos judiciales por acumulación de deudas, y con toda probabilidad estuvo implicado, por lo menos hasta cierto punto, en la conjura de Catilina. Había reunido un pequeño ejército y se había refugiado junto al rey Sosus, que lo había nombrado general. Entre los años 64 y 47, Sitio organizó sus asuntos en África, actuando sobre todo en el reino de Mauritania como jefe mercenario, al frente de un ejército y al poco tiempo de una flota. En calidad de aliado de Boco II, sucesor de Sosus, apoyó a César en la guerra civil contra los pompeyanos y Juba de Numidia: sin duda ayudado por la «quinta columna» representada por los mercaderes romanos de la ciudad, Sitio asedió y tomó *Cirta*, una de las capitales de Numidia. Boco ocupó la región hasta el río *Ampsaga* (Ued el-Kebir). Tras la victoria final de César en la guerra de África, Sitio se unió al dictador y obtuvo su parte de la recompensa en la organización de África del Norte. Boco fue nombrado rey de Mauritania occidental, mientras que el rey de Mauritania oriental era Bogud. Numidia fue incorporada a Roma con el nombre de *Africa nova* para distinguirla de la «vieja» provincia de África.

No obstante, una parte sustancial del reino, aunque dependiente de la autoridad del gobernador de África, era administrada directamente por Sitio y sus compañeros: el vasto territorio de *Cirta* (Constantina) y también el resto de Numidia al este del *Ampsaga*. La acción combinada de Boco y de Sitio les había permitido ocupar los dominios de Arabión. Sitio se convirtió en un auténtico señor de la guerra en un territorio que abarcaba las ciudades de *Cirta* y *Milev*, y los puertos de *Rusicade* y *Chullu*. Hizo de *Cirta* un enclave independiente que escapaba al dispositivo de las provincias romanas; este modelo de colonización, que se remontaba a Cayo Mario, proyectaba la instalación de colonos italianos, africanos e hispánicos. Nadie discutía el poder de este leal cesariano que representaba una excepción en cierto modo revolucionaria, con este principado autónomo reconocido por César.

Se estaba consolidando una nueva África romana. Entre sus proyectos, César había previsto refundar, aunque en calidad de colonias romanas, dos grandes ciudades comerciales que los romanos habían destruido en el año 146 a. C.: Corinto en Grecia y Cartago en África. Esta segunda se había convertido en colonia romana en el año 123 a petición de C. Graco, pero la refundación fue llevada a cabo por Octaviano a partir de los documentos de César. Bajo el consulado de Antonio y Dolabela, es decir, durante los meses siguientes a los idus de marzo, fueron enviados tres mil colonos. No obstante, esta datación es poco probable, porque, sin duda, esta colonia fue creada un poco más tarde. Sea como fuere, este proyecto de César tenía por objetivo modificar el equilibrio político y económico del mundo.[21]

Estos acontecimientos dicen mucho sobre la situación internacional. El precedente jurídico de Sitio, un ciudadano romano que prácticamente había creado una provincia autónoma, prefiguraba nuevos escenarios y otras concepciones del reparto del poder. Por otro lado, las fuentes de esta época presentan un concepto de provincia relativamente difuso. Todos los que se encontraban fuera de Roma y de Italia eran *exterae nationes* o *exterae gentes*, sin precisar si se situaban en el interior o en el exterior de las provincias romanas. Con esta actitud, no es de extrañar que las fuentes romanas se concentren sobre todo en los romanos, en un tablero internacional en el que los no romanos quedan relegados a peones insignificantes y fáciles de sacrificar.

Antonio, por su parte, trataba de desalojar a Décimo Bruto de «su» provincia. Tras la defección de sus legiones, su ejército estaba compuesto por cinco unidades: a las dos legiones de Macedonia se añadían dos legiones de veteranos reclutadas en Campania por un antiguo lugarteniente de César, P. Ventidio Baso, y la quinta legión, llamada *Alauda*, que César había reunido entre los galos transalpinos.[22] Muy probablemente, esta unidad debía de acoger asimismo a los veteranos de César y quizás a otros extranjeros, como parece confirmar la inscripción funeraria del soldado C. Valerio Arsaces de la quinta legión *Alauda*, hallada en el territorio de los ligures *babiani*, en la provincia de Benevento.[23]

Presionado por las tropas de Antonio, Décimo Bruto se vio obligado a atrincherarse en la colonia de *Mutina* (Módena). Paralelamente, el Senado cooptaba a Octaviano otorgándole poderes extraordinarios que le conferían un rango equivalente al de un pretor, que debería haber obtenido más tarde. Su ejército fue financiado con fondos públicos; Octaviano también había cooptado a auxiliares de Antonio: jinetes de caballería (entre ellos numerosos galos), arqueros e incluso elefantes.[24] Sin duda, los elefantes habían sido transportados desde África, y aunque su utilidad táctica no estaba demasiado clara, por lo menos desempeñaban un papel simbólico: en el año 46, en tiempos de la guerra de África, figuraban en las acuñaciones monetarias de César.

El Senado decretó el estado de emergencia y la intervención armada de los dos cónsules con la participación de Octaviano. Al ser rechazado de las ciudades de la Cisalpina y carente de fuerzas de apoyo, Antonio se vio obligado a enrolar a gladiadores, así como reclutas inexpertos, y a mantener a sus tropas mediante saqueos y requisiciones. La colonia de *Parma* (Parma), conquistada por el hermano de Antonio, Lucio Antonio, se convirtió en un escenario de violencia. La llegada de los ejércitos consulares determinó el revés definitivo de Marco Antonio: Cicerón había incorporado a la causa de los conservadores a los dos cónsules A. Hircio y C. Vibio Pansa, dos antiguos lugartenientes fieles a César, inquietos por los excesos de Antonio. Ventidio Baso se vio obligado a replegarse en el Piceno, donde reclutó una nueva legión.

Cicerón ya se veía vencedor. Gracias a sus maniobras, el Senado aprobó una coalición contra Antonio, formada por los dos cónsules, por el propretor Décimo Bruto y por el joven César, cuyo *imperium* pretoriano avalaba los movimientos hasta entonces ilegales. Con el pretexto de atacar al cesaricida, Antonio lanzó su ofensiva contra Décimo Bruto, pero Octaviano e Hircio se dirigieron hacia *Mutina.* El 14 de abril del año 43 se produjo un primer combate cerca de *Forum Gallorum* (Castelfranco Emilia). El cónsul Pansa, capturado en una emboscada tendida por Antonio en el bosque (con una técnica de guerrilla sin duda aprendida en la Galia), resultó gravemente herido y murió al cabo de diez días. Marco Antonio se vengó de sus hombres, que provenían de la legión *Martia* y que lo habían abandonado seis meses antes. La batalla decisiva se desarrolló cerca de *Mutina*, el 21 de abril: Décimo Bruto fue liberado del asedio. No obstante, la victoria de los conservadores se vio ensombrecida por la muerte de los dos cónsules. Pansa, herido en *Forum Gallorum*, murió dos días después de Hircio en *Mutina.* El poeta Ovidio evoca su propio nacimiento en aquel año terrible «en el que perecieron los dos cónsules con un mismo destino».[25] Cicerón, que cantaba victoria, había subestimado tanto la capacidad de Antonio para recuperarse como el carácter de Octaviano, que creía que podía manipular. El ejército de Antonio, derrotado y obligado a huir, abandonó en el campo numerosas insignias y, sobre todo, cadáveres de veteranos. No obstante, este consiguió reorganizar sus tropas durante la retirada, las rearmó con medios improvisados (como escudos confeccionados con corteza de árbol)[26] y las alentó con su ejemplo.

La serie de las *Filípicas* tocaba a su fin. Cuatro días después de su derrota, Marco Antonio fue declarado enemigo público. Aunque Cicerón creía que había ganado, en realidad, a ojos de los enemigos de Antonio, la batalla de *Mutina* había sido una victoria pírrica. Cicerón escribió a Casio y a Trebonio, otro miembro de la conjura contra César, que él «no habría dejado ningún resto».[27] La muerte de los cónsules había debilitado la facción contraria a Antonio, que podía contar también con tres legiones, situadas en el Piceno bajo las órdenes del hábil y enérgico Ventidio. Pese a que Antonio no siempre conseguía victorias militares, su experiencia política y su sólida influencia sobre los soldados le permitían recomponer alianzas y recobrar su prestigio.

Gracias al ejemplo de su jefe, el ejército recuperó la moral, atravesó los Apeninos y tomó la ruta costera de la Liguria. Los legionarios de Antonio llegaron a la Galia, donde fueron acogidos por Lépido, que, tras renunciar a su neutralidad, decidió alinearse con él: por consiguiente, también este fue declarado enemigo público. Gracias a la mediación de Ventidio, Octaviano comprendió rápidamente la situación y prefirió permanecer al otro lado de los Apeninos en vez de prestar ayuda a Décimo Bruto y perseguir a Antonio.[28] Décimo Bruto se lamentó en una carta a Cicerón, a la vez que le alertaba contra el joven, que se había vuelto incontrolable. De este modo, en el momento más crítico para Antonio, la situación dio un vuelco gracias a Octaviano, que, después de *Mutina*, había adivinado las intenciones de Cicerón y de Décimo Bruto. Más tarde justificó su cambio de opinión explicando que algunos senadores veteranos, que lo subestimaban debido a su juventud, tenían la intención de marginarlo. Lo llamaban concretamente *puer*, término que no solo significa «niño», sino también «servidor».[29] Poco importaba que Cicerón, en su cuarta *Filípica*, se esforzase por destacar el coraje de aquel hombre y su valor, que lo convertían en un adulto que merecía la aclamación de *imperator*, de general victorioso.[30] La condescendencia de los senadores revelaba su sospecha respecto al heredero de Julio César. Décimo Bruto consiguió así el triunfo, mientras que al joven César se le negaba la ovación. No habían tenido en cuenta la fidelidad del ejército para con César y sus descendientes.

Conforme a la versión augústea de los acontecimientos, relatada por Nicolás de Damasco, el joven César debía medirse inevitablemente con los aguerridos jefes cuyo poder era proporcional a los hombres que estaban bajo su mando.[31] Obviamente, entre esos hombres no había más que romanos. Incluso Cicerón, que tiempo atrás había criticado la utilización de auxiliares bárbaros, escribía a Bruto para transmitirle la esperanza que tenía depositada en los ejércitos de Décimo Bruto y de Planco, cuyos legionarios a veces poco experimentados estaban apoyados por auxiliares galos buenos y leales.[32] Sin embargo, perseguido por Antonio, Décimo Bruto había emprendido la fuga con cuatro legiones de veteranos y seis formadas por reclutas inexpertos, que poco a poco lo fueron abandonando. Tras renunciar a presentar batalla, decidió huir junto a Bruto en Macedonia, tomando la ruta del Adriático que pasaba por Rávena o por Aquilea. Se dirigió entonces hacia el norte, acompañado de sus fieles auxiliares galos, jinetes que eran sus «guardaespaldas», y que después despidió en su mayoría. Con trescientos jinetes alcanzó el Rin; la travesía del río fue difícil, Décimo Bruto fue abandonado por sus soldados, a excepción de una decena. Entonces se vistió como un galo, «puesto que conocía perfectamente la lengua», y se dirigió hacia Aquilea, pero fue capturado por unos bandidos que dependían de un caudillo llamado Camilo.[33] Décimo Bruto, que lo conocía y le había prestado servicios, se hizo conducir ante él por sus raptores. Camilo lo acogió con todos los honores, mientras informaba a Antonio, quien ordenó a Camilo que lo liquidase y le enviase su cabeza.[34]

El hecho de que Décimo Bruto conociese la lengua de los celtas no debía de ser nada extraordinario, pero en aquella época nadie alardeaba de dominar un habla bárbara. Por otro lado, los veteranos de la guerra de las Galias tenían una considerable experiencia del país y de sus habitantes; no cabe la menor duda de que Antonio, a quien tanto le gustaba pasearse con atuendos exóticos o rodeado de sus guardaespaldas bárbaros (y que había tratado de llevar elefantes a *Mutina*), tenía una cierta familiaridad con los galos como para interaccionar directamente con ellos. Por otro lado, en una carta enviada a Cicerón desde *Corduba* en junio del año 43, Asinio Polión le confiaba el temor de que Antonio provocase la sublevación de los esclavos y las *nationes*, es decir, de los extranjeros;[35] puede que hiciera alusión a su facilidad de comunicación con los bárbaros, que le permitía tratar con ellos del mismo modo que Décimo Bruto, que había sido abandonado más rápidamente por los romanos que por los galos.

En Roma el acontecimiento decisivo fue el golpe de Estado de Octaviano, que, aprovechando la muerte de los cónsules y protegido por sus soldados, marchó sobre Roma y consiguió el consulado con Q. Pedio, sobrino y veterano de César. A continuación, valiéndose de Fulvia, buscó el apoyo de Antonio y de Lépido. De este modo, también ella realizó una contribución fundamental en el desarrollo de los hechos. Planco y Polión no tardaron en seguir el ejemplo de Lépido. Antonio y Lépido descendieron de la Galia a la cabeza de un enorme ejército al que se habían unido las legiones de Ventidio. Antonio, Lépido y Octaviano se reunieron en Bononia (Bolonia) donde estipularon un acuerdo que había de durar cinco años, potencialmente renovable. Ya no era un acuerdo privado como el de César, Pompeyo y Craso en los años 60 y 56, incorrectamente llamado «primer triunvirato». El triunvirato, el auténtico, era una especie de magistratura extraordinaria creada oficialmente el 27 de noviembre del 43 a. C.: los tres hombres fueron nombrados miembros de un colegio para la reconstrucción del Estado (*tresviri rei publicae constituendae*) mediante un plebiscito propuesto por el tribuno de la plebe P. Titio. Aunque el Senado seguía siendo el mayor órgano de gobierno de la *res publica*, los triunviros se habían dotado de poderes desmesurados. Contrariamente a los magistrados tradicionales, no tenían que rendir cuentas ante el Senado ni ante el pueblo. Su palabra era ley, tenían la facultad de atribuir las magistraturas, incluso antes de plazo, si era necesario. Controlaban directamente las legiones y, sobre todo, ostentaban el *imperium maius* que les permitía desplazarse sin la obligación de respetar los límites territoriales determinados. La unión política del triunvirato quedó también sellada mediante un matrimonio. Octaviano desposó (por poco tiempo) a Claudia, hija de Clodio y Fulvia.

Marco Antonio, Lépido y Octaviano elaboraron una lista de senadores y ecuestres considerados responsables principales de los idus de marzo, que fueron condenados a muerte o desterrados, además de ser expropiados de sus bienes. El lugar de honor en la lista de proscritos recayó en Cicerón. Los sicarios lo capturaron incluso antes de que los triunviros entrasen en Roma. El orador fue decapitado, pero a diferencia de otros proscritos, su cadáver fue ultrajado de forma especial: su cabeza fue clavada en la rostra, la tribuna de los oradores en el Foro, junto con su mano derecha. Según la tradición literaria, se quiso castigar así la mano que había escrito las *Filípicas*. Dion Casio proporciona otra explicación: la mano simbolizaba los gestos oratorios que acompañaban sus discursos contra Antonio.[36]

Sin embargo, estas explicaciones literarias no explican semejante acto de mutilación de un cadáver. El esfuerzo de los autores antiguos por comprender el motivo muestra lo ajena que era esta práctica al código de comportamiento de los romanos, a menos que se la considere un simple ensañamiento contra los restos de Cicerón. La solución se encuentra en otra parte: apenas diez años antes, los partos dispensaron el mismo tratamiento al cadáver de Craso, cortándole la cabeza y la mano derecha.[37] Se trataba, pues, de una práctica oriental, que podría relacionarse con la importancia concedida a la mano derecha como símbolo de posesión y de poder.

Una vez más, al seguir una costumbre bárbara, Antonio causaba sensación por su gusto por lo exótico. Según Piano, tras haber sido expuesta en la rostra, la cabeza de Cicerón permaneció algún tiempo en la morada de Antonio, bien visible sobre la mesa. Podemos observar la analogía con el destino de la de Craso, que fue llevada al rey de los partos, Orodes.[38] Es evidente que la exposición de los restos de Cicerón formaba parte de un simbolismo de geometría variable, que no contradice las actuaciones llevadas a cabo por los hombres de primera fila del fin de la República. Sin por ello descuidar el apego del pueblo a las tradiciones, estos hombres de poder practicaban una «política-espectáculo» que les conducía a hacer burla de forma descarada del *mos maiorum*, de las costumbres de los antiguos a los que los conservadores hacían referencia cuando les convenía.

Por otro lado, cortar la cabeza y la mano no era una invención de los partos: esta costumbre oriental se remontaba al Egipto del segundo milenio. La mano derecha correspondía al poder, ya que la integridad del cuerpo era una condición necesaria para un rey, cuyo poder quedaba legitimado por la mano derecha. No es de extrañar que se dispensase este mismo tratamiento a Ciro el Joven, como figura en un episodio de la *Anábasis* de Jenofonte,[39] autor muy apreciado por el propio Cicerón. A fin de cuentas, la costumbre no romana de considerar que la cabeza y la mano eran restos simbólicos formaba parte del bagaje de detalles exóticos que caracterizaban el estilo de Antonio, mucho antes de su larga estancia en Oriente. El destino de la mano de Cicerón es un elemento revelador. En la época heroica de la afirmación de Roma en el Mediterráneo, no todos los romanos podían ser calificados de «expertos internacionales», y muchos de ellos seguían ignorando, quizás por elección ideológica, incluso la cultura griega. En pocas palabras, aunque el exotismo de Antonio disgustase a los conservadores, no resultaba difícil descodificar su mensaje macabro: la cabeza de Cicerón clavada en la rostra era un trofeo de guerra (si no de caza), y la mano el símbolo del poder usurpado.

3

Las guerras de los tiranicidas

Los asesinos de César se habían alejado definitivamente de Italia: por otro lado, Bruto, aun siendo todavía pretor, había comprendido que ya no podía permanecer en Roma. Al quedar al descubierto los dos principales cesaricidas, lo más prudente era marcharse.[1] Según Floro y Apiano, César les habría destinado las provincias de Macedonia y Siria, pero esto es harto dudoso.[2] En cambio, otros personajes implicados en la conjura ya habían ocupado sus cargos de gobernador. Y si a Décimo Bruto, como ya hemos visto, le resultaba difícil hacer frente a Antonio en su provincia de la Galia Cisalpina, en Oriente dos miembros de la conspiración gobernaban dos provincias clave de Anatolia: C. Trebonio, Asia, y L. Tilio Cimbro, el Ponto-Bitinia. Sin más elección, los «liberadores» emprendieron el camino hacia Oriente. Carentes de justificación jurídica, los dos jefes de la conjura podían apelar a sus principios filosóficos para explicar su acto. Bruto era platónico, pero Casio hacía algunos años que se había adherido a las posiciones epicúreas. El platonismo aprobaba el tiranicidio, mientras que el epicureísmo (al que se había afiliado, entre otros, Julio César) implicaba una cierta flexibilidad política y ética, insistiendo sobre todo en el concepto de «útil». Dicho esto, estas posiciones políticas no eran demasiado coercitivas, puesto que el «epicureísmo» era más bien un elemento complementario de la panoplia intelectual utilizada por los dirigentes romanos para señalar su nivel de cultura helenística.

El Senado había concedido a los cabecillas de la conjura dos pequeñas provincias: la Cirenaica a Casio y Creta a Bruto. Finalmente, este último se apoderó de Macedonia, cuyo gobernador era C. Antonio, y Casio se dirigió a Siria, que César había asignado a Dolabela para la preparación de la campaña contra los partos.[3] Las comunidades del Oriente romano tenían que tomar partido, y el apoyo de las ciudades griegas era esencial, sobre todo porque a partir de la guerra civil entre César y Pompeyo el proceso de integración de los griegos en el Imperio conoció una verdadera aceleración. El caso de la provincia de Siria era particularmente delicado, puesto que los partos tenían mucho interés en alimentar el descontento de las comunidades locales. Era necesario, pues, retomar la política de Pompeyo y de César y solicitar el apoyo de los reyes, de los «tiranos», de los «dinastas» y de las ciudades griegas.

Por este motivo, en el otoño del año 44, Bruto y Casio llevaron a cabo una primera etapa simbólica en Atenas, una ciudad que más de cuarenta años atrás había pagado cara su elección de pasarse al bando de Mitrídates, y que Sila hizo saquear con un largo asedio en el año 86. Se derramó mucha sangre, pero el procónsul había ordenado que no se incendiase Atenas. La ciudad había conservado su libertad, se había recuperado más o menos y, como ya hemos visto, acogía a los jóvenes romanos que realizaban allí sus estudios: Bruto había pasado allí un tiempo. A su llegada, los cesaricidas fueron recibidos como liberadores y se erigieron estatuas suyas de bronce junto a las de los tiranicidas Harmodio y Aristogitón.

La alusión a los tiranicidas, fundadores simbólicos de la democracia ateniense, es reveladora. Aristogitón y el joven Harmodio, implicados en un complot contra el tirano ateniense Hipias, fueron condenados a muerte por el asesinato de Hiparco, hermano del tirano que fue depuesto en el año 510 a. C. Tiempo después, los atenienses erigieron en el ágora sus estatuas de bronce, obras del escultor Antenor, pero en el año 480, por lo menos según la tradición, los persas se las llevaron como botín de guerra. Al final de las guerras médicas fueron reemplazadas por otras estatuas realizadas por los escultores Critio y Nesiotes. El primer grupo habría sido devuelto a la ciudad por Alejandro Magno o por Seleuco I y reinstalado en el mismo sitio. El barco que transportaba el grupo de Antenor hizo escala en Rodas, donde fue acogido con grandes honores,[4] porque el valor simbólico de las estatuas de los tiranicidas, las primeras erigidas en Atenas en honor a dos mortales, concernía al conjunto de las ciudades griegas, y aún más después de la llegada de los romanos. Un tal Empilo, amigo de Bruto, le había dedicado un escrito sobre la muerte de César; se trataba probablemente del rétor Empilo, originario de Rodas, que Cicerón mencionaba en una obra perdida.[5]

Mediante estas estatuas, los atenienses agradecían a Bruto y a Casio el haber eliminado a César, que los había humillado después de Farsalia. Atenas había elegido el bando de Pompeyo e, inmediatamente después de la batalla, la ciudad tuvo que doblegarse una vez más ante un romano, enviando rápidamente una embajada a César para implorar su perdón. César fue clemente, pero lanzó a los atenienses una advertencia que probablemente hacía alusión a la magnanimidad demostrada antaño por Sila: «¿Cuántas veces os libraréis gracias a la gloria de vuestros antepasados, teniendo en cuenta que no dejáis de contribuir a vuestra perdición?».[6] Sin embargo, la razón principal de la animosidad ateniense respecto a César era de orden económico. Entre sus proyectos visionarios, el dictador proyectaba, efectivamente, intervenir en Grecia, en favor de Corinto. A comienzos del año 44 a: C., había emprendido la refundación de la ciudad: *Colonia Laus Iulia Corinthiensis.* César trataba de reactivar, y también romanizar, las regiones de Oriente despobladas, al mismo tiempo que vaciaba Roma de elementos alógenos y de grupos desfavorecidos. No obstante, aunque otorgó la ciudadanía a título individual a numerosos griegos, no recompensó, en cambio, a ninguna ciudad de Oriente mediante la concesión de la ciudadanía romana o el estatus latino: quizás porque había comprendido que no se podía romanizar el mundo griego.

Fragmento de la base de la estatua de Bruto.

Con anterioridad, en su intento de instalar veteranos en el Epiro del sur, en Butroto (hoy en día Butrinto, en Albania), que habría podido mejorar la solidez estratégica de este sector del mar Jónico, se dio de bruces con los intereses de un rico propietario que tenía muchos vínculos con la aristocracia romana: Tito Pomponio Ático, gran amigo de Cicerón, que tenía allí propiedades. El lugar elegido era un enclave llamado *Amaltheum*, en referencia a la cabra Amaltea (nodriza de Zeus) y probablemente a las actividades ganaderas.

César tuvo más éxito en Corinto. El renacimiento de la antigua ciudad comercial, poblada por colonos romanos y pronto convertida en residencia del procónsul de Acaya, se integraba en el marco de un programa más vasto destinado a detener el despoblamiento de Grecia, fruto de las guerras y de las reducciones masivas a la esclavitud que terminaron por aumentar el número de «orientales» en Roma. Esta refundación, sin embargo, no dejaba de inquietar a los atenienses, que corrían el riesgo de ver reducida la importancia de su comercio en El Pireo, máxime cuando las guerras contra Mitrídates habían desangrado el puerto de Delos: el estudio onomástico de la nueva Corinto muestra que sus colonos eran veteranos y libertos, pero también comerciantes procedentes sin duda de Delos.

En definitiva, los atenienses estaban muy contentos de poder erigir estatuas en honor a los nuevos tiranicidas. En las excavaciones del ágora se ha encontrado un fragmento de la base de la estatua de Bruto, en la que se puede reconstruir su nombre oficial, *Quintus Servilius Caepio Brutus*.[7] No obstante, hacía mucho tiempo que este se identificaba con su ancestro Lucio Junio Bruto, fundador de la República y él mismo tiranicida. Los atenienses erigieron otra estatua de Bruto en Delos, en agradecimiento por sus «favores» a la ciudad. Una tercera fue también instalada por el demo ateniense de Oropo en el santuario de Anfiarao.[8]

Indudablemente, la red ateniense de Cicerón y de sus amigos favoreció este consenso: el hijo de Cicerón, henchido de ardor contra los tiranos, era uno de los más fieles apoyos de Bruto, que seguía las conferencias de los filósofos y ponía a prueba los sentimientos de los jóvenes estudiantes romanos.[9] Siguiendo el ejemplo de Cicerón, Bruto escribió un tratado *Sobre los deberes*, hoy perdido.[10] En realidad, detrás de esta actividad intelectual, estaba preparando la guerra. Había recuperado barcos y enviado a Macedonia un emisario griego, un tal Heróstrato, mientras que C. Antistio Veto, el gobernador saliente de Siria, le había confiado una parte del tributo de su provincia. En Tesalia había recuperado armas y tropas: una unidad de caballería destinada a Dolabela para la guerra contra los partos, y varios soldados de Pompeyo que, según decían, habían permanecido en la región tras la victoria de César cerca de la ciudad de Farsalia, al sur del centro principal de *Larisa*, que algunos autores vinculaban al reino de Aquiles.[11] Si esta información es fiable, podemos imaginar que todos estos soldados debieron de errar por la región durante más de cuatro años, practicando el bandolerismo. Nada sorprendente, al parecer: después de todo, a la Tesalia, que ocupaba un lugar aparte en el interior del mundo griego, se la conocía como el país de la magia. Se trataba, muy probablemente, de soldados originarios de la región que habían formado parte de las legiones de Pompeyo, junto con los beocios, los aqueos y los epirotas.[12] Cierto es que, después de Farsalia, César había concedido la libertad a los tesalios que habían combatido a su lado.[13] Más tarde, en Filipos, los tesalios se encontraban en el ejército comandado por Bruto.[14] En cualquier caso, fue con estas tropas como el cesaricida, valiéndose de la autoridad de un senadoconsulto que le otorgaba plenos poderes sobre los Balcanes occidentales y Grecia,[15] ocupó Macedonia, Epiro e Iliria. Se aprovechó de los aprietos de Vatinio, que había tenido dificultades para responder a los ataques de los dálmatas.[16] Recuperó, además, la legión conducida por C. Antonio, que fue neutralizado y hecho prisionero, con el apoyo del gobernador Hortensio, tío de Bruto. Al concluir estas operaciones, Bruto disponía de ocho legiones, formadas en parte por veteranos. Asimismo, «tenía varios jinetes, soldados de infantería ligera y arqueros; cubría de elogios a los macedonios y los ejercitaba a la manera italiana».[17]

Por su parte, Casio había recorrido su itinerario hacia Oriente y ocupado Siria, donde se había hecho famoso algunos años antes. Los gobernadores romanos habían combatido contra Cecilio Baso y sus apoyos partos y locales. Sexto César había sido sustituido por Antistio Veto, que, como ya hemos visto, entregó a Bruto parte de sus tributos recaudados en Siria. Antistio había luchado contra Baso con la ayuda del judío Antípatro, brazo derecho del gran sacerdote Hircano II, esposo de la princesa nabatea Cipros y padre de Herodes el Grande. Antípatro, cuyo poder se había visto reforzado por la reorganización de Pompeyo, era un fiel aliado de los romanos, que lo habían apoyado contra el rey asmoneo Aristóbulo II y sus hijos; supo utilizar tanto su dinero como su talento diplomático para evitar convertirse en víctima colateral de las guerras civiles romanas.

Los judíos, hostiles a Pompeyo, que había cometido el sacrilegio de entrar por la fuerza en el Templo de Jerusalén, durante la guerra civil habían apoyado a César, a quien Antípatro había salvado la vida en el año 47 a.C., en la guerra de Alejandría.[18] César, que había confiado a Antípatro la administración de Judea, había concedido a Hircano y a sus descendientes el título de príncipe y gran sacerdote de los judíos, con otros privilegios y exenciones. Por otro lado, había autorizado la reconstrucción de las murallas de Jerusalén, que Pompeyo había hecho derribar, y concedido la ciudadanía alejandrina a la comunidad judía de la ciudad.[19] Marco Antonio, por su parte, había frecuentado a la familia de Antípatros entre los años 57-56, durante las campañas del gobernador de Siria, Gabinio, cuando era un joven oficial prometedor.[20] Bajo las órdenes de Gabinio, que tenía también la autorización de intervenir en los reinos limítrofes, Antonio había sido enviado a Judea en ayuda de Hircano. Junto con otros oficiales, formó un ejército compuesto por legionarios romanos y auxiliares judíos contra los enemigos del gran sacerdote.

En cuanto a Baso, estaba apoyado por «Alcaudonio» o «Alcaidamo» (en árabe *al-ḫiḍamm*, «señor magnífico»), jefe de la tribu de los rambeos, rivales de los osreos de Edesa: árabes que se movían entre los romanos y los partos. A comienzos de los años 70 a. C., Alcaudonio (o más probablemente su padre) había ayudado a Lúculo en tiempos de la guerra contra Mitrídates y Tigranes de Armenia; después, había prestado apoyo a los partos contra Craso.[21]

Bien protegido en su bastión de Apamea, Baso contaba también con el apoyo de Sampsiceram de Emesa (Ḥomṣ) y su hijo Jámblico (que estaba acantonado en *Arethousa*, una fortaleza en el Orontes). Este juego de pequeñas potencias incluía a dos señores anónimos: el de Lysias, una plaza fuerte al norte de Apamea, y el de Heliópolis (Baalbek). Un personaje interesante al que nos gustaría conocer mejor es Ptolomeo, hijo de Mennaios, señor de los itureos, que vivía en la frontera siria del Imperio seléucida, en la región que los griegos denominaban Siria Coele. Su centro principal era Calcis del Líbano, en Beqa.[22] Pompeyo había puesto freno a los sueños de expansión de Mennaios, que se había aprovechado de la desintegración del reino seléucida: este señor, o su hijo Ptolomeo, había proporcionado auxiliares a César, que habían combatido en Farsalia y después lo habían

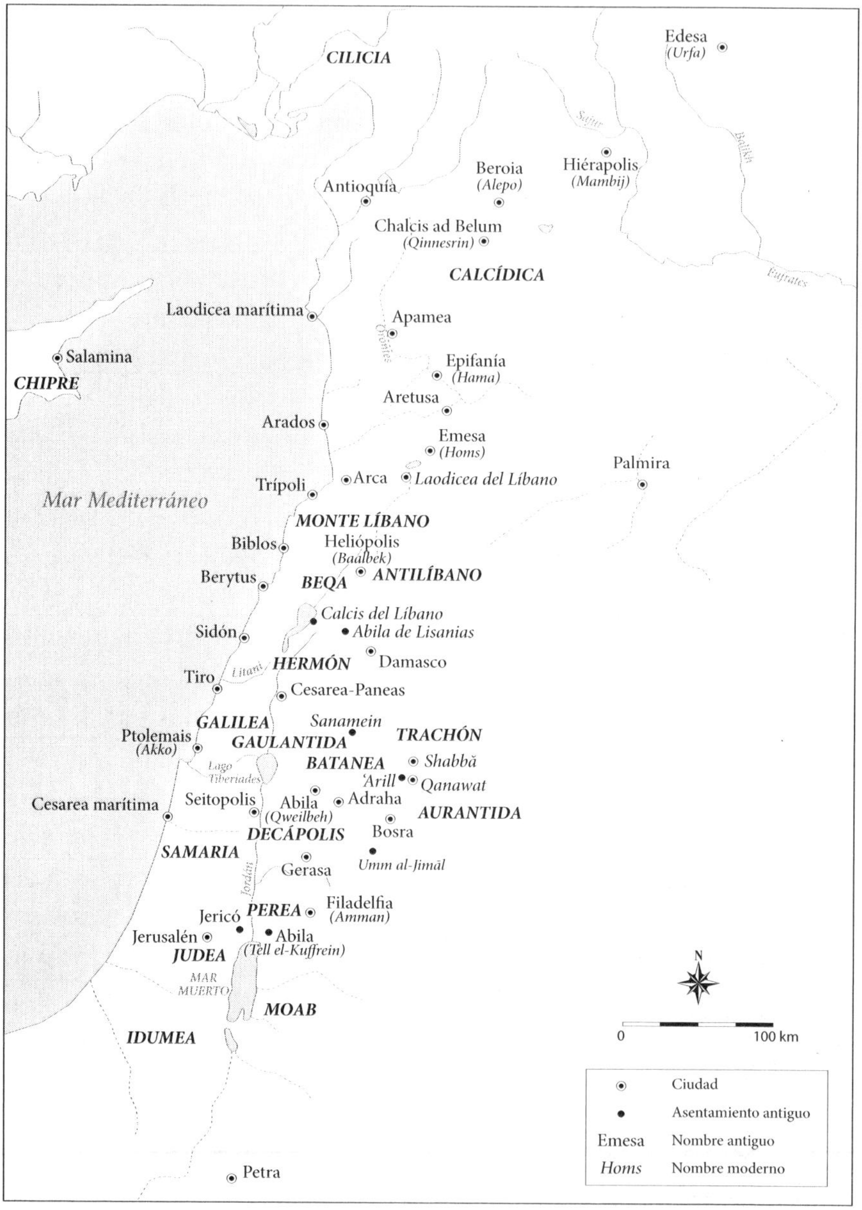

La Siria romana

seguido a África[23] y, como ya hemos visto, a Roma, donde formaban parte de la guardia de Antonio en tiempos de su consulado. El señor de los itureos y los demás «filarcas» (jefes de tribu) abastecían también de soldados a Baso, que, a la cabeza de dos legiones, había instalado su cuartel general en Apamea, ciudad dotada de un rico territorio.[24]

Baso y Antistio Veto pactaron una tregua.[25] El nuevo gobernador de Siria, L. Estayo Murco, era también partidario de los cesaricidas, pero la amenaza parta había forzado la suspensión de los combates entre las fuerzas romanas. Murco disponía de tres legiones, además del refuerzo de otras tres enviadas por Q. Marcio Crispo, procónsul de Bitinia y Ponto.[26] La llegada de Casio, con su prestigio y experiencia contra los partos, bastó para desencallar la situación: el 7 de marzo, le pudo escribir a Cicerón, desde el campamento de Tariquea en Judea, que Murco y Crispo le habían entregado sus soldados y que había recuperado también la legión de Baso, mientras que el legado A. Alieno (de rango consular, que había gobernado en Sicilia) le había llevado cuatro legiones que Cleopatra había dejado salir de Egipto.[27] En otra carta especificaba que había conservado a Estayo Murco como legado y mantenido la dignidad militar de Crispo; dos meses después, echaba pestes contra «este miserable Baso», que había cerrado las puertas de Apamea y se negaba a entregarle su legión hasta que finalmente sus soldados terminaron negociando con Casio.[28] Este último había confiado la flota a Murco, según Dion Casio, pero había dejado partir a Crispo y Baso,[29] mientras que según Flavio Josefo, Baso había colaborado con Casio y Murco para requisar armas, hombres y tributos en las ciudades.[30] En cualquier caso, ambos desaparecen pronto de la historia.

Casio actuó de forma muy severa respecto a los judíos, que mantenían su lealtad a César (Antípatro era también amigo de Octaviano) y habían apoyado las operaciones contra Cecilio Baso. El nuevo dueño romano reclamaba un tributo desorbitado y reprochó al lugarteniente de Antípatro, un tal Malicos (sin duda un rey nabateo), el no haber actuado con suficiente celo. Este último no dejó de oponerse a Antípatro, sobre todo porque Casio y Murco habían confiado a Herodes el gobierno de la Siria Coele y prometido el trono de Judea.[31] Los partos no parecían constituir ninguna amenaza: probablemente, Casio había negociado con ellos y les había convencido de que uniesen sus fuerzas contra Dolabela, que había recibido el encargo de continuar con el proyecto de campaña diseñado por César. En enero del año 43, Dolabela se había dado a conocer por el asesinato de C. Trebonio, gobernador de Asia y cesaricida (el día de los idus de marzo, había retenido a Antonio para retrasar su entrada en la reunión del Senado). Fingiendo querer negociar con él, Dolabela había tomado la ciudad de Esmirna donde se hallaba Trebonio: la noticia llegó a Italia mientras Antonio asediaba a Décimo Bruto en *Mutina*, y Cicerón aprovechó el suceso para fomentar la guerra, y relató la muerte de Trebonio en la *Undécima Filípica*, sin omitir detalle. Fue el primer cesaricida en caer.

Cicerón revela la idea de un plan común de Antonio y Dolabela para usurpar respectivamente la Galia Cisalpina y Asia. Además, Cicerón reprochaba al segundo su rodeo por la provincia de Asia para dirigirse a Siria: uno de sus legados, Octavio Marso, había llevado a cabo requisiciones en las ciudades y en el campo.[32] Se trataba sin duda de una estrategia para recuperar el control de Oriente y de Occidente. Pero Dolabela, militar mucho menos experimentado, tuvo menos suerte que Antonio. La reconstrucción de los acontecimientos según Apiano y Dion Casio no resulta sencilla: se entiende que al eliminar a Trebonio, Dolabela había recuperado su dinero, cosa que le permitió formar una segunda legión y una flota de mercenarios, reclutados a lo largo de toda la costa meridional de Asia Menor: en Rodas, en Licia y Panfilia, y hasta la Cilicia.[33] En la misma época, también él había sido declarado enemigo público y el Senado le había encargado a Casio que le hiciese la guerra.

Dos cartas de P. Léntulo Espínter, una dirigida al Senado y la otra a Cicerón, nos informan acerca de los movimientos de Dolabela. Hijo de uno de los más fieles aliados de Pompeyo, que

César había hecho ejecutar, el joven fue cuestor bajo Trebonio y se encontraba en Perge, en Panfilia, pocos días antes de la derrota de Dolabela en Siria. En su opinión, en caso de fracaso, Dolabela partiría de nuevo hacia Italia para ayudar a Antonio.[34] Debido al apoyo de los rodios, Léntulo no consiguió frenar el avance de la flota de Dolabela, pero sí pudo dispersarla y neutralizarla parcialmente. Léntulo estaba dispuesto a denunciar la actitud de los rodios, que en el pasado habían cerrado sus puertas a los pompeyanos acorralados tras la derrota de Farsalia, entre los que se encontraba su propio padre.[35] Por ello le pedía a Cicerón que avalase sus deudas y le rogaba que hiciese todo lo posible para que se le tratase igual que Casio y Bruto: en pocas palabras, se comportaba como un aspirante a señor de la guerra.

En Cilicia, la situación era delicada, y el conflicto entre los dos ejércitos romanos había tenido repercusiones en las comunidades locales, sobre todo en la rica ciudad de Tarso, que había adoptado el nombre de Juliópolis en honor a César. La guerra civil de los romanos había acarreado una *stasis*, una guerra interna. Las autoridades de Tarso habían ofrecido la corona, en primer lugar, a Casio, el primero en llegar, después a Dolabela: de hecho, los dos romanos habían recibido el cargo de estefanóforo, magistrado epónimo de la ciudad. Se decía que Tarso era *eumetabolos*, «fácilmente cambiante».[36] Por su parte, Casio se aseguró el apoyo del caudillo Tarcondimoto.[37] Este era un antiguo aliado de Pompeyo, al que Cicerón, en tiempos de su proconsulado en el año 51, había calificado como «el aliado más leal y amigo del pueblo romano de más allá del Tauro».[38] Después de Farsalia, abandonó a los pompeyanos, y Catón el Joven lo acusó de haber reanudado sus actividades de pirata; este detalle, documentado por Lucano, ha hecho suponer que el propio Tarcondimoto había sido un jefe pirata: quizás no se trate solo de ficción poética.[39] Dado que sus descendientes adoptaron el nombre de Julio, podemos imaginar que César les había concedido la ciudadanía romana, quizás con ocasión de su paso por Tarso, en el año 47, tras haber «resuelto todos los asuntos de la provincia de Cilicia y de las ciudades vecinas».[40] Sin duda César había sabido juzgar las cualidades de este personaje que Estrabón presenta como un hábil político, dotado de *andragathia*, «coraje viril», capaz de convertirse en el único señor de la montaña (dominada hasta entonces por diversos «tiranos»), y al que los romanos, en un determinado momento, habían gratificado con un título real.[41] Tarcondimoto controlaba una parte de la región, la Kastabalis, cuyo centro más importante era la ciudad helenizada de Kastabala/Hierápolis, cerca de los bosques de los montes Amanus (Nur Dağları). Su territorio dominaba la llanura de Issos (Alejandreta), en la que Alejandro Magno, en el año 333 a. C., salió victorioso en una batalla campal contra los persas.

Los tarsianos trataron de impedir que Tilio Cimbro se uniera a Casio y le cerraron las puertas; Cimbro prosiguió su camino pasando, probablemente, por Aigai, un puerto situado en los alrededores de la actual Adana, que, en la Edad Media, bajo el nombre de Ayas/Laiazzo, fue un famoso centro comercial. Casio había instalado allí una guarnición que, posteriormente, fue derrotada por Dolabela con el apoyo de los tarsianos.[42] Sin embargo, el propio Dolabela fue a continuación atacado en Antioquía, la antigua capital de los seléucidas, que pese a todo guardaban un excelente recuerdo de César. La megalópolis, que le había dado su respaldo contra Pompeyo, había obtenido el privilegio de la libertad:[43] entonces la ciudad inauguró una era cesariana (a partir del 1 de septiembre del año 47 a. C.) y construyó una nueva basílica llamada *Kaisareion* (a imagen de la de Alejandría), además de iniciar otras obras públicas, que ponían de manifiesto a la vez la importancia que César concedía a Siria y el prestigio del que todavía gozaba la antigua capital real, una de las grandes megápolis mediterráneas. No obstante, Casio, al haberla ocupado, conocía muy bien Antioquía y a sus habitantes desde la época de su resistencia contra los partos entre los años 53 y 51. Si no gozaba de la popularidad de César, por lo menos había de ser temido.

En su informe enviado al Senado el 2 de junio del 43 a. C., Léntulo relataba las declaraciones de un pequeño grupo que Dolabela había reclutado en Asia y conducido a Siria. Tras desertar, estos hombres se encontraban en Panfilia y contaban cómo había rechazado Antioquía los ataques de Dolabela, que, obligado a abandonar a sus enfermos, había establecido su cuartel general en Laodicea marítima (Latakia), una ciudad costera fiel a César. Aprovechando aquella retirada nocturna, casi todos los soldados que había reclutado en Asia desertaron. Entre ellos, ochocientos regresaron a Antioquía para someterse a los legados de Casio, mientras que los demás atravesaron los montes Amanus. Con un ejército mermado, Dolabela estaba acorralado por Casio, que se encontraba a cuatro días de distancia. Léntulo esperaba que Dolabela fuese castigado inmediatamente por sus crímenes.[44]

Las esperanzas de Léntulo se cumplieron, pero no enseguida. Pese a todo, Dolabela disponía de bastantes naves, con las que trató de tomar la ciudad fenicia de Arados, un importante puerto situado sobre una isla frente a la costa siria, pero sin éxito, porque Casio ya había conseguido el apoyo de Arados y de Tiro, la otra importante ciudad comercial fenicia. Por su parte, Cleopatra, que controlaba la isla de Chipre a través de su gobernador Serapión, mantuvo su apoyo a Dolabela, mientras que los rodios y los licios (estos últimos habían firmado un tratado con Roma en el año 46 a. C.) permanecieron neutrales.[45] Dolabela se vio obligado a regresar y en el continente se encontró con las tropas de Casio, apoyadas por auxiliares que incluían arqueros montados partos en sus filas —muestra inequívoca de que se había cerrado un acuerdo con ellos.[46] Por consiguiente, Dolabela no tuvo más opción que encerrarse en Laodicea, pero Casio, tras sobornar a los centuriones de guardia, entró en la ciudad. La aventura de Dolabela terminó con su suicidio y el de su legado Octavio Marso, que con anterioridad había rechazado la oferta de Casio.[47] Corría el mes de julio. Laodicea fue duramente castigada con onerosos tributos, y el mismo tratamiento fue aplicado a Tarso, donde los ciudadanos quedaron reducidos a la condición de esclavos.[48] Entretanto, Bruto y Casio habían comprendido que la situación en Italia estaba a punto de cambiar. El único modo de conservar su fuerza en Oriente era instaurar una política de terror. Así pues, Casio redujo a la esclavitud a los judíos de Arados, Tiro, Sidón y Antioquía.[49]

En un pasaje de las *Guerras civiles*, Apiano trata de ordenar una historia harto difícil de narrar. Tras haber descrito la creación del triunvirato y las proscripciones, el historiador retrocede y evoca los problemas de África, la guerra civil entre Casio y Dolabela en Siria y las operaciones de Sexto Pompeyo en Sicilia. Numerosas «calamidades» se abatieron sobre varias ciudades del Levante: Laodicea, Tarso, Rodas, Patara y Janto.[50] Ya hemos relatado una parte de estos acontecimientos; continuaremos. Si dejamos de lado a los autores «indígenas» como Flavio Josefo, Apiano (un griego de Alejandría) es sin duda el autor más sensible a las cuestiones relativas a los no romanos: mostraba con toda claridad que las guerras civiles de los romanos habían desencadenado una auténtica guerra mundial. La crisis de las provincias de África y las operaciones de Sexto Pompeyo, del que hablaremos más adelante, no dejaban de alterar una vez más el equilibrio geopolítico.

En mayo del año 43, después de recibir las noticias de la situación en *Mutina*, Bruto abandonó el Adriático y atravesó Macedonia siguiendo la *via Egnatia*. Entre sus legados, que velaban por los asuntos de Macedonia, estaba el joven Cicerón, encantado de abandonar sus estudios para dedicarse a la guerra. Mientras Cicerón padre, consciente del inminente peligro, exhortaba a Bruto para que regresase a Italia, el cesaricida preparaba el terreno en la parte occidental de Asia Menor, donde consiguió el apoyo del viejo Deyótaro.[51] El control de este sector implicaba igualmente operaciones en Tracia, donde las dinastías locales, que sin duda habían confiado en la expedición de César contra los dacios, se encontraban en una situación delicada.

Ignoramos la actitud del rey Sadalas II de los tracios asteanos, sucesor de Cotis IV y antiguo jefe auxiliar en Farsalia, pero podemos imaginar que se alineaba con el bando de los romanos para obtener ventajas de sus operaciones contra los temibles besos y, llegado el caso, de una campaña contra los dacios. De todos modos, Sadalas cayó en una batalla contra unos enemigos no identificados, y su viuda Polemocracia (un nombre harto elocuente) decidió entregar sus tesoros a Bruto con el fin de proteger a su hijo Cotis, aún demasiado joven, al que Bruto, por su parte, confió a los ciudadanos de Cícico, una ciudad griega a orillas del mar de Mármara. El oro y la plata de los tesoros fueron convertidos en monedas y utilizados para la guerra.[52]

Bruto conocía ya el territorio, y si César, después de Farsalia, le había perdonado el haber tomado partido en favor de Pompeyo, era porque contaba poder aprovechar su experiencia en Oriente. En los años 50 a. C., este hombre que se presentaba con la apariencia de un escuálido filósofo había elegido el Asia Menor como terreno privilegiado para enriquecerse como banquero y crear una red clientelar. Se marchó a Cilicia con su suegro Apio Claudio, prestó fuertes sumas a la comunidad de Salamina de Chipre e incluso a un rey «amigo del pueblo romano» como Ariobarzanes de Capadocia; hacia el año 50, Bruto le reclamó con insistencia la restitución de la deuda, pese a la difícil situación económica del rey.[53] El rétor anónimo que recopiló las cartas apócrifas de Bruto muestra la actitud perentoria del cesaricida y el desaliento de las ciudades griegas. En la breve nota dirigida a los ciudadanos de Samos, Bruto les reprochaba no reaccionar con rapidez y retrasarse en proporcionar lo que se les pedía: «imaginad las consecuencias de estas acciones» (los samnitas se limitaron a responder con otra nota breve en la que solicitaban su perdón).

Las provincias asiáticas proporcionaban a Roma recursos fiscales importantes: diezmo, impuestos sobre pastoreo y derechos de aduana. El problema principal era la oposición de las ciudades, de los reyes y de los dinastas, obligados a abonar elevados tributos a las autoridades. Ahora bien, el rey Ariobarzanes III *Eusebes Philoromaios*, «el Piadoso, amante de los romanos», no tenía deseo alguno de ayudar a alguien como Bruto.[54] En calidad de rey de Capadocia y de Armenia menor, se negó a acatar la petición de los cesaricidas de proporcionar tropas, aunque sin mostrar una clara oposición: más tarde, tras la dura represión de las ciudades del Asia Menor meridional, Casio lo hizo eliminar.[55] La prudencia del rey se debía a varias razones. Aparte de la lealtad a la memoria de su benefactor César, Ariobarzanes seguramente temía un acuerdo de Bruto y Casio con los partos, del que sin duda se podía aprovechar el rey Antíoco de Comagene, que controlaba la «confluencia» del Éufrates, un paso estratégico que facilitaba el acceso a Mesopotamia. Cartas griegas apócrifas atribuidas a Bruto, que circulaban ya en los dos primeros siglos de nuestra era, atestiguan su actividad diplomática con las ciudades de Asia. En el prefacio, se explica que había escrito infinidad de cartas «como corresponde a un hombre que guerrea contra diversos pueblos».[56] Se atribuye la composición de este compendio (que incluye también algunas cartas auténticas) a un cierto Mitrídates, sobrino de un rey oriental del mismo nombre: quizás Mitrídates II de Comagene, hijo de Antíoco, que reinó entre los años 36 y 20 —señal de que el rétor anónimo conocía muy bien la situación geopolítica.

A finales del año 43, las noticias de Italia habían comprometido la credibilidad de los cesaricidas. La creación del triunvirato y la muerte de varios proscritos, entre ellos Cicerón, habían acrecentado las tensiones: así pues, Bruto hizo matar al hermano de Antonio, C. Antonio.[57] Se decía que Marco Antonio había tratado de establecer un compromiso con Bruto, pero este acuerdo había saltado por los aires a causa de la ejecución de su hermano, acusado de haber intentado corromper a los soldados. Lépido se ocupaba de la Europa occidental a través de sus legados, puesto que había sido elegido cónsul, junto con Munacio Planco, para el año 42. Antonio y Octaviano, que podían contar con la riqueza de los proscritos eliminados, reclutaron tropas. En efecto, los triunviros «necesitaban mucho dinero para la guerra, porque el tributo de Asia había sido entregado a Bruto y a Casio, al igual que las contribuciones de los reyes y sátrapas, mientras que ellos estaban faltos de recursos en Europa y en una Italia consumida por las guerras y los impuestos».[58] Casio incluso había pensado en recurrir a las riquezas de Egipto, que sin embargo estaba devastado por la hambruna, con el pretexto de que Cleopatra estaba, al parecer, preparando una flota para unirse a Antonio y a Octaviano.[59] Estos últimos, no obstante, estaban ya atravesando el mar Jónico: los tiranicidas tenían, pues, que reaccionar, Oriente distaba mucho de estar completamente dominado.

4

Vengar a César

Tras su apoteosis, Julio César recibió el apelativo de *divus Iulius*, el divino Julio. Para promover el proceso de divinización de César, los triunviros se apoyaron en las conquistas territoriales, incluida Britania (en realidad, un fracaso). César iba a entrar en la historia por su descubrimiento de tierras ignotas: en el templo de Venus Genetrix, en el Foro de César, se podía admirar una coraza de perlas de Britania, regalada por el dictador tras sus triunfos del año 46, y que significaba en cierto modo la extensión del *Imperium Romanum* hasta el Océano.[1]

Un denario del año 42, acuñado por el magistrado monetario L. Musidio Longo, presenta las insignias del dominio del mundo, sobre la tierra y sobre el mar: el globo, símbolo del *orbis terrarum*, el cetro y el remo. Una iconografía semejante figuraba ya en

Denario de L. Musidio Longo, acuñado en el año 42 a. C.

una moneda del año 74, asociada a los poderes extraordinarios que se le habían otorgado al padre de Marco Antonio contra los piratas.

El dominio del mundo estaba condicionado por el control del Mediterráneo; sin embargo, este espacio marítimo fue prácticamente secuestrado. A comienzos del año 43, el Senado había nombrado a Sexto «prefecto de la flota y de la costa». Al ser descendiente directo de Pompeyo Magno, Sexto podía hacer sombra a César el Joven: era preciso apartarlo, incluso eliminarlo. Tras ser acusado de haber participado en la conjura de los idus de marzo,[2] fue inscrito en la lista de proscripciones de los triunviros.[3] En realidad, la guerra civil entre Pompeyo y César no había concluido.

Mientras los triunviros estaban enfrascados en los preparativos de la guerra contra los cesaricidas, Sexto Pompeyo aprovechó la oportunidad para convertirse rápidamente en señor de los mares. Allí donde los triunviros habían puesto precio a la cabeza de los partidarios de Bruto y Casio, él dobló el precio para salvarles la vida.[4] El descendiente de Neptuno, como le gustaba hacerse llamar, disponía de lugartenientes de excepción. Además de los almirantes romanos, había personajes más dudosos, pero muy experimentados, de origen griego, o por lo menos oriental: Apolófanes, Demócares, Menécrates y Menodoro (llamado también Menas). La tradición historiográfica, hostil a Sexto Pompeyo, califica a estos jefes de piratas. Efectivamente, cuando Pompeyo Magno erradicó la piratería en el 67, no se contentó con capturar los barcos que no había hundido, sino que se llevó también a los comandantes más capaces, que fueron reducidos a la esclavitud y después liberados.[5] Sin duda, tras la muerte de su patrón, estos jefes piratas pasaron al servicio de su hijo y le procuraron gran parte de sus éxitos navales.

La primera hazaña militar de Sexto fue el asedio de *Messana* (Mesina). Después de una primera resistencia, el gobernador A. Pompeyo Bitínico terminó por concederle la autorización para pasar a Sicilia, con la condición de compartir con él el poder (más tarde Sexto lo hizo matar). La isla más grande del Mediterráneo ocupaba una posición de suma importancia estratégica. Los romanos controlaban Sicilia desde el fin de la primera guerra púnica en el 241 a. C., pero sus ciudades habían conservado sus instituciones. Se hablaba griego y púnico, y las tradiciones culturales y religiosas reflejaban largos siglos de helenización. Por otro lado, el orden romano había conocido momentos difíciles, especialmente durante las guerras serviles de la segunda mitad del siglo II a. C. Hacia mediados del siglo I a. C., las comunidades sicilianas estaban vinculadas a Pompeyo; tras el paso del Rubicón, Julio César se había asegurado el control de la isla. En el 46, tras la derrota de los partidarios de Pompeyo en África, había concedido a las ciudades sicilianas el derecho latino (*ius Latii*), que mantenía las instituciones locales y al mismo tiempo otorgaba la ciudadanía romana a los magistrados municipales que habían sido apartados del cargo, incluidos sus familiares.

La importancia de Sicilia era estratégica a la vez que económica. El grano de la primera provincia romana era esencial para el abastecimiento de Roma y de Italia. En el plano militar, el control de la isla favorecía las operaciones en el Mediterráneo occidental, especialmente en África, desde donde partían los cargamentos de cereal hacia Roma. Sexto bloqueó el paso de las naves y se convirtió en una seria amenaza para las operaciones de los triunviros. Por su parte, las ciudades sicilianas se vieron obligadas a apoyarlo, puesto que ya no estaban obligadas a proporcionar grano a Roma. Además, la flota de Sexto desincentivaba a los comerciantes orientales.[6] Sexto acogió también a esclavos fugitivos, en esta Sicilia que había sido escenario de las guerras serviles. Durante los siete años de ocupación de Sicilia, Sexto se aseguró del control de una gran zona estratégica en el Mediterráneo. Convertido en señor de la isla, «redujo a Roma a la hambruna».[7]

Sexto ofreció asilo seguro a numerosos romanos: a una veintena de senadores que habían escapado a las proscripciones y a varios desertores. También Casio, antes de partir hacia Oriente, había hecho escala en Sicilia. Sexto Pompeyo no se limitaba a acoger a los proscritos, sino que los animaba prometiendo recompensas a quienes los salvaran. Su flota estaba movilizada para facilitarles el paso, y él mismo iba a su encuentro. Los proscritos más distinguidos eran inmediatamente enrolados en sus ejércitos o fuerzas navales.[8] Otros, en el territorio de los *bruttii* (la actual Calabria), intentaron resistirse, bajo el mando de un tal Vetulino que había reunido a ciudadanos de dieciocho ciudades puestas a merced de los ejércitos. Este, desesperado, embarcó a su hijo y a otros proscritos en un barco rumbo a Sicilia y se lanzó contra las tropas de los triunviros en un ataque suicida.[9]

El control de Sicilia por parte de Sexto perturbaba también la situación en África, donde se encontraba el gobernador en el 44 a. C., el pretor Q. Cornificio, antiguo legado de César, que, en el año 45, había combatido en Siria contra Cecilio Baso. Leal al Senado, Cornificio no se había unido a los triunviros y había acogido a los proscritos. Por consiguiente, entró en conflicto con T. Sextio, gobernador del *Africa nova*, que había conseguido que Arabión se uniese a su causa. Este último era el responsable de la muerte de Sitio; en una carta a Ático, con fecha del 15 de junio del año 44, Cicerón (el mismo que, en el 46, decía que África había nacido para guerrear contra Roma) expresa irónicamente su satisfacción.[10] Prescindiendo de su lealtad a la causa pompeyana, el rey númida había puesto sus jinetes a disposición de Sextio y, con sus tropas de élite, había franqueado las murallas del campamento contrario, mientras que su caballería atacaba a los hombres de Cornificio y mataba a su jefe. Su legado D. Lelio Balbo, que había asediado a los *sittiani* en *Cirta*, fue también eliminado. La muerte de jefes militares «republicanos» provocó la desbandada de sus soldados y la huida de los proscritos, que en su mayoría se dirigieron a Sicilia. Las ciudades de África se pasaron al bando de los triunviros, y las dos provincias de *Africa vetus* y *Africa nova* quedaron reagrupadas.[11] Apiano, que relata estos acontecimientos, sitúa en el mismo plano el conflicto entre Cornificio y Sextio y el de Casio y Dolabela y precisa que debido a la rapidez de las operaciones, la guerra en África fue considerada una especie de *Blitzkrieg*.[12]

Entretanto, Lépido había afianzado la cohesión de las provincias occidentales, gracias a un proceso de municipalización en Hispania y en la Galia Transalpina; en Hispania, fundó la *Colonia Iulia Victrix Lepida* junto al emplazamiento de la antigua Celsa, a orillas del Ebro, en la región de Zaragoza. Se fundaron también otras colonias, entre ellas (hacia el año 42) las más importantes fueron Cartago Nova y *Nemausus* (Nimes). Promovió, además, una política de concesión de la ciudadanía romana, que le permitió aumentar su prestigio y, al mismo tiempo, reclutar a nuevos legionarios.

A inicios del año 42, Lépido asumió su segundo consulado y se ocupó de la administración de Roma e Italia, mientras que los otros dos triunviros se preparaban para la guerra contra Bruto y Casio, a la espera del comienzo del verano para embarcar. Antonio había perdido a su hermano Cayo, pero todavía podía contar con sus partidarios, y sobre todo con los miembros de su familia. Su anciano tío, C. Antonio Híbrida, que había sido cónsul junto con Cicerón en el año 63 y al que César había hecho regresar a Roma tras un exilio dorado en Cefalonia, había conseguido el cargo de censor. Entre las prerrogativas de esta importante magistratura de cinco años figuraban el control de la composición del Senado, la cooptación de los nuevos miembros y, en caso necesario, la facultad de expulsar a los indeseables. De hecho, el Senado, que hasta entonces había tomado todas las decisiones en este ámbito, había perdido gran parte de su autoridad en favor de los triunviros, que, por sus facultades excepcionales, podían dictar resoluciones importantes sin esperar el criterio de Roma. Tras haber instaurado el triunvirato y eliminado a sus principales enemigos, Antonio, Octaviano y Lépido controlaban los órganos del ejecutivo de la República y podían contar con el apoyo de un Senado ampliamente remodelado. Lucio, el benjamín de los hermanos de Antonio, había permanecido en la Galia, donde combatía contra los pueblos de los Alpes, que, como veremos más adelante, le proporcionaron la celebración de un triunfo en el año 41.[13]

Por su parte, los tiranicidas proseguían con sus requisiciones en Asia Menor y no dudaban en utilizar la fuerza y el terror, castigando a los reyes, dinastas o ciudades que no les hubiesen apoyado, o solo de forma tibia. También ellos acogían a los proscritos, incluido L. Emilio Paulo, hermano mayor de Lépido, al que el triunvirato había permitido huir a Oriente. Las fuentes ofrecen relatos harto detallados sobre las exacciones de Bruto y Casio, más interesados en recuperar las riquezas que en castigar a las ciudades. Por consiguiente, Casio no destruyó Rodas para castigarla por su resistencia. Hay que recordar que él mismo había residido allí durante su juventud para perfeccionar sus estudios, y que los rodios le enviaron como embajador a su viejo maestro Arquelao, que supo tocar su fibra sensible: un filoheleno que amaba la libertad no podía devastar una ciudad griega. Casio respondió alegando que un senadoconsulto había ordenado a todos los pueblos de Oriente que les defendiesen a él y a Bruto: los habitantes del mar Jónico tenían que obedecer a Bruto, pero también a Sexto Pompeyo, que se encontraba en el mar de Sicilia con su flota. Salvidieno Rufo, almirante de Octaviano, había tratado de desalojarlo, pero sin éxito, aunque había detenido su proyecto de invadir Italia.[14] Cerca de Leucopetra, en el lado calabrés del estrecho de Mesina, se han encontrado balas de honda de plomo con el símbolo cesariano del rayo y la inscripción *Q. Salvidienus imperator*.[15] Más tarde Octaviano se trasladó al estrecho de Mesina, pero tuvo que partir para unirse a Antonio en *Brundisium*.[16]

Además, había que proteger a los senadores proscritos que buscaban refugio.[17] Confiados en su superioridad naval, los almirantes rodios Alejandro y Mnaseas se enfrentaron a la flota de Casio en una primera batalla en el mar de Mindos (Gümüşlük, en la costa turca), y en una segunda, contra el almirante Estayo Murco: en ambos casos vencieron los romanos, mientras que Casio hacía avanzar a la infantería bajo el mando de sus dos legados,

Léntulo (al que le habría gustado ser considerado al mismo nivel que los cesaricidas) y Fanio. Las tropas de Casio entraron en Rodas con la ayuda de los ciudadanos y, finalmente, el asedio de la ciudad terminó con un enorme saqueo de bienes: no obstante, Casio decidió no apoderarse de la «cuadriga de Helios», sin duda el grupo estatuario consagrado a la divinidad más importante de la isla.[18]

Las operaciones de Bruto en Licia fueron acompañadas de otras escenas terribles, sobre todo la toma de Janto, que recibió ayuda de la ciudad vecina de Enoanda y de Patara. La resistencia de Janto, fomentada por el «demagogo» Náucrates, acabó con un suicidio colectivo. Numerosos jantianos se dieron muerte tras haber matado a sus familiares; la Liga licia acabó aceptando las condiciones de Bruto y, probablemente, revisando el tratado pactado con César en el año 46.[19] Por otro lado, el «dócil» Bruto decidió ejecutar a Teodoto de Quíos, profesor y consejero de Ptolomeo XIII, y uno de los responsables del asesinato de Pompeyo tras su desembarco. Esta decisión está atestiguada por Plutarco, mientras que Apiano atribuye la muerte de Teodoto a una iniciativa de Casio, que habría ordenado su crucifixión.[20] En cualquier caso, la ejecución era inevitable, porque Sexto no era solamente un aliado de los cesaricidas: el acuerdo entre los tres señores de la guerra era una especie de alternativa republicana al triunvirato.

La suma de las requisiciones de Bruto y Casio era muy importante: por lo menos de veinticinco mil a treinta mil talentos en Asia y Licia (un talento equivalía a seis mil dracmas), más la fortuna de Ariobarzanes III. En cambio, el ejército de Antonio y de Octaviano tenía problemas de avituallamiento a causa del bloqueo de los mares: una parte de la flota de Cleopatra había naufragado, mientras que Sexto Pompeyo interceptaba el grano procedente de Hispania y de África. En cuanto a los mares Adriático y Jónico, estaban controlados por Estayo Murco y Cn. Domicio Enobarbo (abuelo del emperador Nerón), miembro de una importante familia de la aristocracia e hijo de Lucio, gran enemigo de César, que había caído poco después de la batalla de Farsalia bajo los golpes de Antonio, por lo menos según Cicerón.[21]

Marco Antonio y Octaviano atacaron a continuación los Balcanes, y la flota de los cesaricidas no pudo evitar semejante despliegue de fuerzas. Bruto y Casio, que se habían reunido, partieron para enfrentarse a las fuerzas de Antonio y Octaviano que habían ocupado Macedonia. Las dos batallas de Filipos contra las veinte legiones de Bruto y de Casio pusieron de manifiesto que Antonio, por lo menos en el plano táctico, era un digno sucesor de César. Filipos estaba situado en una colina que dominaba la *via Egnatia*. La ciudad, fundada en 355 a.C. por Filipo II, formaba parte de la provincia de Macedonia, aunque no se encontraba lejos de la Tracia, donde, como ya hemos visto, Bruto se había apoderado de los tesoros de Sadalas; pero ahora había otra dinastía, la de los sapeos, en la que los dos hijos de Cotis VI, Rescuporis y Raskos, compartían el poder. Por otra parte, mientras que la flota de Tilio Cimbro vigilaba el mar por encargo de Bruto y Casio, Octaviano y Antonio habían enviado ocho legiones a Macedonia, a las órdenes de C. Norbano Flaco y de un veterano de las guerras civiles de César, L. Decidio Saxa. Este último era originario de Hispania: en las *Filípicas*, Cicerón lo había presentado como un topógrafo militar procedente «de lo más profundo de la Celtiberia». Según Ronald Syme, súbdito británico originario de Nueva Zelanda (y por lo tanto muy sensible a los ciudadanos romanos procedentes de medios provinciales), Cicerón utilizaba este argumento para empañar la imagen de Saxa. Cierto es que nada nos dice que Saxa fuera un *hispanus*, un hispánico de pura cepa al que César le hubiera concedido la ciudadanía romana: habría podido ser un *hispaniensis*, es decir, un ciudadano romano nacido en suelo provincial.[22]

Norbano y Saxa habían dejado atrás la llanura de Filipos y ocupado los desfiladeros de los territorios de los sapeos y los corpiles (otra tribu tracia menos conocida), que estaban bajo el control de la dinastía de los sapeos. Recordemos que en Farsalia, bien los asteanos o los sapeos habían fracasado en su intento de alinearse con el bando vencedor, porque enviaron a Pompeyo algunos auixiliares elegidos por los príncipes herederos de Sadalas y Rescuporis. La muerte de Sadalas dejó a los asteanos fuera de juego, y esta vez los sapeos encontraron una solución astuta. Decidieron enviar más refuerzos al servicio de los ejércitos romanos de ambos bandos: Rescuporis, con tres mil jinetes, apoyaba a los cesaricidas, mientras que Raskos, con el mismo número de efectivos, se alineó junto a los vengadores.[23] Sin duda, los dos hermanos fingieron un desacuerdo confiando en la futura clemencia de los vencedores, que, en cualquier caso, necesitarían a sus aliados tracios para controlar un territorio estratégicamente importante, pero difícil y peligroso. En el transcurso de las operaciones preliminares antes de la primera batalla de Filipos, Rescuporis consiguió situar a una parte del ejército de los cesaricidas bajo las órdenes de L. Calpurnio Bíbulo, mientras que Raskos evitó que Norbano cayera en una emboscada: «Los dos tracios estaban en boca de todos en ambos ejércitos».[24]

No obstante, las dos batallas que se desarrollaron en la llanura de Filipos el 3 y el 23 de octubre del año 42, y que terminaron con los suicidios de Casio y Bruto, no solo afectaban a los pueblos limítrofes: fueron acontecimientos importantes para todo el Mediterráneo y Oriente Medio. Tal como había hecho Pompeyo en Farsalia seis años antes, Bruto y Casio habían pedido el apoyo de los partos. Los triunviros ya lo sabían: en el texto del decreto de proscripción, habían mencionado la intención de Bruto y Casio de pedir un ejército «a los bárbaros, nuestros enemigos de siempre».[25] Era una alusión a los partos, que, sin embargo, se contentaron con esperar y observar la situación. Vano fue el intento de Bruto y Casio de conseguir las fuerzas suplementarias, que habían solicitado por medio de su embajador Quinto Labieno. Este era el hijo de Tito, antiguo lugarteniente de César que se había unido a Pompeyo, había combatido en Farsalia y continuado la guerra hasta caer finalmente en el año 45, en la batalla de *Munda*. Ignoramos si su hijo había seguido sus pasos y lo que fue

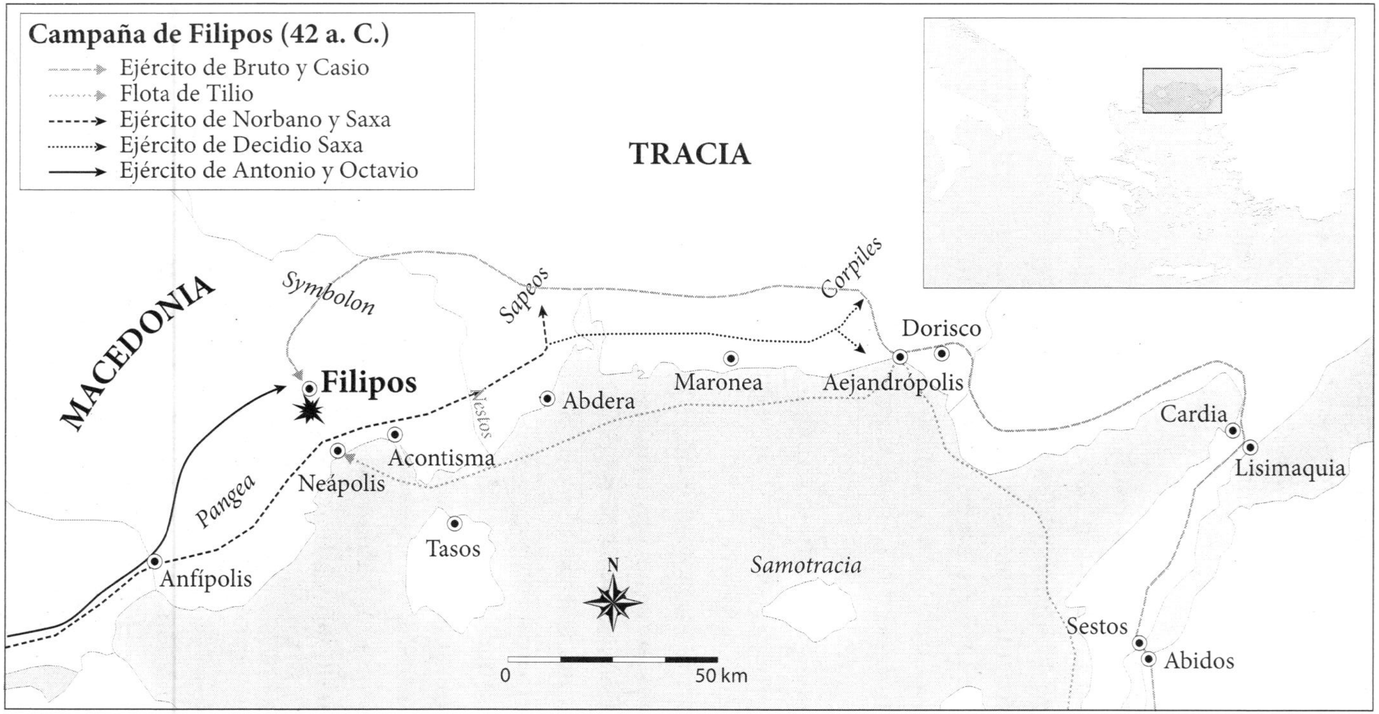

La campaña de Filipos

de él en tiempos de la dictadura de César: el joven Labieno entra en la historia antes de la campaña de Filipos, cuando Casio lo envía a negociar el apoyo de los partos. Después de Filipos, y por temor a la venganza de los triunviros, Labieno prefirió permanecer junto a Orodes.[26] Más adelante veremos la continuación de sus aventuras.

En cualquier caso, Casio disponía ya de algunas tropas partas que lo habían seguido quizás desde las operaciones contra Dolabela en Siria. Se trataba de un cuerpo de cuatro mil arqueros montados compuesto por jinetes partos, medos y árabes, que se añadía a los auxiliares proporcionados por los tetrarcas gálatas y por otros reyes y a un cuerpo de jinetes íberos y galos. La caballería de Bruto era más «occidental»: se componía de galos, lusitanos, tracios, ilirios y tesalios.[27] Un jinete con el nombre celta de Camulato se pasó al enemigo poco antes de la segunda batalla.[28] Los licios, que le habían prometido a Bruto su alianza militar en señal de sumisión, sin duda le proporcionaron una flota.[29] Estas tropas se unieron a las legiones de los cesaricidas, sumando un total de ochenta mil hombres: se desconoce el origen de las tropas galas, pero los lusitanos probablemente tenían una conexión con Sexto Pompeyo.

Como ya ocurriera en Farsalia, el componente extranjero tenía un cierto peso. Por otro lado, no todos los legionarios procedían de familias romanas. Había también tropas extranjeras formadas a la romana. En la arenga de Casio a las tropas, en tono republicano, Apiano señala una vez más que este ejército disponía de aliados de diversos pueblos y reyes.[30] Había incluso negros: en el momento de salir del campamento, los hombres de Bruto se toparon con un «etíope» y lo consideraron un mal presagio (en las literaturas clásicas, los negros se asociaban al mundo subterráneo).[31] En realidad, los negros podían ser originarios de Egipto o de África del Norte. En cuanto al ejército de los vengadores, ciertamente no estaba aislado. Podían contar con la caballería de Raskos y con otras tropas de sostén, entre ellas dos mil soldados proporcionados a Octaviano por los espartiatas (que perecieron en combate); también Tesalónica había facilitado ayuda: para motivar a sus legionarios, Bruto les había concedido el derecho al saqueo después de la victoria (que nunca hay que cantar antes de hora).[32] Esta arrogancia, así como la política de terror impuesta por los cesaricidas en el Oriente mediterráneo, condicionó probablemente el desarrollo de la guerra y sobre todo su epílogo.

Al término de la primera batalla de Filipos, Casio se suicidó al constatar el repliegue de una parte de su ejército. Bruto se dio muerte al día siguiente de la segunda batalla. En la versión sesgada de las *Res gestae*, Augusto presenta los dos combates como un éxito personal,[33] con el fin de desacreditar la solvencia militar de Antonio; además, la vulgata augústea se esforzaba por demostrar que la primera batalla había tenido altos y bajos y que su resultado fue debido a la muerte de Casio. En realidad, Filipos fue una victoria de Antonio, porque Octaviano apenas estuvo a la altura de su padre adoptivo. No obstante, pudo celebrar su venganza: masacró a los cautivos y envió a Roma la cabeza de Bruto para que fuera colocada a los pies de la estatua de César.[34] Octaviano mostró una vez más la *crudelitas* de la que ya había hecho gala en la época de las proscripciones, cuando el pretor Q. Galio atentó contra su vida. En aquella ocasión, el joven César ordenó a centuriones y soldados que lo sacasen del tribunal en el que se estaba celebrando el proceso y lo torturasen como a un vulgar esclavo hasta arrancarle los ojos con sus propias manos: una auténtica escena de serie norteamericana, como *Roma*, de HBO. Sin embargo, en su *Autobiografía*, Augusto escribe que Galio fue desterrado y, al parecer, «murió en un naufragio o atacado por bandidos».[35] Pero el caso de Bruto tuvo un significado político, porque el envío de su cabeza (el resto del cuerpo fue honorablemente incinerado bajo los cuidados de Antonio) respetaba a la vez el edicto de proscripción y el principio romano de la *pietas* respecto a su padre, el divino César.

Los legionarios supervivientes se refugiaron en la isla vecina de Tasos, adonde Bruto hizo trasladar los restos de Casio. Poco después se rindieron y entregaron las armas y el dinero a cambio de su propia salvación. Entre los oficiales se encontraban el antiguo proscrito L. Valerio Mesala Corvino y L. Calpurnio Bíbulo, hijo de un temible enemigo de César, que en el pasado había realizado sus estudios en Atenas, como Horacio o el hijo de Cicerón: estos dos jóvenes se pasaron al bando de Antonio tras negociar la rendición de sus tropas, de su equipamiento y de todo lo que tenía valor.[36] El resto de los adversarios se integró en las fuerzas de Sexto Pompeyo en Sicilia. Se ha dicho que la República romana murió en Filipos.[37] En cualquier caso, César había sido vengado. Los aliados extranjeros de los cesaricidas acordaron nuevos pactos con los triunviros, empezando por los tracios. Raskos entregó varios prisioneros y fue recompensado con la salvación de su hermano Rescuporis: «Y de este modo se puso de manifiesto que desde el principio estos tracios no estaban enfrentados el uno con el otro, sino que, dado que dos grandes ejércitos combatían cerca de su país con las mismas posibilidades de victoria, se habían repartido los papeles para hacer frente a la incertidumbre de la Fortuna con el propósito de que el vencedor garantizase la vida del vencido».[38]

Segunda parte

DICHAS Y DESDICHAS DE LOS TRIUNVIROS

5

Entre concordia y discordia

Tras vengar a César, los triunviros podían consagrarse a la reconstrucción de la *res publica* y a recompensar a los veteranos. Sus caminos divergían, pero tenían una misión común y complicada: que el proceso de reconstitución y el establecimiento de nuevas colonias de veteranos se desarrollasen sin demasiadas protestas. Los cesaricidas habían desangrado hasta el extremo las ciudades del Oriente mediterráneo, pero las responsabilidades de los liberadores no eran desdeñables: había habido demasiada violencia y se preparaban nuevas exacciones. Además, entre los triunviros apenas reinaba la concordia: «Porque difícilmente se ponen de acuerdo tres hombres (o incluso dos) de igual rango al término de una guerra que los había convertido en señores de tantos dominios».[1]

El poder de los triunviros equivalía al de los cónsules, pero, a diferencia de los poderes extraordinarios de Pompeyo y César, no se trataba solo de un poder militar. Tenían que poner fin a la discordia interna. Teóricamente no reemplazaban a las instituciones republicanas, pero tenían importantes prerrogativas que evocaban las de la dictadura de César: por ejemplo, el derecho a convocar el Senado.[2] El 11 de noviembre del 43 a.C., con ocasión de su encuentro en Bolonia antes de asumir oficialmente el poder, habían establecido un acuerdo que contemplaba el reparto de los territorios romanos que controlaban mediante la casi totalidad de las legiones de Occidente: Octaviano estaba al mando de África y de las islas tirrenas (así el hijo de César podía medirse al hijo de Pompeyo), Lépido de Hispania y la Narbonense, y Antonio de la Galia «cabelluda»;[3] en cuanto a la Cisalpina, quedó definitivamente integrada en Italia.

La necesidad de asignar veteranos cesarianos a la Galia Cisalpina implicó nuevas fundaciones que se sumaron a los centros impulsados por César, como *Pola* (Pula) o *Tergeste*, cuyos territorios estaban custodiados por un sistema de plazas fuertes. Una comisión creada por los triunviros fundó la colonia de *Iulia Concordia* en una zona ya frecuentada en época protohistórica, y sobre todo en un lugar estratégico, en el cruce de dos vías fundamentales: la *Postumia* y la *Annia*. El nombre de la nueva colonia, común a otras colonias de veteranos, evocaba los ideales del triunvirato (se tenía la convicción de que la asignación de tierras favorecería la concordia en la ciudad). Al mismo tiempo, marcaba el momento más intenso de la romanización del Véneto y favorecía la elaboración de una visión idealizada del espacio y del paisaje, estrechamente ligada a los valores romanos. Los campos del valle del Po, ordenados y disciplinados por los agrimensores y cantados por un poeta de la talla de Virgilio, evocaban este ideal de un paraje bien organizado y cultivado, opuesto a los paisajes bárbaros. Aunque la «romanización» avanzaba, el proceso no siempre era indoloro. El pasado reciente, con sus guerras de conquista y sus revueltas, no cesaba de condicionar las relaciones entre romanos e indígenas, incluso en los territorios relativamente cercanos.

Estos datos permiten valorar mejor la importancia de las operaciones de Lucio Antonio, que el 1 de enero del año 41 asumió el cargo de cónsul y, al mismo tiempo, celebró su triunfo sobre los pueblos transpadanos y los ligures, que habían coreado la conquista de la Cisalpina. La propaganda augústea no dudó en considerar este triunfo como una operación pilotada por Fulvia, la esposa de Antonio, para sacar rédito de las operaciones dirigidas contra «ciertos indígenas alpinos». Se ridiculizaba sobre todo la pretensión de Lucio de considerarse aún más fuerte que Cayo Mario.[4] No obstante, no hay que subestimar la importancia ideológica de un triunfo sobre los pueblos de montaña. En el imaginario romano, la montaña inspiraba terror; en la realidad, los desfiladeros estaban controlados por jefes o reyezuelos que regulaban el tránsito de los mercaderes y los ejércitos: Camilo, el jefe que puso fin a los días de Décimo Bruto, era uno de ellos. Sin embargo, la guerra de las Galias y la progresiva italianización de la Galia Cisalpina habían acelerado el proceso de integración de la región alpina. Cierto es que Fulvia no era precisamente una matrona recluida en el hogar (puesto que desempeñó un papel social y político importante), pero no hay que exagerar su peso en aras del cliché que hacía de Antonio, y también de su hermano, un títere sometido a las mujeres.

La rivalidad entre Antonio y Octaviano no hacía más que aumentar, sobre todo porque la gloria de Filipos correspondía enteramente al primero, y el segundo, ya enfermo cuando tuvo lugar la batalla, había padecido una larga convalecencia. No obstante, este tenía la ventaja de que descendía de César; hacia el año 41, asumió el patronímico de *divi filius*, hijo del Divino, hecho que le hacía superior a los otros dos triunviros y al resto de los miembros de la aristocracia. Entre los aliados más importantes de Antonio había personajes influyentes, así como oficiales curtidos. Algunos senadores optaron por tratar con miramiento a ambos triunviros. Incluso en esta fase de equilibrio, la mayor parte de los ciudadanos tendía a preferir a Antonio, porque les resultaba más fácil identificarse con un hombre salido de la *nobilitas* romana antes que con un «César salido de no se sabe dónde». Por eso Antonio hacía todo lo posible para poner de manifiesto sus orígenes y su vínculo privilegiado con el dictador. Incluso le puso el *cognomen* de Iullus al segundo hijo que tuvo con Fulvia. Este *cognomen* estaba cargado de símbolos: la tradición lo atribuía a los miembros de la rama principal de la *gens Iulia* en el siglo V a. C., y los eruditos lo remontaban al hijo mítico de Eneas, Iulus/Ascanius (Ascanio), fundador del linaje. La variante arcaica *Iullus* (más que Iulus) confería al nombre un valor suplementario.

No obstante, la situación exigía un esfuerzo de *Realpolitik*, porque se trataba de restablecer el orden romano en todo el tablero mediterráneo. Ahora era preciso unir las fuerzas, en detrimento de Lépido, que salió perjudicado en el nuevo reparto de las provincias. En un primer momento, obtuvo solo el *Africa vetus*, destinada a Antonio, y más tarde las dos provincias africanas. A Octaviano se le adjudicó Hispania (que constituía probablemente una sola provincia) y a Antonio, la Galia.[5] Con su victoria sobre Cornificio, Sextio gobernaba las dos Áfricas, pero Octaviano destinó el *Africa nova* a C. Fuficio Fango, una vez más, un veterano de César. Evidentemente, este reparto de competencias solo afectaba a las provincias que se encontraban bajo pleno control de los triunviros: antes de Filipos, el Adriático estaba bajo el control de Estayo Murco y de Domicio Enobarbo, quienes cayeron bajo su mando.[6] A partir de este momento, las fuentes se concentran en los dos triunviros y dejan a Lépido en la sombra. Este último no había perdido todo su poder, porque disponía de tres legiones y de cierta respetabilidad: después de todo, era el *pontifex maximus*, y por lo tanto intocable. En definitiva, Filipos había acarreado cambios importantes en el seno del triunvirato: Lépido había recibido una provincia rica, pero no estaba menos marginado, mientras que Antonio, el verdadero vencedor, había obtenido ventajas políticas para sus seguidores. Aun así, permaneció en Roma hasta el año 40 a. C., cosa que le permitió mantener relaciones con los miembros de su red política y gestionar la crisis que —como veremos más adelante— estalló en Italia a partir de la segunda mitad del 41.

En un fragmento de la *Vida de Pompeyo*, antes de hablar de la batalla de Farsalia, Plutarco se lamenta de la «codicia y la discordia» de los romanos y comenta que habría sido mejor que César y Pompeyo hubiesen unido sus fuerzas contra los bárbaros: «Si hubieran querido ejercer el mando con toda tranquilidad y gozar de los frutos de sus hazañas, tenían bajo sus órdenes la mayor y más apreciable parte de la tierra y del mar. Y si todavía tenían ansia y sed de trofeos y triunfos, podían saciarla combatiendo a los partos o a los germánicos. Quedaba además ancho campo para sus hazañas en Escitia y en la India; su ambición habría tenido el glorioso pretexto de civilizar a naciones bárbaras. Porque ¿qué caballería de los escitas, qué saetas de los partos, o qué riquezas de los indios serían suficientes para contener a setenta mil romanos que acometieran armados estas regiones bajo el mando de Pompeyo y de César, cuyos nombres habían llegado a sus oídos antes que supieran que había romanos? ¡Tantas y tan implacables, astutas y feroces eran las naciones a las que habían atacado y vencido!».[7] Plutarco hace aquí un ejercicio de historia contrafáctica, inspirada sin duda en los temas que se desarrollaban en las escuelas de declamación, pero describe con bastante fidelidad la situación y la ambición de los mandos romanos de finales de la República. El escenario propuesto para César y Pompeyo era válido para Antonio y Octaviano.

Después de Filipos, había que ordenar los Balcanes y el Oriente heredado de los cesaricidas: el Asia Menor y Siria, que, después de Carras, no cesaba de verse amenazada por los partos. El proyecto de César de someter a Oriente no se había descartado, pero Sexto Pompeyo y las relaciones, a menudo tensas, entre los triunviros, ralentizaban su puesta en marcha. Sexto había aprovechado la ocasión para convertirse lo antes posible en señor de los mares. Los almirantes de los vengadores habían impedido su contribución al esfuerzo militar de los cesaricidas, pero eso le permitió convertirse en el nuevo defensor de la causa republicana. Mientras que los triunviros habían puesto precio a la cabeza de los partidarios de Bruto y Casio, él dobló la suma para salvarles la vida.[8] La muerte de estos permitió recuperar un cierto número de legionarios. Varios supervivientes de Filipos se refugiaron junto a Sexto Pompeyo, quien acogió a Estayo Murco, comandante de la flota de los cesaricidas, que, con sus hombres y sus barcos, se unió a la flota naval que el primero había construido a comienzos del año 43 Por su parte, Domicio Enobarbo, que dominaba el Adriático, se había convertido él mismo en señor de la guerra: Veleyo lo define como «jefe de su propia facción».[9]

Denario de Cn. Domicio Enobarbo *imperator*, acuñado en el año 41 a. C.

Desconocemos los detalles de las decisiones que llevaron a confiar a Antonio las operaciones en Oriente, pero se tomaron entre finales del año 42 y comienzos del 41. Según nuestras fuentes, Octaviano regresó a Italia, mientras que Antonio iniciaba su período «oriental». Dion Casio no insiste en esta acción en Oriente y apenas le consagra unas líneas: después de Filipos, «pasó al continente asiático, donde él mismo recorrió algunas regiones, envió legados a otras, impuso tributos a las ciudades y vendió los pequeños reinos». Después conoció a Cleopatra en Cilicia y se convirtió en esclavo de su amor.[10] Este cliché, presente siempre en ciertos manuales escolares, no refleja la complejidad de la situación. Efectivamente, Antonio no solo era el auténtico vencedor de Filipos y el comandante más experimentado, sino que, además, a diferencia de Octaviano, conocía bien Oriente. En el 57, siendo un joven oficial de caballería a las órdenes del procónsul de Siria, Gabinio, había entablado relaciones amistosas con los asmoneos de Judea y con la dinastía de sacerdotes de Comana en el Ponto.[11] Cabe destacar que dominaba el griego, cualidad necesaria para tratar con los reinos y las ciudades que habían soportado con dificultades el gobierno y los gravosos impuestos de Bruto y Casio, y que temían nuevas exacciones.

Marco Antonio tenía que recaudar los impuestos necesarios para pagar a los legionarios y evitar las maniobras de los partos. Como veremos, uno de sus comandantes era el renegado Labieno, que a su vez reunía hombres y fondos para su causa. Las legiones más fieles a Antonio estaban reagrupadas en Macedonia, en Italia y en la Galia, mientras que en Oriente las tropas estaban formadas por hombres menos fiables surgidos de los ejércitos de Bruto y Casio. Antonio aspiraba a recomponer un ejército sólido en Oriente: no dudó en enrolar a algunos romanos que habían combatido en el bando contrario en Filipos, pero cuya experiencia militar y administrativa le podía ser de gran utilidad. Entre ellos, Q. Delio, un personaje que ha pasado a la posteridad por su desenvoltura, que había traicionado a Dolabela por Casio prometiéndole que mataría a su antiguo comandante y que se convertiría en el historiador oficial de Antonio. Este último envió a Delio a Egipto para convocar a Cleopatra a Cilicia.

La situación de Oriente la explica muy bien Mario Attilio Levi en una página casi olvidada que presenta el estado de ánimo de los no romanos en vísperas de Filipos: «Todas las circunstancias fácticas, aunque contradichas por las teorías y por una mentalidad formalista y exclusiva que solo podría ser superada a lo largo de los siglos, concurrieron para la realización de un nuevo orden político, [...] los problemas locales de las diferentes partes del imperio se reflejaban a su vez en el marco de las guerras civiles. [...] La nueva conciencia política y la nueva mentalidad que fue madurando, algunos decenios después del final de las guerras mitridáticas, fueron uno de los signos más evidentes del florecimiento de una nueva concepción del Estado romano que a lo largo de decenios se había ido afirmando también con violencia, mediante la acción de las legiones, caótica, tumultuosa y poco consciente de sus fines. [...] Imponiendo por la fuerza, la violencia y la opresión, el apoyo y la obediencia a su poder a Estados amigos como Rodas o la Capadocia de Ariobarzanes, los cesaricidas aplicaban la tiranía más sangrienta y más vejatoria del mundo helenístico en nombre de la libertad en Roma. De este modo se negaban a conceder a estos pueblos, a los que ellos mismos habían inculcado profundamente la cultura, los derechos políticos más elementales y la participación, aunque subordinada, en la vida activa del Estado al que se habían tenido que integrar. Los ideales conservadores que habían inspirado a los cesaricidas en Roma, la tradición republicana y el odio a la tiranía militar habían quedado reducidos al triunfo de las modalidades y sistemas de los publicanos y de los usureros respecto a los pueblos sometidos».

Antonio se preocupó en primer lugar de conseguir el apoyo de las ciudades griegas y, en particular, de Atenas, que constituía para los griegos un punto de referencia cultural y religioso y simbolizaba su antigua grandeza y esta libertad que los romanos, por lo menos nominalmente, habían concedido a sus ciudades. A semejanza de un evergeta helenístico, Antonio concedió donaciones a las principales ciudades y santuarios e hizo restaurar diversos monumentos. Se mostró poco severo en los litigios judiciales en los que, en calidad de gobernador, ejercía de árbitro. Esta política le valió importantes títulos honoríficos como «filoheleno» y «filoateniense». En Atenas incluso se celebraron en su honor las fiestas «Antonianas Panateneas».[12] Más tarde, se dijo que los atenienses habían querido granjearse la clemencia de Antonio, pero fue en vano: la ciudad tuvo que pagarle mil talentos.[13] Finalmente, Antonio salió de Grecia y confió los Balcanes al procónsul L. Marcio Censorino, con el encargo de reprimir las incursiones de ciertas tribus anteriormente aliadas de Bruto. Antonio sabía bien que no podía subestimar las actuaciones de estos pueblos, que debían de recordarle sus primeras experiencias militares, unos veinte años atrás, cuando su tío Cayo Antonio Híbrida intentó, con escasos resultados, restablecer el orden en Macedonia.

Marco Antonio se trasladó a Asia Menor, que había sufrido especialmente la ocupación de los cesaricidas. Sus cualidades diplomáticas permitieron restablecer las relaciones con las comunidades más importantes oprimidas por las requisiciones de

Bruto y Casio; en primer lugar, había que recompensar a las ciudades que habían resistido o que más habían padecido las exacciones de los cesaricidas. La liga (*koinon*) de ciudades licias obtuvo la inmunidad y se impulsó la reconstrucción de Janto; los rodios y los atenienses consiguieron las islas del mar Egeo.[14] Más tarde, la versión augústea recordaría el paso del triunviro por Asia Menor, rodeado de artistas y músicos. En realidad, Antonio supo granjearse el favor de las ciudades de la provincia de Asia. Estas conservaban un buen recuerdo de su hermano Lucio, cuestor y después gobernador interino entre los años 50 y 49, que fue honrado como patrón de las ciudades de Pérgamo, Tiatira y Éfeso, en la que había protegido el importante santuario de Artemisa de la rapacidad de los publicanos, temibles recaudadores fiscales.[15] Antonio podía, pues, sacar provecho de la popularidad de Lucio; el buen recuerdo que conservaban de él las ciudades de Asia no se contradice con los numerosos pasajes de las *Filípicas* en los que Cicerón se escandaliza de sus hazañas como gladiador (de mirmilón, para ser exactos), capaz de ejecutar ferozmente a un camarada en la arena de Milasa, en Caria. En efecto, la participación de jinetes romanos en estos combates era bastante común, e incluso algunos senadores no dudaban en combatir como gladiadores, hasta tal punto que en el 38 hubo que prohibirlo oficialmente, por lo menos en los espectáculos públicos.[16] En cualquier caso, lo que para Cicerón revelaba un carácter bárbaro y violento del hermano del detestado Antonio no hacía más que testimoniar la evolución del proceso de «integración cruzada» entre griegos y romanos en las ciudades griegas de Asia Menor.

Los romanos que habían luchado en el ejército de Bruto y Casio (como Lucio, el hermano de este último) habían encontrado asilo en el santuario. Antonio les concedió el perdón, a excepción de dos personajes llamados, según Apiano, Petronio y Quinto: el primero era un conspirador de los idus de marzo, el segundo un soldado, o probablemente un oficial de Dolabela en Laodicea, que había entregado a su comandante en manos de Casio.[17] En el santuario de Artemisa se encontraba también Arsínoe IV, la hermana pequeña de Cleopatra. Arsínoe fue conducida a Roma para el triunfo de César en el año 46 y estaba destinada al suplicio como Vercingétorix y los demás jefes vencidos, pero el dictador decidió salvarla. Se desconoce cómo llegó a Asia Menor, pero se benefició del derecho de asilo que se concedía a aquellos que se refugiaban en los santuarios y fue acogida por el sacerdote del santuario de Artemisa, llamado «megabyze».[18]

Antonio, imitando el estilo de la realeza helenística, ya antaño utilizado por Pompeyo, aceptó que lo honrasen como a un príncipe. Una ciudad adoptó el nombre de *Antoniopolis*, mientras que el centro de Eumeneia en Frigia fue rebautizado con el apelativo de *Fulvia*, en honor a su esposa.[19] Esto está documentado en una moneda de la ciudad, que lleva el retrato de Fulvia en el reverso, acuñada bajo la supervisión del magistrado Zmertori, hijo de Filónides: indicio de la importancia de los gálatas en aquellos territorios.

Sócrates de Rodas, autor de una obra sobre las guerras civiles de la que no quedan más que dos fragmentos, dice que Antonio, tras una suntuosa celebración dionisíaca en Atenas, había dado la orden de ser aclamado como un «Nuevo Dioniso» en todas las ciudades.[20] Efectivamente, una inscripción ateniense fechada entre los años 39 y 38 se refiere a Antonio con este título y menciona también unas fiestas «Panateneas antonianas» que acompañaron a la concesión del título de gimnasiarca, una «liturgia» (servicio público). Este cargo sumamente prestigioso implicaba la organización de las fiestas religiosas y competiciones deportivas, además de la provisión de aceite para los atletas.[21] Antonio ejerció también la liturgia de la *hestiasis*, la organización de los banquetes públicos.[22] En aquella ocasión, mantuvo relaciones con los notables a quienes otorgó la ciudadanía romana, como M. Antonio Aristócrates, y favoreció a libertos como los corintios M. Antonio Teófilo y M. Antonio Hiparco, padre e hijo. A este último lo menciona Plinio el Viejo, quien lo sitúa al mismo nivel que los piratas de Sexto Pompeyo, Menas/Menodoro y Menécrates.[23] En Éfeso, sobre todo, fue proclamado «Nuevo Dioniso», un título que ya había adoptado Ptolomeo XII de Egipto; para él, esta fue la ocasión perfecta para hacer una entrada triunfal. Plutarco alude a la procesión dionisíaca que lo acompañaba para establecer un paralelismo entre Apolo y Dioniso: «César [= Octaviano] utilizaba sus fuerzas contra las sediciones y las guerras, él, en el ocio y la paz, caía de nuevo en su acostumbrada vida y cedía a sus pasiones».[24]

Las sediciones en cuestión tenían que ver con el tema de los veteranos: Lucio Antonio, respaldado por Fulvia, había tomado posición contra Octaviano, que favorecía a sus propios veteranos en detrimento de los de Antonio y, claro está, de las ciudades que pagaban el precio de estos asentamientos. Tras el fracaso de las negociaciones, se desencadenó una nueva guerra civil. Lucio y Fulvia eran también depositarios del favor de la aristocracia senatorial, deseosa de restablecer el orden republicano. Este acuerdo puede parecer paradójico, pero se justifica por las intenciones cada vez más hegemónicas de Octaviano, que, mediante su autoridad de triunviro, hacía reinar una atmósfera de terror en Roma.

Antonio, cuya actitud respecto a la situación en Italia era bastante ambigua, tuvo que aceptar un compromiso político que le proporcionase carta blanca en Oriente, donde el prestigio de Roma estaba amenazado por los partos. Se trataba de reconfigurar los equilibrios, siguiendo los ejemplos de Pompeyo y César. Apiano reconstruye su itinerario desde la provincia de Asia hasta Siria: el triunviro atraviesa Frigia y Misia, Galacia y la Capadocia, Cilicia y Siria Coele, Palestina, Iturea y las demás regiones de Siria.[25] Según Plutarco, cuyas fuentes son aquí sumamente hostiles a Antonio, los reyes se agolpaban a su puerta y las reinas estaban dispuestas a entregarse a él: una probable alusión a su relación con Glafira, madre del pequeño Arquelao Sisines, al que una rebelión de nobles vinculados a la familia de los grandes sacerdotes del templo de Comana trataba de colocar en el trono de Capadocia, donde el sucesor legítimo de Ariobazanes III, eliminado por Casio, era Ariarates X.[26] Octaviano no desperdició la ocasión de mofarse de esta relación con Glafira en unos versos obscenos (dirigidos a Fulvia).[27]

Antonio sabía de sobra que la estabilidad geopolítica que había restablecido sería precaria hasta que se resolviese el problema parto. Y precisamente para responder a esta peligrosa progresión de los partos pactó una alianza crucial con la soberana del rico y poderoso reino de Egipto, la fascinante Cleopatra VII. No hay que dejarse engañar por los autores antiguos que presentan a Antonio y a Cleopatra como una especie de pareja diabólica. Dada la naturaleza de las fuentes, cualquier juicio acerca de la personalidad de Antonio es necesariamente arbitrario. Sin pretender aportar una nueva interpretación del destino de Marco Antonio, no es menos apropiado relativizar el mito del «último príncipe del Oriente griego». En efecto, la vida de Antonio no se puede limitar a sus relaciones con Oriente, y todavía menos al supuesto —y poco verificable— «destino grandioso» de conquista de Oriente. De hecho, los historiadores modernos han estado condicionados por la vulgata augústea y han interpretado las maniobras de Antonio en Oriente como iniciativas personales con la finalidad de crear un nuevo imperio, en cierto modo alternativo al *Imperium Romanum*.

Evidentemente, como todos los grandes generales de la República, Antonio tenía un horizonte y un campo de acción en relación con su ambición. No obstante, su política no divergía de la que desarrollaban los principales artífices del imperialismo romano. Su tarea como triunviro era la de pactar una alianza con Egipto, potencia comercial y estratégica, cuya capital, la ciudad fundada por Alejandro Magno, desempeñaba un papel primordial en un «imperio-mundo» a la Braudel, en el que Roma todavía no era el centro absoluto. Además, aunque la situación en Italia estaba evolucionando, Antonio tenía claro que había de permanecer en Oriente para mantener una posición más sólida. La cuestión de los partos era un tema primordial, y un fragmento de la *Vida de Antonio* de Plutarco lo explica con claridad: si Antonio había convocado a Cleopatra a Tarso, era porque había llegado «el momento de emprender la guerra contra los partos».[28]

Como ya hemos visto, en tiempos de la guerra de Alejandría en el año 47, la reina tuvo una relación con César, de la que nació un hijo apodado «el pequeño César». En la parte posterior del templo de Hathor en *Tentyris* (Dendera), erigido en el 54 por Ptolomeo XII y cuya construcción continuó durante el reinado de Cleopatra, esta aparece representada con «Cesarión». Las inscripciones muestran también la titulatura jeroglífica de «su hijo, hijo de Ra, señor de la corona, Ptolomeo al que llaman César (*ksyrs*), que vive eternamente, amado de Ptah y de Isis, el dios Filopátor-Filométor». La mención de César en el cartucho es, pues, reveladora. Antonio, que quizás había visto a Cleopatra durante su primera estancia en Egipto (en torno al año 56, con ocasión de la campaña de Gabinio), sin duda se había cruzado con ella en Roma, antes de su regreso a Alejandría después de los idus de marzo.

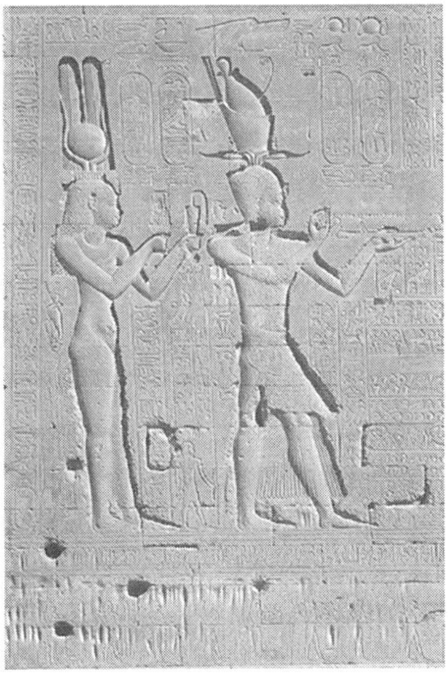

Cleopatra y Ptolomeo XV «Cesarión» en el muro posterior del templo de Hathor en *Tentyris* (Dendera, Egipto Medio).

El encuentro entre Antonio y Cleopatra tuvo lugar durante su estancia en Tarso, en Cilicia, en el otoño del 41 a. C., momento en el que acababan de empezar las hostilidades en Italia; Antonio estaba informado por los embajadores. Tarso había padecido la venganza de Casio, pero Antonio le concedió la libertad y la inmunidad, y los tarsianos reducidos a la esclavitud fueron recuperados.[29] Siguiendo el ejemplo de César, Antonio concedió o confirmó la corona a varios pequeños caudillos: este fue el caso de Tarcondimoto, señor de la Cilicia Superior, que acuñó monedas atribuyéndose el epíteto de *Philantonios* y que lo iba a apoyar contra los partos.

La entrevista entre el triunviro y la reina fue sellada con un banquete organizado por Cleopatra con el fin de impresionar al romano. Plutarco describe rápidamente el banquete que siguió a la pompa real y muestra sobre todo el contraste entre el refinamiento egipcio y la «rusticidad» de la recepción ofrecida a su vez por Antonio: Cleopatra había remontado el Cidno, el río que unía la ciudad de Tarso con el mar, «en galera con popa de oro y velas de púrpura tendidas al viento, impelida por remos con palas de plata movidos al compás de la música de flautas, oboes y cítaras». Añade, además, que «de unos a otros se propagaba la voz de que era Afrodita, que, por el bien de Asia, venía a ser festejada por Dioniso».[30] Sócrates de Rodas describe los dos banquetes ofrecidos por Cleopatra en honor de Antonio y de su séquito, que fueron servidos por esclavos negros y en los que se utilizaron recipientes ornamentados con oro, mientras que las paredes estaban cubiertas de cortinajes color violeta y dorados. Solo en la compra de rosas, destinadas a adornar los suelos con guirnaldas, se había gastado un talento.[31] No se trataba solamente de impresionar a unos bárbaros un poco groseros: había que mostrar las riquezas y la potencia de Egipto. Más tarde, en un largo fragmento de la *Guerra civil*, Lucano proporciona una descripción del banquete de Alejandría que Cleopatra ofreció a César, donde este aprendió «a derrochar las riquezas del universo».[32] Por otro lado, los reyes helenísticos utilizaban enormes salas que acogían a decenas de invitados para los banquetes públicos, donde podían exhibir su generosidad, a menudo después de una audiencia. En cuanto al simposio propiamente dicho, se celebraba de noche en beneficio de un séquito restringido que podía incluir a dignatarios de la corte, notables e intelectuales. Estos banquetes se ofrecían en palacio o en otros lugares, a veces en estos palacios flotantes que eran los barcos reales. Todo ello formaba parte de la tradición del evergetismo.

La reunión de Tarso fue una conferencia diplomática, pero no por ello hay que descuidar el factor humano: a sus veintiocho años, Cleopatra se encontraba en el apogeo de su belleza, y Antonio quedó cautivado. En el transcurso de dicho encuentro, inmortalizado por Plutarco y de enorme éxito literario y cinematográfico, de Shakespeare a las series norteamericanas, la reina concibió dos gemelos. Roma no tuvo nada que objetar en cuanto a la relación con Cleopatra, que no era legítima desde el punto de vista del derecho romano y que, por lo tanto, no cuestionaba la unión de Antonio con Fulvia. Además, dicha relación tenía importantes repercusiones políticas y diplomáticas. No hay motivo alguno para no creer que Cleopatra sedujera al triunviro tanto por sus encantos femeninos como por su carisma real, pero no hay que olvidar el aspecto más importante a ojos de los romanos: una vez más, como en su relación con Glafira, Antonio imitaba a César, bien conocido por sus amoríos con reinas. El hecho de haber conquistado a la amante del dictador y haberla convertido en su concubina debió de aguzar su ambición. No obstante, conviene relativizar el cliché elaborado por la propaganda antiantoniana, que presentaba al triunviro de Oriente como un hombre débil, cegado por su pasión por Cleopatra. Un hombre que habría renegado de su propia identidad de romano para convertirse en un príncipe helenístico borrando con ello dos siglos de conquistas y socavando el prestigio de Roma a ojos de los reinos vasallos. No cabe duda de que para sellar el acuerdo con Egipto había que satisfacer ciertos requisitos de Cleopatra, que exigía verse liberada de determinados personajes, entre ellos Arsínoe, eliminada en Éfeso por un sicario. Sin embargo, presionado por los efesios, Antonio perdonó al «megabyze», el sacerdote de Artemisa que había acogido a la hermana y rival de la reina.[33] Se ha querido identificar la supuesta tumba de Arsínoe con un monumento octogonal de la «vía de los Curetes» en Éfeso.

La primera campaña oriental de Antonio no había concluido; tenía que llegar a Siria. Rindió homenaje a la memoria de Dolabela en Laodicea, a la que concedió la libertad y la inmunidad. En nombre de su antigua amistad con César, Antonio perdonó también a los hebreos que se habían comprometido con Casio y otorgó honores al gran sacerdote Hircano y al gobernador Herodes, que ostentaba gran parte del poder en Judea. La reorganización de la región sirio-palestina está documentada en la correspondencia oficial de Antonio, transcrita por Flavio Josefo. La carta que sigue fue enviada a los habitantes de la rica ciudad fenicia de Tiro, que, en época del gobierno de Casio, se habían apoderado de algunos territorios y otros bienes pertenecientes a los hebreos. En esta misiva, como también en otras dirigidas a las ciudades, Antonio se definía como *autokratōr*, término griego que traduce la voz latina de *imperator*, «general victorioso», pero que los orientales entendían en su acepción de emperador: «"Marco Antonio, *autokratōr*, al Consejo y al pueblo de Tiro, salve. Os remito un edicto hecho por mí; quiero que os ocupéis de insertarlo en vuestras actas públicas, en griego y en latín, y que sea expuesto en el lugar más visible para que todos puedan tener conocimiento de él: 'Marco Antonio, *autokratōr*, uno de los triunviros encargados del gobierno, ha decidido: Dado que Cayo Casio, en el curso de la presente rebelión, saqueó una provincia que no le pertenecía, la ocupó con sus tropas, arrasó a nuestros aliados y sometió a sangre y fuego al pueblo judío, amigo del pueblo romano, nosotros, tras haber puesto fin por las armas a su loca temeridad, queremos, mediante edictos y juicios, restablecer el orden en los territorios por él devastados y devolver a nuestros aliados lo que les es debido. Y todo lo que ha sido vendido en territorio judío, bienes o personas, será restituido; las personas serán libres como lo eran antes, y los bienes serán devueltos a sus antiguos propietarios. Quien infrinja este edicto se expone a ser perseguido, y si es condenado, yo me ocuparé de que sea castigado conforme a la importancia de su delito'". Escribió lo mismo a los habitantes de Sidón, Antioquía y Arados. Hemos citado, puesto que se ha presentado la ocasión, estos nuevos testimonios de la buena voluntad, de la que hablábamos, de los romanos hacia nuestro pueblo». Como las divergencias persistían, Antonio se dirigió a Tiro y reprimió con sangre a los adversarios de Herodes. Con esta política, cosechó numerosos apoyos en Oriente y se dedicó a devolver a Roma el prestigio que esta había perdido.[34]

El viaje de Antonio concluyó a las puertas del desierto. Lanzó un ataque contra la rica ciudad de Palmira, una escala importante para las caravanas que se dirigían hacia Oriente.[35] Para la caballería romana, aquella fue la ocasión de perfeccionar la técnica de las incursiones, utilizando sin duda la experiencia de sus aliados itureos, pero el objetivo de aquellas batidas no se limitaba a apoderarse del botín y de los esclavos. Se trataba de conseguir, mediante el terror, el apoyo de las comunidades situadas en los límites de las zonas de influencia de las dos potencias. Según Apiano, este ataque no fue demasiado afortunado para los romanos: los palmiranos habían conseguido transportar sus bienes al otro lado del Éufrates, y la caballería de Antonio regresó con las manos vacías. Poco importaba: aquella demostración de fuerza, aunque no fuera más que una provocación, era la primera manifestación ofensiva después de la batalla de Carras. Era, sobre todo, una advertencia para los partos que se encontraban al otro lado del desierto: apoyados por la potencia egipcia, los romanos estaban preparados para atacar. Era, también, una advertencia a distancia dirigida a Octaviano. El triunviro de Oriente estaba dispuesto a llevar a cabo el proyecto de César, mientras que la ambición del «hijo del divino César» estaba lejos de hacerse realidad debido a obstáculos internos y externos: Lucio Antonio y Fulvia, Sexto Pompeyo, y Lépido. Para volver a la concordia, Apolo necesitaba a Dioniso.

6

El inicio de una edad de oro

«Juno, Vesta, Minerva, Ceres, Diana, Venus, Marte, Mercurio, Júpiter, Neptuno, Vulcano, Apolo»: en los *Anales*, el poema nacional romano anterior a la *Eneida* de Virgilio, el poeta Ennio enumera así a los Doce Dioses romanos, que velaban por el pueblo romano. El contexto es el de la invasión púnica del año 217 a. C., cuando se les ofreció un rico banquete para la ceremonia propiciatoria del *lectisternium*.[1] Las seis diosas y los seis dioses recibían el nombre de los «dioses unidos en consejo» (*consentes dii*); sus estatuas doradas se encontraban en Roma, junto al Foro.[2] Todos ellos fueron objeto de una escenificación orquestada con ocasión de un banquete privado de Octaviano, en el que este desempeñaba evidentemente el papel de Apolo.[3] No podemos fechar con precisión este episodio, que fue criticado, entre otros, por Marco Antonio. Tuvo lugar durante la prolongada hambruna en la que el abastecimiento de Roma se vio comprometido por las exigencias de los ejércitos y, sobre todo, por el bloqueo de los mares por parte de la flota de Sexto Pompeyo, *alias* Neptuno. En el año 42, según una tradición malintencionada, en la época de la campaña de Filipos, el cónsul Lépido no dudó en contactar con Sexto: probablemente fue un rumor, difundido por Antonio y Octaviano para apartarlo,[4] aunque no podemos excluir que hubiera negociaciones con Sexto. Por otro lado, en el Adriático, Domicio Enobarbo reivindicaba también su papel de señor de la guerra, mientras que Estayo Murco había preferido ponerse al servicio del hijo de Pompeyo.

El contrapoder de Sexto, apoyado por los supervivientes de Filipos (entre ellos varios senadores), condicionó los acontecimientos de los años 41 y 40, sobre todo este encadenamiento de operaciones militares que habitualmente se denomina «guerra de Perusa». La conquista de esta ciudad a comienzos de marzo del año 40, seguida de una masacre ejemplar de trescientos senadores y ecuestres, marcó la victoria definitiva de Octaviano y de sus generales contra Lucio Antonio, Fulvia y generales experimentados como Ventidio, Asinio Polión y Munacio Planco. En Sicilia, la situación tuvo repercusiones sobre Italia y las provincias occidentales. A inicios del 41, la Galia Transalpina estaba bajo control del consular Q. Fufio Caleno, veterano de la guerra de las Galias. C. Carrinas, legado de Octaviano, se hallaba en Hispania Ulterior, cuyo territorio no estaba del todo pacificado: se habían enviado a Hispania seis legiones, bajo el mando de Salvidieno Rufo, pero se habían detenido en *Placentia* (Plasencia), en la Cisalpina, donde Antonio conservaba el poder a través de sus legados Ventidio Baso y Asinio Polión, que se ocupaban de la cuestión de los veteranos.[5]

La experiencia de las guerras civiles había demostrado la importancia de las alianzas con los reyes africanos. En efecto, no hay que olvidar nunca que los reinos «amigos» tenían una vida propia y no eran meros peones de la política romana. Estrabón refiere un fragmento de un tal Ifícrates, quizás el autor de un manual militar, que habla de una campaña del rey Bogos (= Bogud) contra los «etíopes occidentales»: «Ifícrates dice que hay jirafas, elefantes y los llamados *rhizeis*, que por su forma parecen toros, pero en lo relativo a su modo de vida, su tamaño y su fuerza en los combates son similares a los elefantes. Habla asimismo de serpientes enormes, tan gruesas que en sus lomos crece incluso la hierba. [...] Bogos, el rey de los moros, con ocasión de una expedición contra los etíopes occidentales, envió a su esposa, en calidad de regalo, cañas similares a las de la India, cada una con una capacidad de ocho *choinikes* [un poco más de ocho litros] y brotes de espárragos del mismo tamaño».[6] Sin duda, los *rhizeis* eran rinocerontes.

Lucio Antonio dio instrucciones a Bogud para que atravesara el estrecho de Gibraltar y atacara a Carrinas, que seguía en Hispania con sus tropas, para evitar que las trasladase a Italia.[7] Fue posiblemente en esta ocasión cuando el rey saqueó Gades y el templo de Hércules-Melqart, donde aquellos mismos sacerdotes que habían predicho a César el imperio del mundo estaban desprovistos de animales para los sacrificios a causa del prolongado asedio.[8]

Más al este, en las provincias romanas de África, Lucio ordenó a Sextio que recuperase las tropas que anteriormente había confiado a Fuficio Fango, pero este se opuso al requerimiento de Sextio y reclutó un ejército de veteranos de César, además de «una multitud de africanos y otras tropas reales».[9] Derrotado por Sextio y abandonado por sus aliados númidas, se suicidó en un momento de desesperación.[10] A comienzos del año 40 Sextio gobernaba en las dos Áfricas, en las que se había establecido definitivamente la unidad administrativa, y contaba con cuatro legiones.

Antonio había pasado el invierno del 41-40 en Alejandría, donde a través de mensajeros recibía noticias de la situación en Italia. Según Apiano, Cleopatra «lo recibió con boato y pasó allí el invierno, sin insignias de mando, con un atuendo sobrio y llevando la vida sencilla y privada, bien porque se encontraba en un Estado extranjero y en una ciudad real, bien porque vivía este acuartelamiento de invierno como una fiesta y había abandonado las preocupaciones y la escolta de los dirigentes. Llevaba la vestimenta rectangular de los griegos en lugar de su indumentaria tradicional y las sandalias blancas áticas que calzan también los sacerdotes de Atenas y Alejandría, llamadas *phaikasion.* Solamente salía para ir a los templos, a los gimnasios o para conversar con eruditos; pasaba el tiempo con los griegos bajo la influencia de Cleopatra, a la que consagró la mayor parte de su estancia».[11]

Marco Antonio consolidaba su propia «leyenda negra», que le atribuía vicios y rasgos de carácter que no eran dignos de un romano.

A lo largo del año 40, la reina dio a luz a gemelos, hijos de Antonio, que recibieron los nombres de Alejandro Helios y Cleopatra Selene. En la *Vida de Antonio*, Plutarco menciona a la reina y su talento de seductora y aduladora. En un capítulo en el que se recrea en su voz cautivadora, el biógrafo añade un detalle de gran importancia: «Había muy pocos bárbaros con los que tuviera necesidad de un intérprete: ella misma daba las respuestas a la mayoría de ellos, etíopes, trogloditas, hebreos, árabes, sirios [arameos], medos [ya fueran persas o habitantes de la Media Atropatene] y partos. Decían que conocía otras muchas lenguas, mientras que los reyes que la habían precedido ni tan solo se habían dignado a aprender egipcio y algunos ni siquiera sabían el macedonio».[12]

Teniendo en cuenta que vivía en un «Imperio grecorromano», donde bastaba con dominar las dos lenguas, Plutarco conocía el griego y se desenvolvía en latín, pero el conocimiento de tantas lenguas bárbaras no le impresionaba en absoluto; esta peculiaridad le permitía simplemente observar que el nivel intelectual de la reina era excepcional en relación con los demás Ptolomeos, macedonios que ya no eran capaces de entender su lengua original. Como antaño hiciera Mitrídates VI, Cleopatra prescindía de intérpretes.[13] Los romanos más sensatos, a semejanza de Antonio, respetaban esta cualidad.

Cuando las condiciones marítimas fueron favorables, Antonio puso rumbo a Grecia, donde se reunió con Fulvia. Esta acababa de abandonar Italia, después de haber sopesado la posibilidad de refugiarse, con sus hijos, junto a Sexto Pompeyo, donde, tras la toma de Perusa, se había trasladado Julia, la madre de Antonio y de Lucio Antonio, con otros personajes importantes.[14] Sin embargo, Sexto Pompeyo, que mantenía relaciones ambiguas con Antonio, había enviado a Julia a Grecia. Por su parte, Antonio permanecía prudente a la vez que dirigía un mensaje elocuente al nuevo Neptuno: en caso de guerra con Octaviano, él se aliaría con Sexto.[15]

Tras un encuentro acalorado con su marido en Atenas, Fulvia cayó enferma. Antonio prosiguió su viaje hacia el Adriático con un pequeño ejército y una flota, rumbo a Corcira (Corfú), desde donde pretendía embarcar hacia Italia.[16] Cinco legiones de Octaviano deberían haberle impedido desembarcar: le habían sido confiadas a Salvidieno Rufo, que acababa de obtener el mando de las Galias y que le propuso a Antonio aliarse con él. Entretanto, Antonio había negociado con Sexto Pompeyo para neutralizar a Octaviano, cuya situación parecía desesperada, teniendo en cuenta su extrema impopularidad por las expropiaciones de tierras en favor de veteranos y por las penurias provocadas por la guerra contra Sexto Pompeyo. Antonio pudo, pues, situar guarniciones en Italia del sur, con la finalidad de cercar *Brundisium*, mientras que Sexto ampliaba su zona de influencia, ocupando Cerdeña y Córcega; Menodoro, el antiguo pirata del Mediterráneo oriental (al que Dion Casio llama «Menas»), expulsó al gobernador M. Lurio y capturó al almirante Heleno, un liberto de Octaviano, sin duda de los mismos orígenes que Menodoro.[17]

No obstante, Octaviano y Antonio no tenían ningún interés en seguir con el conflicto; había que evitar que la situación, que se había hecho caótica después de la caída de Perusa, empeorase definitivamente y afectase a la moral de las tropas. Entre los meses de agosto y septiembre del año 40, terminaron uniéndose. Se dice que sus soldados se negaron a combatir unos contra otros, y que la diplomacia de los representantes de ambos hombres fue particularmente eficaz (por supuesto, las fuentes nos presentan tradiciones revisadas y corregidas *a posteriori*). Los dos triunviros aprovecharon para neutralizar a Lépido y para expulsar del escenario a los jefes de guerra más débiles o menos afortunados. Se atribuyó la responsabilidad del conflicto de Perusa a Fulvia, que había muerto en Sición, un puerto del golfo de Corinto, y a Lucio Antonio, del que se pierde la pista (¿fue acaso sacrificado por motivos políticos?). Sin duda, tras la desaparición de su esposa y de su hermano, Antonio alimentó el rumor de que ellos eran los únicos responsables de esta nueva guerra civil. De todos modos, su interés principal se concentraba en la campaña de Oriente, para la que necesitaba soldados y sobre todo medios económicos. Había que evitar a toda costa una invasión parta, que comprometiera el equilibrio restablecido, con enormes esfuerzos, después de Filipos. En las negociaciones preliminares con el intermediario L. Coceyo, que ya había desempeñado una misión diplomática con Antonio cuando todavía se encontraba en Fenicia, este último se lamentaba de que Octaviano le hubiera quitado las provincias galas, confiadas a Salvidieno Rufo tras la muerte de Fufio Caleno.[18] Para asegurarse la dirección de la campaña oriental que esperaba conducir a la gloria, Antonio tuvo que renunciar al control de la región gala; no obstante, se vengó de Salvidieno Rufo, que fue ejecutado tras ser acusado de conspiración por Antonio, encantado ante la idea de deshacerse del mejor general de su rival. En recompensa por su delación, Antonio recuperó sus legiones para destinarlas a Asia.[19] ¿Había previsto Rufo hacerse con el poder en virtud de su experiencia militar? En todo caso, fue condenado por un *crimen maiestatis*, puesto que no solo había atentado contra la vida de Octaviano, sino también contra la seguridad del pueblo romano. Dado que la *lex Titia* permitía condenar a muerte a aquellos que tratasen de asesinar a los triunviros, los términos de la condena reflejaban probablemente el descontento del Senado contra un ecuestre designado cónsul, aislado de los juegos políticos. Se impedía al mismo tiempo que los generales sintieran la tentación de usurpar poderes aprovechándose de las legiones que se les confiaban. Más adelante, Octaviano hizo lo indecible para justificar la ejecución de su antiguo amigo, al que erigió como símbolo de la traición: era también una advertencia dirigida a todos los aspirantes a señores de la guerra. Antonio, que era un diplomático más fino, había conseguido reclutar para su causa a Domicio Enobarbo, desgastado por la guerra en el Adriático, donde había encontrado la oposición del cónsul Asinio Polión. Después de Perusa, este último, a su paso por el Véneto, se había desplazado a Iliria y tomado la ciudad de Salona:[20] antes de desembarcar en *Brundisium*, las tropas de Domicio saludaron a Antonio como *imperator*.[21]

La reconciliación, propiciada por consejeros como el etrusco C. Cilnio Mecenas, fue sellada mediante banquetes que los dos triunviros se ofrecieron mutuamente. Dion Casio no pierde ocasión de criticar, una vez más, el amor de Antonio por el exotismo: si el banquete ofrecido por Octaviano era «de estilo romano y marcial», el de Antonio era «de estilo asiático y egipcio».[22] Una alusión evidente al banquete de Tarso, que no impidió que los dos hombres consolidasen su acuerdo con un matrimonio político: el Senado autorizó a la hermana de Octaviano, Octavia, a casarse con Antonio antes del fin del período de duelo (ella acababa de perder a su marido M. Claudio Marcelo, cónsul en el año 50). También se pactaron nuevas medidas de «amnistía»: una vez más, era preciso olvidar los estragos de la guerra civil y, sobre todo, sellar rápidamente un acuerdo con Sexto Pompeyo, porque la situación en Oriente se estaba degradando. Los partos ya ocupaban Siria y el Asia Menor estaba también amenazada.

Las operaciones de los partos habían afectado a Judea: Antígono II, sucesor de Aristóbulo II, había accedido al poder en Jerusalén, ejecutando a Fasael, hermano de Herodes, y cortando las orejas a Hircano. De este modo le impedía ejercer su función de gran sacerdote, porque según la ley hebrea, un ministro del culto no podía estar tullido ni mutilado. Tras detenerse en Alejandría, donde Cleopatra trató de disuadirlo de su marcha, Herodes se dirigió a *Brundisium*, tras un viaje en el que estuvo a punto de naufragar, para pedir ayuda a Antonio, quien se la concedió y le prometió elevarlo al título de rey de Judea.[23] Al parecer, sin contar con Lépido, Antonio y Octaviano procedieron a un nuevo reparto de provincias: Antonio conservaba todas las situadas al este del Adriático, mientras que Octaviano se hacía cargo del conjunto de las provincias occidentales, a excepción de África, que quedaba en manos de Lépido. En estos momentos ya no tenemos noticias de Sextio, que, igual que Lucio Antonio, desapareció de la escena. La línea de demarcación de las respectivas esferas de influencia de los dos triunviros quedó fijada en *Scodra* (Shkodër, en el norte de la actual Albania):[24] se trataba sin duda de los confines de Macedonia y del Ilírico. El acuerdo de *Brundisium* ratificó *de iure* esta apropiación *de facto* de la Galia. Es muy probable que el nuevo gobernador de la Galia fuera Agripa, del que Apiano menciona una victoria que obtuvo más tarde «contra los celtas aquitanos».[25]

Después de *Brundisium*, Octaviano debía ocuparse de Italia, afectada por la guerra y la hambruna, y Antonio retomar sus actividades en Oriente. Fue entonces cuando Herodes se fue a *Brundisium* para entrevistarse con Antonio, que le concedió la ayuda requerida y facilitó su ascensión al título de rey de Judea. Este nombramiento fue ratificado en Roma por el Senado, en presencia de Antonio, de Octaviano y del interesado. En aquella misma época, los triunviros se dispusieron a reestructurar el Senado, que había perdido a muchos miembros a causa de la guerra y de las proscripciones. Muchos ciudadanos de origen humilde, pero fieles partidarios del poder de los triunviros, fueron cooptados hasta aumentar a mil el número de senadores. En toda su historia, el Senado nunca había estado tan pletórico y desacreditado, pero no por ello permaneció inactivo.

Con ocasión del matrimonio entre Antonio y Octavia, los triunviros se reunieron en Roma para deliberar sobre nuevas medidas.[26] Entre las novedades, aprobaron el nombramiento de un cónsul de origen extranjero. Como ya hemos visto, la práctica del consulado «sufecto» permitía ahora confiar esta magistratura a título de recompensa y, al mismo tiempo, debilitaba a los magistrados titulares en el cargo, a los que se sustituía por un período muy corto. Uno de los dos beneficiarios fue Lucio Cornelio Balbo, un aristócrata de origen hispano-fenicio (originario de Gades) que había conseguido la ciudadanía romana de manos de Pompeyo. Inscrito en el orden ecuestre, había sido el hombre de confianza de Julio César y había administrado sus asuntos en Roma durante la última guerra civil. César apreciaba su talento de organizador militar (fue *praefectus fabrum* en la Galia), administrador y mediador político. Sin embargo, Balbo era el primer ciudadano romano de origen extranjero que obtenía el consulado. El nombramiento de este ecuestre debió de provocar un escándalo, pero los triunviros estaban determinados a continuar con esta práctica. Era el inicio de un lento proceso de integración de las aristocracias extranjeras.

En Roma, el Senado ratificó, pues, la consagración de Herodes como rey de Judea, en presencia de Antonio, de Octaviano y del nuevo rey. Antonio había insistido en este sentido con un argumento irrefutable: Herodes era un importante aliado para la campaña contra los partos.[27] Los promotores de la coronación fueron los pretores M. Valerio Mesala Corvino (uno de los protagonistas de las negociaciones de *Brundisium*) y L. Sempronio Atratino, que «al mismo tiempo acusaron y denunciaron a Antígono como enemigo, no solo a causa del primer delito del que era culpable contra ellos, sino también por haber recibido el poder de manos de los partos, y mostrado así su desdén por los romanos».[28]

Domicio Calvino, el cónsul del año 40 al que había sustituido Balbo, fue enviado a Hispania;[29] su colega Asinio Polión, a Macedonia. A él precisamente le dedica el poeta Virgilio la cuarta *Bucólica*; este poema glorifica el inicio de una edad de oro, marcada por el futuro nacimiento del niño de un romano que anunciará el advenimiento de la paz. Se han atribuido a este *puer* anónimo diversas identidades: un hijo de Polión, un niño concebido por Octavia o Escribonia, la esposa de Octaviano, o simplemente una figura simbólica. Más tarde, los cristianos reconocieron en esta imagen una profecía sobre la venida de Jesús. Por mi parte, me inclino por la solución más exótica: el niño cantado por Virgilio era Alejandro Helios, el hijo de Marco Antonio y Cleopatra. Virgilio, que en aquel entonces todavía no apoyaba a Octaviano, se situaba efectivamente del lado de los antonianos, al igual que Polión. La virtud militar de Antonio habría permitido al *puer* dominar el mundo, después de haber accedido a los grandes *honores*, las magistraturas romanas.

En cuanto a Lépido, no hay que subestimar su papel. La historia transmitida por las fuentes se lee como una especie de guerra fría entre Antonio y Octaviano, mientras que entre los años 40 y 36, el último triunviro prácticamente ha desaparecido del mapa. No obstante, se había convertido en el señor de África y disponía de seis legiones a las que había añadido las cuatro de Sextio, sin avisar a Antonio que las necesitaba en Oriente. Para recuperarlas, envió a su legado C. Furnio, un antiguo partidario de Pompeyo Magno convertido en fiel seguidor de Antonio y que había combatido junto a L. Antonio durante la guerra de Perusa.[30] Además, Lépido podía contar con los ciudadanos romanos residentes en las provincias y crear así nuevas clientelas en la tercera parte del *oikoumenē*. Gracias a él, muchos *sitianos*, antiguos partidarios de Sitio que habían permanecido como dueños de *Cirta*, con una relativa autonomía que duró hasta el 42, obtuvieron la ciudadanía romana. Hasta esta época, había un número limitado de africanos que llevaban el gentilicio de *Iulius* o *Sittius*. Con Lépido, empezaron a aparecer los *Aemilii* en la onomástica africana: solo en la ciudad de *Thibilis*, en Numidia oriental, están documentados sesenta y cinco ciudadanos con este nombre. El triunviro, evidentemente, no había perdido la esperanza de recuperar territorio gracias al apoyo de una clientela africana. Al mismo tiempo, favoreció el asentamiento de nuevos colonos: elementos locales, veteranos e italianos desposeídos por las colonias triunvirales.

Por el momento, el nuevo Neptuno no tenía intención alguna de ceder el poder. El pueblo había acogido favorablemente el matrimonio de Antonio, que significaba el retorno de la concordia, pero no por ello dejaba de estar desesperado por la hambruna y los impuestos, y manifestaba su preferencia por Sexto. Se produjeron disturbios que pusieron en peligro la vida de los triunviros y fue preciso recurrir a la violencia de las tropas.[31] Más adelante, se tomaron nuevas medidas respecto a los veteranos (Dion Casio indica que fueron «enviados a las colonias») que favorecieron el retorno de la concordia.[32] No obstante, el acuerdo con Sexto era esencial. Las primeras negociaciones tuvieron lugar en la isla de *Ænaria* (Isquia), entre los representantes de los triunviros y el emisario de Sexto, Escribonio Libón; los triunviros descendieron hasta Bayas y Sexto Pompeyo llegó finalmente para participar en la conferencia, que se celebró en un barco anclado cerca del cabo Miseno.

Era el verano del 39 a. C., y Sexto, haciendo oídos sordos a las presiones de Menodoro y de Estayo Murco (al que hizo eliminar), propuso una serie de negociaciones y obtuvo condiciones extremadamente favorables: «[Los tres hombres] se pusieron de acuerdo en los siguientes puntos: dejarían de guerrear entre sí tanto en tierra como en el mar y el comercio no quedaría obstaculizado en ningún sitio, Pompeyo desocuparía todas las guarniciones que tenía en Italia y dejaría de acoger a los esclavos fugitivos y de bloquear las costas de Italia con su flota. A cambio, recibiría el gobierno de Cerdeña, Sicilia, Córcega y todas las islas que hasta entonces ocupaba, durante el tiempo que Antonio y César gobernasen los demás territorios; enviaría a los romanos el trigo que dichas islas estaban obligadas a entregar desde hacía tiempo, y recibiría, además, el Peloponeso».[33] Sexto Pompeyo obtuvo durante cinco años estas concesiones operativas que le permitían recorrer los mares desde Córcega hasta el Peloponeso; al final de este mandato, él y Octaviano habrían compartido el consulado. Nuevos pactos matrimoniales se sumaron a los precedentes. Los ciudadanos «republicanos» exiliados (excepto los cesaricidas todavía con vida, destinados al exilio) tenían que recuperar una cuarta parte de las propiedades que les habían sido arrebatadas y tendrían derecho a ocupar magistraturas; en cuanto a los esclavos desertores, debían ser liberados. Dion Casio describe el ambiente de júbilo y alegría mostrado por los romanos que asistieron a estos acuerdos; en cuanto a los jefes, se invitaron mutuamente a celebrar banquetes en sus barcos.

Antonio y Octaviano reconocían así la potencia de Sexto. Evidentemente, no tenían la menor intención de respetar sus condiciones, pero de momento no tenían otra elección. La paz

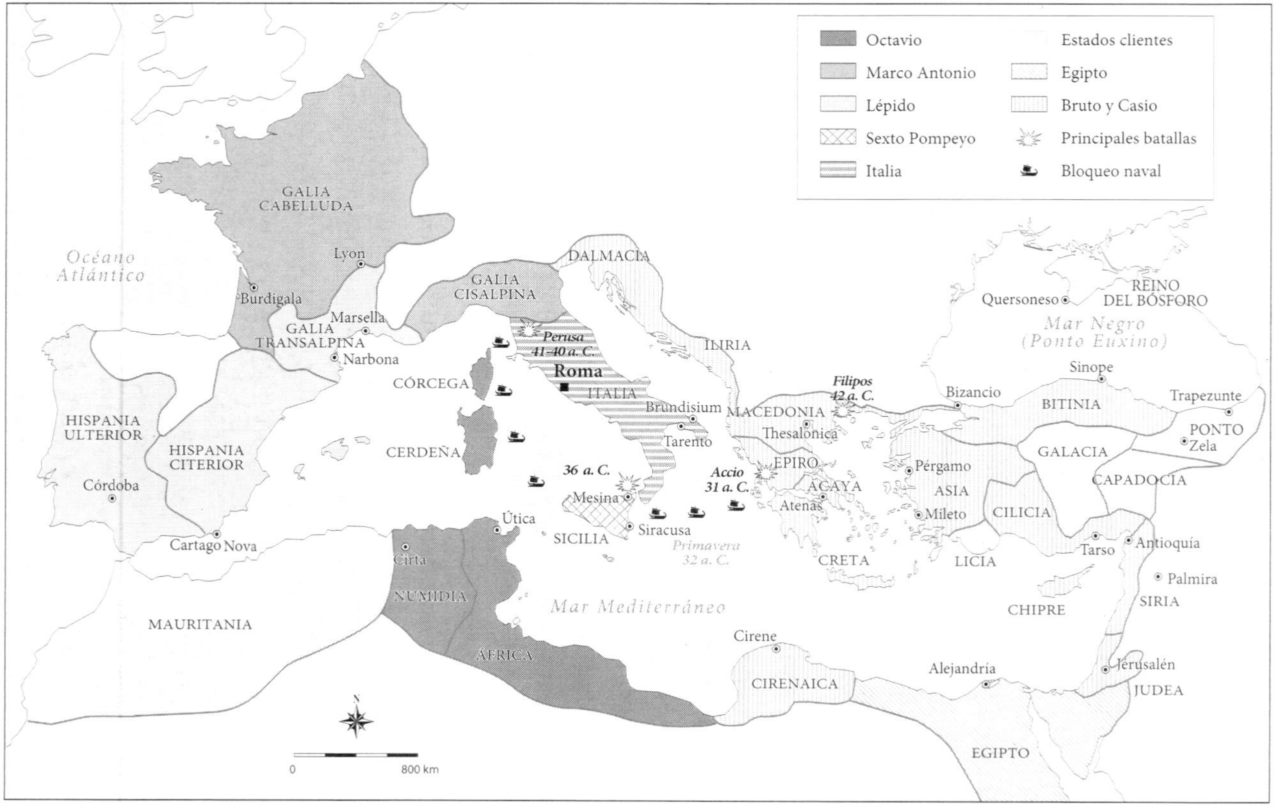

El Mediterráneo en época triunviral

con Sexto levantaba el bloqueo del mar Tirreno y permitía el abastecimiento de Italia y de Roma, donde la posición de los triunviros, a causa de la hambruna, era cada vez más insostenible. La nueva concordia no duró demasiado tiempo: para Menodoro, que Apiano presenta como un consejero diabólico, Miseno no fue más que un armisticio (*anochai*).[34] Sobre todo, el nuevo Neptuno no había comprendido que el Peloponeso era un regalo envenenado, porque Antonio le reclamaba los tributos impuestos allí con anterioridad. Finalmente, Sexto Pompeyo no aceptó este territorio y violó las condiciones del tratado de Miseno, aumentó las naves de su flota y enroló a nuevas tripulaciones. Gradualmente, el bloqueo se reanudó. Con el objetivo de apaciguar a los italianos y edulcorar su violación del acuerdo de Miseno, los triunviros difundieron rumores sobre Sexto Pompeyo, al que acusaban de estar al mando de una flota de piratas y esclavos fugitivos.[35]

En cualquier caso, el tratado de Miseno dio un respiro a los dos triunviros. Octaviano se dirigió a la Galia, sin duda para hacerse cargo de las colonias de veteranos en la Transpadana (donde instaló a hombres de confianza en el puesto de los antonianos), pero también para responder a los problemas, para los que, evidentemente, las tropas de Agripa no bastaban. Por lo que a Antonio respecta, retomó la organización de Oriente y el control de las operaciones contra los partos.[36] El malintencionado Dion Casio insinúa que se trasladó a Grecia «para satisfacer sus deseos», aunque en realidad fue para recaudar el dinero necesario para financiar la campaña oriental.[37] Asimismo, había que controlar los Balcanes, puesto que los pueblos de Iliria amenazaban la seguridad de Macedonia. Los partinianos, antiguos aliados de Bruto, entorpecían el núcleo estratégico de Dirraquio, mientras que los dardanios lanzaban incursiones continuamente. Había que vigilar también los movimientos de los dacios (desconocemos si Burebista seguía con vida). Durante su estancia en Grecia, Antonio tuvo que organizar un plan de ataque con el nuevo procónsul Asinio Polión.[38]

El triunviro de Oriente se instaló otra vez en Atenas con Octavia, que había dado a luz a la pequeña Antonia la Menor. En el ágora se les dedicó un altar cuya inscripción los califica de «dioses evergetas».[39] Dion Casio habla de un matrimonio sagrado con Atenea (¿encarnada por Octavia?), para el que Antonio reclamó una dote de un millón de dracmas.[40] Apiano proporciona detalles aún más interesantes: «Echando solo una mirada distraída a los mensajes enviados de sus ejércitos, pasando de su vida de comandante a la de un simple particular, vestido con un himatión y sandalias áticas, reinaba la calma delante de su puerta. Salía del mismo modo, sin lictores, con dos amigos y dos guardaespaldas, para asistir a las charlas y conferencias que daban los profesores. Sus comidas eran al estilo griego, iba al gimnasio con los griegos y participaba en las fiestas con alegría en compañía de Octavia, por la que sentía una fuerte atracción, pese a su facilidad para enamorarse de las mujeres». Apiano, aun siendo profundamente implacable (y misógino), muestra, no obstante, la metamorfosis de Antonio: «Pero al final del invierno, como si se hubiera convertido en otro, cambió de nuevo de atuendo y, con su vestimenta, cambió de aspecto. Su puerta se llenó enseguida de lictores, oficiales y hombres armados: por todas partes se percibía una mezcla de miedo y estupor. Recibía embajadas, a las que hasta entonces había ordenado esperar tranquilamente, se realizaban juicios, se botaban barcos y se ponían en marcha todos los preparativos».[41] Dicho de otro modo, tras haber recuperado las fuerzas, ya era hora de abandonar el cuartel de invierno. El triunviro y *autokratōr* era amante de los excesos, pero, al mismo tiempo, sabía gestionarlos y, en caso necesario, soportar situaciones extremas. La edad de oro cantada por Virgilio en la cuarta *Bucólica* acababa de comenzar.

7

El *Imperium* contraataca

En 1930, el filósofo austríaco Otto Neurath, miembro del Círculo de Viena, encarnizado defensor de la unidad de las ciencias y apasionado de la estadística, creó el sistema pictográfico *Isotipo*. Eso le permitió crear un atlas de las sociedades humanas que concedía mucha importancia a la demografía. Su mapa del mundo en tiempos del nacimiento de Cristo, en la década del año 30, materializa un esfuerzo bastante logrado por presentar el estado del mundo en el momento en que el triunvirato, tras el tratado de *Brundisium*, acababa de recuperar fuerzas y podía medirse con el Imperio parto. Sin duda alguna, Neurath sobreestimaba la extensión de los territorios controlados por Roma: Germania seguía libre y los Balcanes o Hispania distaban de estar pacificados. Sin embargo, su mapa muestra de forma eficaz la situación más allá de las conquistas de Alejandro Magno, donde terminaba la geografía de tradición helenística. Entre los partos y China había reinos dirigidos por dinastías de tradición nómada; los partos dominaban el Cáucaso, mientras que el interior de Anatolia estaba dividido entre dos imperios.

Los problemas del centro del Imperio romano requerían una reorganización de las alianzas en las fronteras orientales. El viejo Deyótaro había muerto en el año 40, igual que Átalo de Paflagonia, otro antiguo beneficiario del nuevo orden de Pompeyo.[1] Antonio confió estos territorios a un «tal Cástor», según Dion Casio, al que algunos identifican con el historiador Cástor de Rodas,

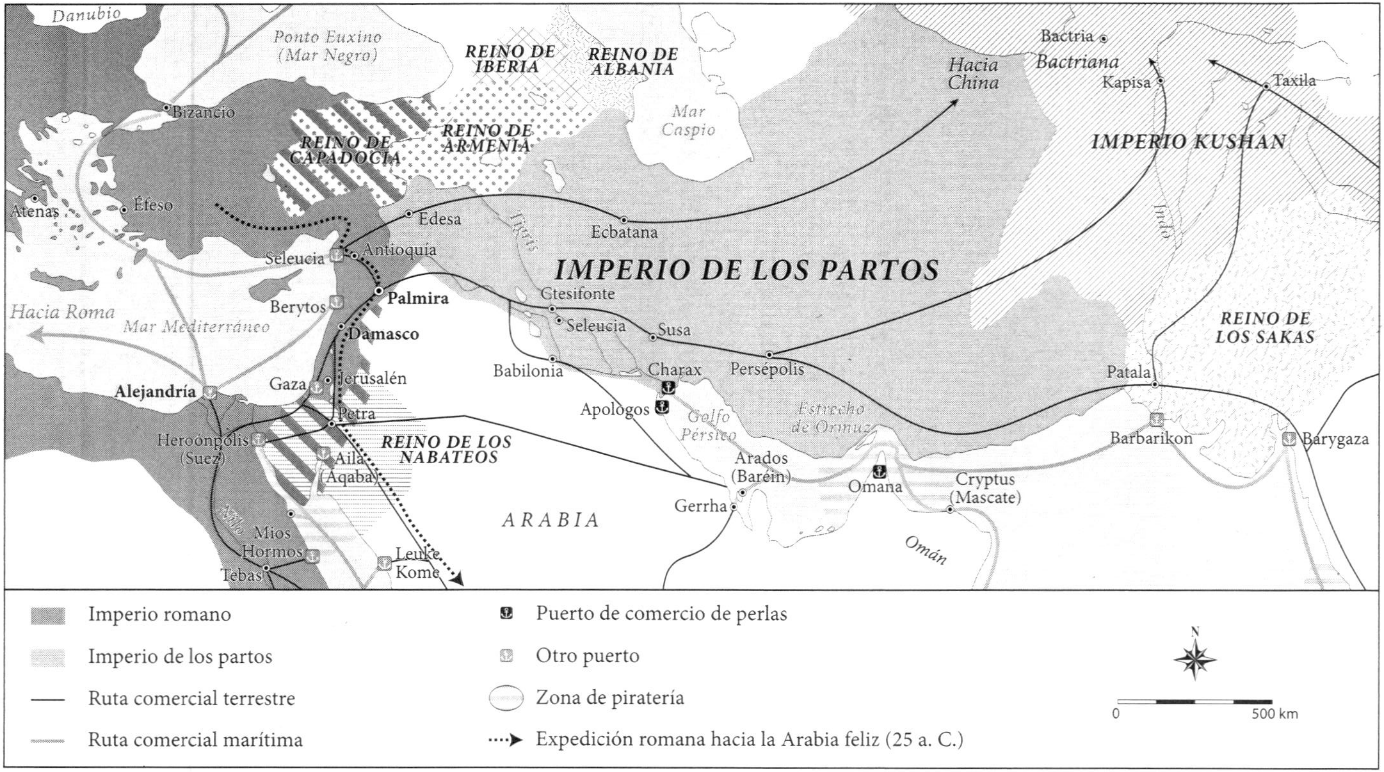

El Imperio de los partos

Estados y demografía en torno al nacimiento de Cristo

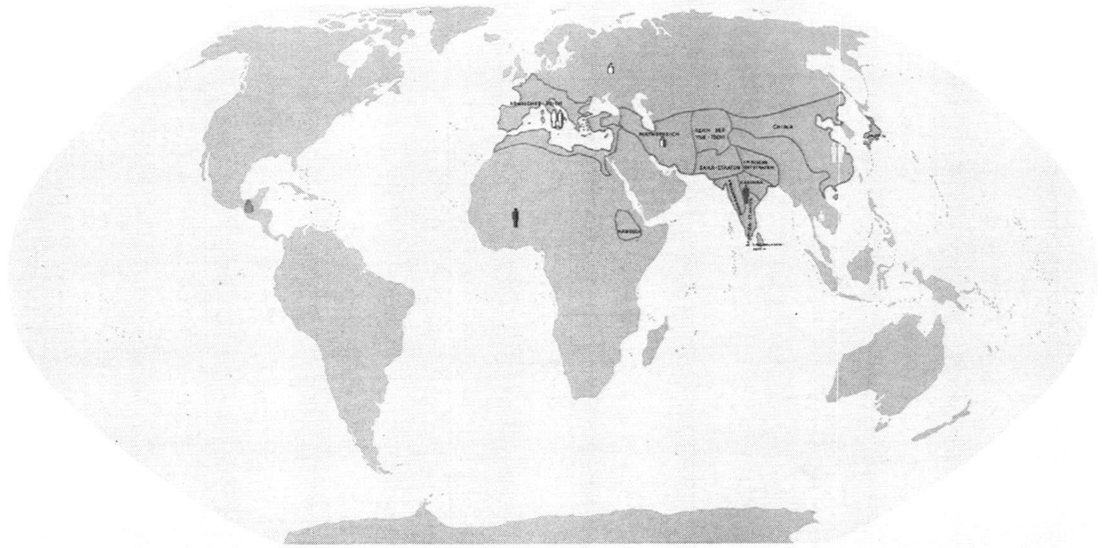

Cada figura 25 millones de personas

Gesellschaft und Wirtschaft 6

Otto Neurath, «Estados y demografía en torno al nacimiento de Cristo» otros con el hijo de un jefe gálata, acusador de Deyótaro —su propio abuelo— en su proceso judicial en Roma en el 45. Amintas, antiguo secretario y consejero del rey gálata, consiguió Pisidia. La costa sureste del mar Negro fue asignada a Darío, hijo de Farnaces y nieto de Mitrídates.[2] Por lo que respecta a Chipre, que podía contar con el apoyo de la flota egipcia, fue confiado a un liberto de César, C. Julio Demetrio.[3]

En la Anatolia oriental la situación era más compleja: la Capadocia no se había ganado realmente, y Antíoco de Comagene no parecía oponerse demasiado a la llegada de los partos: al contrario, acudió en su ayuda.[4] Por otro lado, los partos podían contar con el sostén de Artavasdes de Armenia, hijo de Tigranes, que había procurado inculcarle una educación internacional, es decir, helenística: Plutarco le atribuye la paternidad de tragedias, discursos y obras históricas.[5] No obstante, aunque su cultura procediese del mundo occidental y romano, sus afinidades familiares lo acercaban a los partos. Tras la derrota romana en Carras, se había unido a ellos mediante una alianza matrimonial: su hermana se había casado con el príncipe heredero Pacoro. Durante la celebración de este matrimonio, según deseo del «filoheleno» Artavasdes, se representaron extractos de *Las Bacantes* de Eurípides. Uno de los actores, un griego de Caria, utilizó para su interpretación la cabeza de Craso que acababan de entregar al rey.[6] Al parecer, para hacer gala de su neutralidad respecto a Roma, en torno al año 50, Artavasdes había prometido casar a su hijo con la hija de Deyótaro.[7]

Sin embargo, los partos habían aprovechado la ocasión para poner en jaque a los romanos. La invasión había empezado en el año 40. Uno de los generales de la expedición, guiada por el príncipe heredero Pacoro, era Quinto Labieno. Según Dion Casio, fue él quien convenció a Orodes II de que lanzase un ataque contra la Siria romana, valiéndose de la inestabilidad que reinaba entre los triunviros: «Decía, en efecto, que las legiones de los romanos habían quedado unas completamente destruidas, otras muy dañadas, y que el resto se habían sublevado y estaban listas

Dracma de plata de Artavasdes II.

para reanudar el combate. Por eso le aconsejó que sometiese a Siria y a los países vecinos mientras César [= Octaviano] estaba ocupado en Italia con Sexto y Antonio se abandonaba a su pasión en Egipto».[8] Dion Casio afirma que se había comprometido a encabezar la expedición, seguro de lograr la deserción, directa o indirectamente, de los territorios sometidos a los romanos. Nada mejor que un nuevo señor de la guerra romano para complicarles la vida a los triunviros.

Las fuentes subestiman el papel de Labieno en el seno de la expedición parta. Evidentemente, no era el comandante en jefe, pero sí un general subalterno de Pacoro (Pakur en su propia lengua), que además no carecía de experiencia militar: había ocupado Siria en el 51 e intentado una nueva invasión (a finales del año 45). Esta vez, los partos ocuparon primero Fenicia y después se hicieron con el control de Judea. El ataque fue dirigido por Pacoro y el sátrapa Bazafranes. Los partos podían contar también con Lisanias, el hijo de Ptolomeo de Iturea que acababa de morir, y con el Malicos (*malik* significa «rey») de los nabateos. A pesar de la resistencia de Herodes y de su hermano Fasael, Jerusalén cayó y fue confiado al asmoneo Antígono. Con su familia y una escolta de soldados, Herodes emprendió la huida hacia Idumea repeliendo los ataques de los partos, pero también los de los judíos, partidarios de Antígono.[9] A continuación pidió ayuda a Malicos, aunque sin éxito, porque los partos le habían prohibido que acogiese a Herodes.[10] El objetivo final era la conquista de Siria. Hasta entonces, los partos no habían podido doblegar la resistencia romana, pero en esta ocasión aprovecharon una baza excepcional: un comandante romano, Labieno, que dominaba la táctica de sus compatriotas y podía quizás convencerlos de que cambiasen de bando.

Aunque a ojos de los partos Labieno no era más que un general auxiliar, las monedas de su taller militar itinerante revelan, en cambio, sus grandes ambiciones. En el anverso aparece su retrato con una barba corta y la leyenda *Q(uintus) Labienus Parthicus imp(erator)*. En el reverso, un caballo de guerra armado con una silla y botas altas, indispensables para las maniobras de los jinetes partos. La barba se distingue de la de Bruto, que la llevaba más larga y mal cortada, a la manera de los filósofos; era más bien una señal de duelo en memoria de su padre, Tito, jefe pompeyano caído en el año 45 en la batalla de *Munda*, donde le puso las cosas difíciles a César. Si queremos ver una alusión, la barba de Labieno recordaba a la de Sexto Pompeyo, que en sus monedas llevaba duelo por su padre y por su hermano Cneo, muerto en Hispania como T. Labieno.

El mensaje de estas monedas no apuntaba ni a los partos ni a las ciudades de Siria o Anatolia: iba dirigido a los soldados de habla latina, antiguos legionarios de Bruto y Casio que Antonio había enrolado en las guarniciones de Siria por su conocimiento del territorio. Se habían unido a Labieno sin demasiada resistencia, sobre todo porque, para reclutarlos, este había recurrido a estratagemas de guerra psicológica, como mensajes pegados en las flechas que hacía lanzar en campo enemigo.

La desbandada de las guarniciones sirias permitió a Pacoro ocupar toda Siria. En una batalla campal, la caballería de Labieno derrotó al ejército del legado Decidio Saxa, que tuvo que refugiarse en Antioquía, para después emprender la huida hacia Cilicia. Labieno lo persiguió hasta que lo capturó y ejecutó.[11]

Denarius de plata de Quinto Labieno, acuñado en el año 40 a. C.

Trece años después de Carras, un ejército romano fue nuevamente derrotado y sus insignias capturadas sobre el terreno y añadidas a las confiscadas anteriormente, acto que aumentó el deshonor de Roma.

¿Hay que considerar a Labieno como un renegado o bien como el último jefe militar de los cesaricidas? Según Plutarco, fueron los generales partos quienes lo proclamaron oficialmente *Parthikon autokratōra*.[12] En este caso, los soldados romanos difícilmente habrían aceptado unirse a él. Por otro lado, no podemos excluir que los partos festejasen a su nuevo camarada mediante aclamación. Puede que la fuente de Plutarco aludiese a la leyenda de sus monedas, *Q. Labienus Parthicus imperator*, que se podría traducir por «Q. Labieno de Partia, general victorioso», en cierto modo un Lawrence de Arabia adelantado. En cuanto a *imperator*, era el equivalente de la aclamación romana. Ya hemos visto que, en su correspondencia griega, Antonio se presentaba como *autokratōr*, el equivalente del latín *imperator*. Labieno hacía lo mismo, pero la tradición romana, que probablemente se remontaba a Tito Livio, prefería afirmar que se trataba de «un procedimiento totalmente contrario al uso de los romanos. Porque Labieno obtenía este título de aquellos a los que él había dirigido contra los romanos como si los hubiera vencido a ellos y no a sus propios conciudadanos».[13]

La información transmitida por Plutarco no hacía más que confirmar su imagen de renegado, al igual que aquellos supervivientes deshonrados de Carras a los que alude Horacio en un poema compuesto en torno al año 23. Aquellos italianos, procedentes de la Apulia y del territorio de los marsos, habían refundado familias bárbaras militando «en las filas de sus suegros».[14] Un fragmento del epítome de Pompeyo Trogo, de Justino, explica mejor la naturaleza de esta guerra: de hecho, Pacoro había sellado una alianza con Labieno (*Pacoro duce initia cum Labieno societate*).[15]

Antonio contaba con el apoyo de las aristocracias locales y especialmente de los rétores que podían movilizar al mismo tiempo a sus conciudadanos y recurrir a otras ciudades gracias a su talento diplomático; no obstante, un pasaje de Estrabón muestra los límites de esta quinta columna. «En efecto, mientras que las demás ciudades, desarmadas y pacíficas, se sometían a aquel que entraba con sus tropas y que se apoyaba en la alianza de los partos que ya controlaban Asia, Zenón de Laodicea y Hibreas, ambos oradores, no se doblegaron y empujaron a sus ciudades a la disidencia. Es más, Hibreas provocó con esta réplica a este joven irascible y muy tonto, porque en respuesta a su proclamación de *imperator Parthicus*, declaró: "Yo también me proclamo *imperator Caricus*". Labieno, furioso, se lanzó sobre la ciudad al frente de tropas procedentes de los contingentes romanos de Asia. Como Hibreas se había marchado a Rodas, entonces Labieno se lanzó contra su casa, suntuosamente decorada, y la saqueó. Asimismo, devastó la ciudad por completo».[16] Por otro lado, Antonio podía contar con los fieles dinastas, que las fuentes tienden a considerar bandoleros: el cilicio Tarcondimoto o el frigio Cleón, originario del pueblo de Gordión, que organizó una guerrilla contra los recaudadores de Labieno y más tarde fue recompensado con una región en Frigia.[17]

El contraataque contra el imperio rival se retrasó por los acontecimientos de Italia, que mantuvieron ocupados a Antonio y a sus mejores generales. Después de *Brundisium*, envió a Oriente al veterano Ventidio, que repelió sin esfuerzo a Labieno. Este, pese a su título de «general parto», solo estaba al mando de romanos y de tropas locales reclutadas sobre el terreno, pero, sobre todo, se vio sorprendido por la rapidez de Ventidio y por el número de hombres que tenía.[18] Al contrario de lo que algunas fuentes insinúan, Antonio no permaneció inactivo y había confiado a Ventidio un ejército importante: en el año 38, su sucesor C. Sosio recibió un cuerpo de once legiones de infantería y seis mil jinetes de caballería y auxiliares sirios, el mismo número que había reunido Craso para su expedición del 54/53.[19] Probablemente, estas «legiones» eran en parte unidades de auxiliares. Una situación análoga se produjo en la campaña oriental de Craso, al que Floro atribuía once legiones, a diferencia de las siete que menciona Plutarco: los auxiliares, a menudo ignorados por las fuentes, desempeñaban un papel sustancial.[20] Uno de estos comandantes auxiliares era un personaje al que Flavio Josefo designa como Machairas («Espada» en griego), pero que se llamaba probablemente Macares, como el reyezuelo del Bósforo cimerio de la época de la expedición de Lúculo.[21]

El antiguo lugarteniente de César dominaba el efecto sorpresa, y no le resultó difícil expulsar a Labieno de Asia Menor.[22] El teatro de operaciones se desplazó a continuación a las montañas entre Cilicia y Siria: Ventidio supo evitar el avance de la caballería parta, al contrario que Craso, cuyo ejército había sido aplastado en una llanura de Mesopotamia. Permaneció en las alturas y se aprovechó de la confianza de los jinetes enemigos, que subestimaban sus fuerzas y escalaron la colina al alba para lanzar un ataque sin esperar a Labieno. Los partos, derrotados, se replegaron hacia Cilicia; los hombres de Labieno, desmoralizados, emprendieron la huida. Informado por algunos desertores, Ventidio les tendió una emboscada: mató a muchos y recogió a otros.[23] La fuente de Dion Casio, que relata estos acontecimientos, es probablemente Tito Livio, que es también la de Frontino, que, en sus *Estratagemas*, resume así la estrategia de Ventidio: «Teniendo enfrente a Labieno y a los partos, a los que las victorias habían alentado, retuvo a sus tropas en su campamento fingiendo tenerles miedo y atrayendo al enemigo a lugares desfavorables. Atacó por sorpresa y les obligó a abandonar Siria y a separarse de Labieno».[24] Este último, disfrazado, se escondió en un primer momento en Cilicia, después fue capturado por Demetrio,[25] sin duda en aguas de Chipre, desde donde pretendía llegar a Siria, todavía ocupada por los partos. Ventidio hizo eliminar a Labieno.[26] A partir de este momento, para los triunviros tan solo quedaba un adversario romano que batir: Sexto Pompeyo.

Con la muerte de Labieno, Ventidio retomó el control de la región, mientras que su lugarteniente Popedio Silo recibió el encargo de ocupar el desfiladero que separaba Cilicia de Siria. Sin embargo, los partos, dirigidos por el general Franapates, defendían el paso y rechazaron el ataque de Silo, que estuvo a punto de morir. Las fuentes no detallan apenas las operaciones militares. Basándose sin duda en el relato de Tito Livio, Dion Casio cuenta que Ventidio, con su acostumbrada habilidad, acudió en auxilio de Silo y mató al general parto y a muchos otros enemigos; Estrabón dice que este combate tuvo lugar en lo alto de una colina llamada *Trapezōn*. Frontino explica la táctica de Ventidio, que envió tropas para atraer a las fuerzas enemigas y aplastarlas, y eliminar así a su general.[27]

Bajo el mando del príncipe Pacoro, los partos atravesaron el Éufrates para replegarse en sus cuarteles de invierno en la Alta Mesopotamia, circunstancia que le permitió a Ventidio recuperar el control de Siria y de Judea. Josefo insinúa que Antígono había corrompido a Ventidio, y después a Silo. Antonio, por medio de su enviado Delio, habría convencido a estos últimos para que apoyasen a Herodes, que había desembarcado en Ptolemais (Acre).[28] Efectivamente, Antígono había entregado dinero al gobernador, pero a título de tributo, igual que su rival Herodes, que, en aquel entonces, era reconocido como señor de Idumea y de Samaria.[29] Así pues, solo quedaba acometer el proyecto de los partos. Ventidio adoptó una estrategia muy sutil: engañó a un «dinasta» de la Cirréstica llamado Farneo, o más probablemente

Caneo. Este último jugaba a dos bandas, daba información falsa, afirmaba que temía que los partos descendieran por el Éufrates en lugar de atravesarlo cerca del paso llamado «cruce» (*Zeugma*) controlado por el reino de Comagene. Pacoro tomó esta ruta, más larga, y permitió que Ventidio reuniese a sus hombres y no combatiese en la llanura donde la caballería parta habría vencido más fácilmente. Gracias a esta estratagema, Ventidio pudo avanzar con su ejército hasta la Cirréstica e instalar su campamento cerca de la ciudad de Gindaros (Jinderes en árabe, Cindirêsê en curdo), que Estrabón describe como una auténtica «acrópolis» de la Cirréstica y un «lugar idóneo para guarida de bandoleros»:[30] la importancia estratégica de este enclave ha sido confirmada en las recientes operaciones de guerra en Siria.

Mientras que el ejército de Pacoro tardó cuarenta días en preparar el material destinado a construir un puente sobre el Éufrates,[31] los romanos llegaron a su destino tres días antes. La tercera batalla de Ventidio resultó decisiva: hubo veinte mil muertos, y Pacoro, que había luchado como un león, cayó en combate. Su cabeza, clavada sobre una pica, fue expuesta en las ciudades de Siria para aterrorizar a la población, pero también para infligir a Pacoro el trato que había recibido Publio, el hijo de Craso; con esta victoria, Ventidio había vengado la vergüenza de Carras. Se dice que, tras esta derrota, el soberano parto Orodes II enloqueció de dolor; abdicó en favor de su hijo Fraates IV, quien poco después eliminó a su padre, a sus treinta hermanos e incluso a su propio hijo.[32]

Igual que César, Ventidio tuvo una suerte increíble: *incredibili felicitate*, nos dice Floro.[33] Su victoria sobre los partos el 9 de junio del año 38, el día del aniversario de la batalla de Carras, reforzaba la posición de Antonio. La violencia de las guerras civiles no borraba el desastre de Craso, pero esta vez Roma por fin se tomaba la revancha. No obstante, Ventidio no tenía intención de seguir luchando contra los partos. Ya hemos recordado los celos que le profesaba Antonio: pero ahora los motivos eran prácticos, porque había que restablecer el orden en la provincia de Siria y en los territorios vecinos, y sobre todo castigar a los aliados que habían desertado, como Antíoco de Comagene, que había acogido a los partos supervivientes.[34]

La responsabilidad de estas operaciones recaía sobre el triunviro de Oriente. Ventidio, por su parte, obtuvo del Senado, a propuesta de los triunviros, el derecho a celebrar un triunfo «sobre la región montañosa del Tauro y sobre los partos».[35] El 27 de noviembre del año 38, hacía su entrada en Roma para festejar el primer triunfo romano sobre los partos. Salustio pronunció el discurso en calidad de antiguo cesariano y miembro de la «burguesía» municipal italiana. Este honor escandalizó sin duda a los aristócratas que reprochaban a Ventidio sus humildes orígenes: un bruto grosero de provincias que, según las malas lenguas, durante su juventud habría ejercido el degradante oficio de mulero.[36] A su muerte, el «mulero» tuvo derecho a exequias públicas.[37]

8

Mare Nostrum

Gran parte de las victorias romanas de los triunviros se produjeron gracias a antiguos lugartenientes de César, como en el caso de Ventidio Baso en Oriente y en el del consular Cn. Domicio Calvino en Hispania, en el extremo Occidente.

Los Alpes, sometidos en el 41 por Lucio Antonio, planteaban pocos problemas, pero los Pirineos requerían la atención de Roma. Desde el siglo II, los romanos tenían dificultades para doblegar a los pueblos hispánicos, sobre todo en las zonas de montaña, como bien atestigua la torre de Sant Martí de Tentellatge, a mitad de camino entre Barcelona y Andorra. Las monedas que Calvino hizo acuñar en *Osca* (Huesca) son testimonio de una intensa actividad en la región, de la que solo conocemos un episodio que pone de manifiesto la disciplina de hierro del comandante.

Después de que su lugarteniente se dejase sorprender por los *cerretani* en una emboscada, Calvino, abandonado por sus soldados, se dispuso, en primer lugar, a administrar un castigo ejemplar a los centuriones y a los soldados de dos centurias, que sufrieron la pena de *decimatio* (un soldado de cada diez fue ejecutado). Después, guio a su ejército hasta la victoria y consiguió la aclamación de *imperator*. Dion Casio nos cuenta que las ciudades de Hispania le habían ofrecido el «oro de las coronas», un tributo destinado a la organización de su triunfo, que él utilizó también para reconstruir la Regia, la morada del gran pontífice en el Foro, destruida por un incendio.[1]

De vuelta a Roma, Domicio Calvino gastó una parte de su botín en la organización de la ceremonia del triunfo obtenido. La inscripción de una base de mármol, hallada en el Palatino cerca del arco de Tito, conmemora una de sus ofrendas, pagada *de manibieis*, es decir, gracias al botín de guerra arrebatado a los enemigos vencidos.[2] Los *Fasti Triumphales* fechan el triunfo de Calvino el 17 de julio del año 36 a. C.: señal de que permaneció en su provincia durante dos años.[3] No hay, pues, que minimizar estas operaciones, que seguramente afectaron a un territorio más amplio que el sector central de los Pirineos y que debían tener por finalidad impedir que Sexto Pompeyo recuperase terreno en Hispania. Debió de ser por aquella época, si no antes, cuando Octaviano reclutó para su guardia personal a guerreros íberos originarios de *Calagurris* (Calahorra, en la Rioja), que lo acompañaron hasta la derrota de Antonio.[4] Desconocemos si este seguía escoltado por sus arqueros itureos, pero Octaviano trataba siempre de imitarlo.

Más al norte, en las Galias, Agripa había conducido una campaña más allá del Rin; Dion Casio observa que fue el segundo romano (el primero había sido César) en atravesar el Rin por motivos militares.[5] Evidentemente, esta campaña no tenía objetivos de conquista, sino que pretendía más bien sofocar una revuelta de las ciudades galas del este, apoyadas por las tribus del otro lado del Rin. No obstante, no hay que descuidar la dimensión simbólica del paso del río, inspirado por el ejemplo de César. Este lo había atravesado dos veces, en los años 55 y 53. En los *Comentarios sobre la guerra de las Galias*, describe con orgullo el puente de madera construido en tan solo diez días, y cuya estructura estaba dispuesta de perfil respecto a la corriente del río. Los arquitectos del Renacimiento admiraban especialmente esta obra, que respondía a los criterios de *utilitas* y de *firmitas*. Por la construcción de este puente, César podía igualarse a los grandes conquistadores del pasado que habían alcanzado los límites del *oikoumenē*.[6] El cruce del Rin por parte de Agripa no podía, pues, pasar inadvertido: se trataba de la acción más impactante de los dos años de campaña. En la *Décima Bucólica* y en la *Primera Geórgica*, Virgilio no menciona expresamente a Agripa, pero sus referencias al Rin son elocuentes.[7]

Sin embargo, a diferencia de Ventidio, Agripa renunció al triunfo que habría podido celebrar en el año 37, el año de su consulado, y se contentó con recibir «honores triunfales», una ceremonia solemne llamada ovación, una especie de triunfo pequeño que ya Octaviano había celebrado en Filipos.[8] De acuerdo con la versión oficial, Agripa no quería faltarle el respeto a Octaviano, que acababa de encajar una derrota naval infligida por la flota de Sexto. Estos acontecimientos, narrados por Apiano, detallan el sufrimiento de los generales de Octaviano, Calvisio Sabino y el tránsfuga Menodoro, vencidos por los enemigos y por las tempestades: más de la mitad de la flota de Octaviano había desaparecido. Al contentarse con el consulado, Agripa se mostraba prudente, porque, después de todo, él no era más que un *homo novus* que tan solo contaba veintisiete años: los conservadores no habrían visto con buenos ojos su triunfo. Pero, ante todo, sabía perfectamente que Antonio y Octaviano estaban dispuestos a entenderse para liquidar a los jefes demasiado ambiciosos, como antaño Salvidieno Rufo: no había sitio para los aspirantes a señores de la guerra y era más prudente dejar la gloria a los triunviros.

En cualquier caso, Agripa era un elemento esencial del dispositivo contra Sexto Pompeyo. El botín de sus campañas en la Galia, que se sumaba al botín aportado desde Hispania por Domicio Calvino, se añadía a las contribuciones de varias ciudades.[9] No era solo cuestión de presupuesto, porque con su talento de organizador, Agripa resultaba indispensable. Construyó, entre otras cosas, el *portus Iulius*, un puerto militar cerca de cabo Miseno,[10] y probablemente hizo lo mismo en la Galia Narbonense, en *Forum Iulii* (Fréjus). Hasta este momento, Agripa no se había desplegado en el mar, donde no tardaría en mostrar su talento como almirante. Pero todo esto no era suficiente para Octaviano, necesitaba un acuerdo con Antonio.

Entretanto, en África, Lépido proseguía con su política de romanización. En virtud de sus prerrogativas de sumo pontífice, llevó a cabo toda clase de destrucciones en el emplazamiento de la antigua Cartago, con el fin de «purificar» la nueva colonia y librarla de cualquier rastro de maldición. Estas decisiones permitían relanzar finalmente Cartago como centro comercial, rivalizar con los emporios de Mauritania y de la Numidia romana y recuperar espacio en el seno de un territorio en el que la identidad púnica subsistía en las ciudades indígenas toleradas por los romanos, quizás para dejar constancia de su condición jurídica inferior. En este contexto, Lépido tenía que hacer frente a problemas de seguridad a la vez que consolidaba su poder en los nuevos municipios. Una inscripción de la colonia de *Thabraca* (Tabarka) en homenaje al triunviro patrón de la ciudad documenta su tercera aclamación imperatoria.[11] En torno a esta época, Boco II de Mauritania había aprovechado la rivalidad entre Antonio y Octaviano para aspirar a los dominios de su hermano Bogud, protegido de Antonio.[12] Sacó partido también de la revuelta de *Tingi* (Tánger) contra Bogud que permitió a Boco, sin duda apoyado por Lépido, reunificar el reino moro. Más adelante, para la última campaña contra Sexto Pompeyo, Boco pudo movilizar un cuerpo auxiliar de cinco mil jinetes númidas.[13]

Por su parte, Antonio preparaba su campaña oriental tratando de no afectar a los provinciales. En el año 39, los triunviros recompensaron a las ciudades de Afrodisias y Plarasa en la provincia de Asia, prohibiendo a las legiones romanas imponer faenas y confiscaciones.[14] Ventidio había rechazado a los partos y vengado a Craso, pero el triunviro de Oriente apuntaba mucho más lejos, deseaba retomar el proyecto de César. Mientras Octaviano preparaba su flota, Antonio organizaba su ejército y consolidaba la posición de Roma en Asia Menor, donde se había eliminado el riesgo de nuevas invasiones, porque Antonio volvía a controlar la Comagene. Después del fin de la campaña contra los partos, Antonio se había reunido con Ventidio para aplastar al rey Antíoco. Los romanos asediaron Samósata, y, pese a los graves problemas internos del reino de Judea, Herodes también participó en estos combates.

Tras su victoria, Antonio cerró un acuerdo con Antíoco. Las fuentes, que le son harto desfavorables, relativizan estas operaciones y las reducen a una tentativa de limitar la gloria de Ventidio y de apoderarse de las riquezas de su reino.[15] Sin embargo, no hay que ignorar la importancia estratégica de la Comagene ni del «Cruce» del Éufrates que controlaba el paso principal hacia Mesopotamia. El prestigio de Antíoco aparece de nuevo en el célebre santuario que el monarca hizo construir en el monte Nemrud, consagrado al rey y a sus ancestros. Un relieve de otro santuario, en el emplazamiento de Arsameia en el Nymphaios, muestra al rey con la divinidad que los armenios denominaban Vahagn y que los griegos asimilaron a Heracles.

En Siria, C. Sosio, sucesor de Ventidio, prosiguió con la pacificación de la provincia. En un fragmento de sus *Comentarios históricos*, transmitidos por Flavio Josefo, Estrabón dice que «Antonio

Arsameia en el Nymphaios. Antíoco de Comagene y Vahagn.

hizo decapitar al judío Antígono, que había sido conducido a Antioquía. Al parecer, fue el primer romano en hacer decapitar a un rey. No veía otra manera de obligar a los judíos a aceptar a Herodes, que había sustituido a Antígono; ni siquiera las torturas resultaban efectivas para hacer que lo reconocieran como rey, tal era la gran opinión que tenían del monarca precedente. Antonio pensó que el suplicio ignominioso de Antígono empañaría el recuerdo que había dejado y atenuaría el odio que sentían por Herodes».[16] La decapitación de Antígono hizo reflexionar a los reyes y reyezuelos de la región.

Las fuentes sobre la política de Antonio respecto a los hebreos ponen de manifiesto las maniobras de Herodes y de los militares romanos, pero atenúan voluntariamente el papel de Egipto en la recuperación del control de estas regiones difíciles. Cierto es que el valioso apoyo logístico y material proporcionado por Cleopatra no era desinteresado. De hecho, la reina consiguió una parte de las posesiones del *Malicos* nabateo, que, en esta ocasión, había dado muestras de benevolencia hacia los partos. En un momento dado, Antonio hizo juzgar a Lisanias de Iturea con el pretexto de que anteriormente había ayudado a Pacoro.[17] Cleopatra insistió en recuperar también Idumea, que abarcaba la Palestina meridional, pero Antonio la dejó bajo la jurisdicción de Herodes, que era originario de la región. De regreso a Jerusalén, este último hizo construir una ciudadela a la que puso por nombre «fuerte de Antonio».

Tras resolver así una parte de sus problemas en Oriente, Antonio tuvo que emprender de nuevo el camino hacia Italia y encontrarse con Octaviano, que había enviado como embajador a Mecenas, su fiel consejero. Antonio mantenía asimismo contacto con Lépido y con Sexto Pompeyo. Llegó de Grecia con una flota de trescientas naves:[18] una verdadera demostración de fuerza. Esta flota no desembarcó en *Brundisium*,[19] porque Octaviano había fijado el encuentro entre Metaponto y Tarento. Como en *Brundisium* en el año 39 a. C., las negociaciones se prolongaron durante varias semanas. Finalmente, los dos triunviros decidieron mantener la alianza y el triunvirato quedó confirmado para cinco años. Las fuentes no dicen si Lépido había enviado algún portavoz, pero conservaba el control en África y su espacio marítimo. Es más, el propio Antonio incluso había organizado el matrimonio de su hija Antonia la Mayor (nacida en el 39) con uno de los hijos de Lépido. A cambio de dos legiones para la guerra contra los partos, Antonio puso a disposición de César un contingente naval contra Sexto Pompeyo, destituido de sus funciones en virtud de la anulación de los acuerdos de Miseno. Los dos triunviros sellaron un pacto matrimonial: Antilo, hijo mayor de Antonio y Fulvia, una vez alcanzada la mayoría de edad, se casaría con Julia, hija de Octaviano y Escribonia, nacida en el 39. En cuanto a Octavia, que se encontraba en Corcira embarazada de Antonia la Menor (que fue prometida a Domicio Enobarbo), fue enviada a Italia junto a su hermano. Octaviano recibió ciento cuarenta naves de la flota de Antonio y le prometió el envío de diez mil legionarios italianos para su expedición contra los partos.

Antonio atravesó el Adriático y dejó en calidad de almirante a T. Estatilio Tauro, que asumió el consulado sufecto, en sustitución del colega de Agripa, L. Caninio Galo, sobrino de Antonio por alianza.[20] Menodoro había vuelto a desertar: Calvisio Sabino fue considerado el responsable de esta traición y sustituido por Agripa. Sin el antiguo pirata, el dispositivo de Octaviano contemplaba un estado mayor formado por comandantes romanos. La estrategia consistía en cercar Sicilia y abrir tres frentes. Mientras Lépido atravesaba el estrecho de Sicilia con setenta barcos de guerra y muchos otros cargados de legionarios, Estatilio Tauro puso rumbo a Tarento con una flota de ciento treinta embarcaciones. No obstante, la ofensiva decisiva dependía de la gran flota de Octaviano, que disponía de unos cuatrocientos barcos: no solo de trirremes, sino también de potentes quinquerremes y hexarremes; las tripulaciones se habían formado en el puerto de Bayas, en territorio de la Campania. Oficialmente, Octaviano estaba al mando de la flota, pero el verdadero cerebro de la operación era Agripa. El 1 de julio del año 36, las naves de Octaviano y Agripa zarparon hacia Sicilia.

Desde su base en *Messana*, Sexto se organizó para impedir el desembarco de las flotas triunvirales; para retener a Lépido, uno de sus legados, L. Plinio Rufo, estaba fondeado en Lilibea (Marsala), donde aparece mencionado en una inscripción y probablemente en otro monumento. Había otras unidades cerca de la isla de *Cossyra* (Pantelleria). No obstante, este impresionante dispositivo estratégico quedó neutralizado por el mal tiempo: Estatilio Tauro tuvo que regresar a Tarento, mientras que la flota de Lépido resultó diezmada por la tempestad. Solo Agripa logró contener las pérdidas. Octaviano habría preferido aplazar la expedición para el año siguiente, pero Agripa lo convenció de que tenía que atacar. Estatilio Tauro había podido navegar de nuevo hasta la altura de *Tauromenion* (Taormina). Finalmente, Lépido consiguió desembarcar y ocupar la Sicilia occidental, asediando en Lilibea a Plinio Rufo, lugarteniente de Sexto Pompeyo, quien envió en su auxilio a su lugarteniente Tisieno (o Titisieno) Galo.

Agripa estaba estacionado en Estrómboli con un centenar de barcos. Su estrategia consistía en atraer hacia él a la mayor parte de la flota enemiga para facilitar el desembarco de las legiones de Lépido y de Octaviano. Una primera batalla naval tuvo lugar en las aguas de *Mylæ* (Milazzo), a mediados de agosto del 36, pero Sexto desbarató las maniobras de Agripa. Tras desembarcar en Taormina, Octaviano fue atacado por Sexto y, después de perder varias naves, atravesó el estrecho de Mesina y se unió a las tropas de Agripa en *Tyndaris* (Tíndaris).

La flota de Sexto, bajo el mando de Apolófanes y Demócares (Menécrates había muerto hacía ya algún tiempo), disponía de unos ciento sesenta barcos; la de Agripa, reforzada por algunos buques enemigos capturados, contaba con unos ciento treinta. Por su parte, Lépido y Galo habían partido de Lilibea para dirigirse hacia el este y unir sus fuerzas con las de sus respectivos aliados en *Mylæ*. Entre finales de agosto y comienzos de septiembre, probablemente el 3 de septiembre, tuvo lugar la batalla decisiva en las aguas situadas entre *Mylæ* y un pequeño puerto llamado *Naulochoi* (Nauloco en los manuales modernos), que en griego significa «lugares que ofrecen un fondeadero seguro». En esta batalla se utilizó por primera vez el *harpax*, un invento de Agripa según Apiano: «La imaginación de Agripa había concebido lo que se denomina el "arpón", un eje de madera de cinco codos, forrado de hierro y con un aro en cada extremo. El arpón presentaba en uno de estos aros un hierro curvado, mientras que por el otro pasaban numerosos cabos que, gracias a unas máquinas, tiraban del arpón una vez que, lanzado por una catapulta, se quedaba enganchado al barco enemigo».[21] Gracias a este instrumento, Agripa redujo la capacidad de maniobra del adversario, cuyas naves eran más ligeras, mientras que los barcos de la flota triunviral disponían de una fuerza de combate más importante.

Las dos flotas navegaban una al lado de la otra, pero la formación de Sexto era más compacta, cosa que permitió a Agripa rodear al enemigo. En cuanto vio que la flota de Sexto estaba en apuros, lanzó el ataque decisivo. Solo diecisiete naves consiguieron escapar. Sexto logró huir y, tras saquear las riquezas del santuario de Hera Lacinia cerca de Croto, alcanzó aguas seguras en la isla de Lesbos, donde en el año 49 a.C., cuando era joven, su padre lo había dejado con su madre durante su guerra contra César.[22] Octaviano «no lo persiguió ni tampoco encargó a nadie que lo hiciera, ya fuera porque evitaba penetrar en un territorio cuya competencia dependía de otro, de Antonio, ya porque esperaba ver los acontecimientos y el comportamiento de Antonio respecto a Pompeyo (así tendría un pretexto de conflicto si Antonio no actuaba correctamente, porque debido al ansia de poder de ambos, desde hacía tiempo albergaban sospechas, cada vez que eliminaban a otros, de que acabarían ellos entrando en conflicto), ya porque, como el propio César afirmó después, Pompeyo no había sido uno de los asesinos de su padre».[23]

La derrota de sexto Pompeyo marcó el fin de su poder en Sicilia y el fin de su potencia naval. Estrabón afirma haber visto

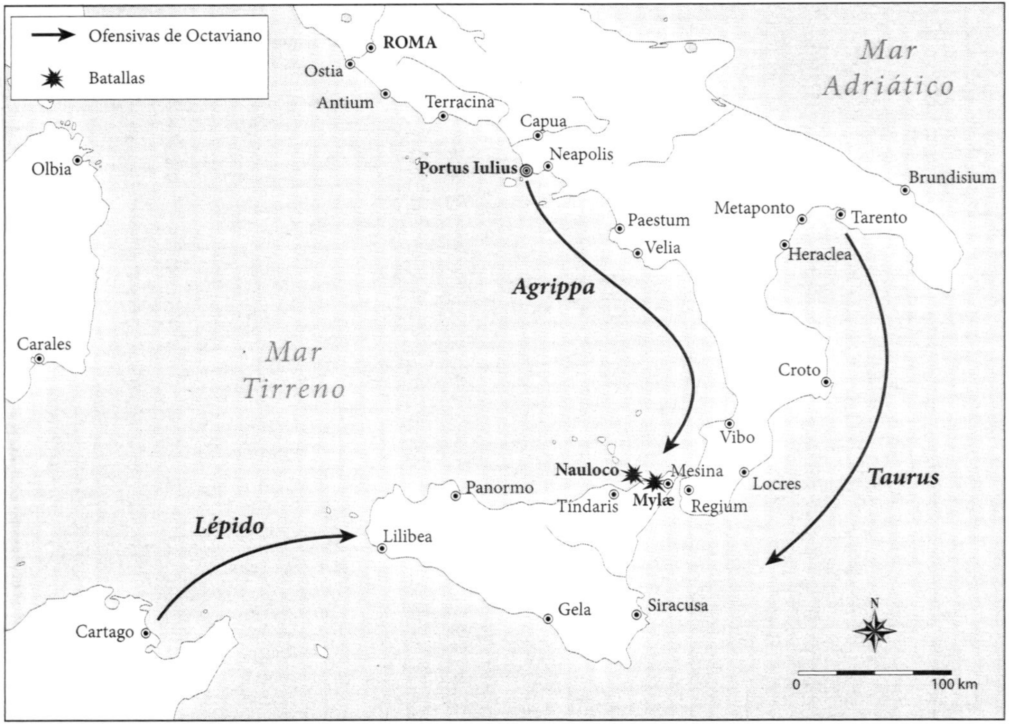

Campaña contra Sexto Pompeyo

en Roma al jefe de los bandidos Seluro, al que llamaban «hijo del Etna», porque merodeaba por los alrededores del volcán al frente de un ejército: tras ser capturado, fue trasladado a Roma para ser devorado por las fieras en la arena.[24] No sabemos si este personaje estaba relacionado con Sexto Pompeyo, pero Octaviano tenía interés en que reinase el orden para evitar la revuelta de las ciudades sicilianas, castigadas por haber apoyado al enemigo. Los ciudadanos de *Tauromenion* fueron desterrados: años más tarde se fundó una colonia romana.

Otro de los efectos colaterales fue la caída de Lépido. Gracias a su victoria naval, Octaviano podía por fin ajustar cuentas con un triunviro muy molesto, que no había dejado de negociar en secreto con Sexto (por lo menos según la versión augústea transmitida por Dion Casio).[25] Lépido, que estaba al mando de veintidós legiones de infantería y un determinado número de jinetes, reclamaba Sicilia y estaba dispuesto incluso a intercambiarla por África. Octaviano logró convencer a sus soldados para que se uniesen a él. Aunque fue destituido de su *imperium*, Lépido conservó la dignidad senatorial y el cargo de *pontifex maximus*. Bajo estrecha vigilancia, se instaló cerca de *Circei*, entre Roma y Nápoles, donde vivió el tiempo suficiente para ver cómo se consolidaba el poder de Augusto.

A su regreso a Roma, Octaviano recibió honores inauditos, entre ellos la erección de una estatua de oro, colocada sobre una columna rostral. En la inscripción de la base de la columna se podía leer: «Restableció, en la tierra y en el mar, la paz largamente perturbada por las guerras civiles».[26] Por lo que a Agripa se refiere, se le otorgó un honor muy especial: la «corona naval» de oro, adornada de espolones, mientras que los marinos victoriosos obtuvieron la corona de madera de olivo. Más adelante, Octaviano, convertido en Augusto, afirmó: «Liberé el mar de piratas. En el curso de esta guerra capturé en torno a unos treinta mil esclavos que habían escapado de sus dueños y se habían alzado en armas contra la República, y los devolví a sus amos para que fuesen castigados».[27] Este fragmento de las *Res gestae* hacía alusión a la guerra de Sicilia contra Sexto Pompeyo; además, es posible que la mención de los esclavos se refiera a los marineros de la flota de guerra del joven Pompeyo, que, en efecto, había acogido a fugitivos y a esclavos. La situación parecía por fin favorable para el cese de las luchas fratricidas. Octaviano hizo quemar los documentos que atestiguaban estas luchas y declaró que esperaría el regreso de Antonio de Oriente para poner fin al estado de emergencia que había engendrado al triunvirato.

Tercera parte

EL FIN DE UNA REPÚBLICA

9

La campaña oriental de Antonio

Tras la victoria sobre los partos, Roma todavía no había recuperado del todo su antiguo prestigio, aunque su fuerza disuasoria era más eficaz. Sexto Pompeyo no perdía la esperanza de una revancha, pese a que su potencia naval había quedado muy reducida. Antonio podía por fin preparar su campaña oriental, mientras que los gobernadores de sus provincias pacificaban los territorios devastados por las guerras y la inseguridad. El Ponto Bitinia le fue confiado a un almirante experimentado, Domicio Enobarbo, para vigilar el mar Negro. Según Estrabón, los gobernadores descuidaban especialmente los ataques de las escuadras de *kamarai* (las grandes embarcaciones de los piratas) contra los comerciantes. Apoyados por una parte de la población local, los piratas se valían de su conocimiento del territorio para ocultar sus barcos. Los sacaban en el momento propicio para capturar a las personas a las que después reducían a la esclavitud si no podían conseguir un rescate de sus familias. «En las zonas que han conservado a sus jefes o soberanos nacionales, las víctimas de estos secuestros todavía pueden esperar algún auxilio, y no es raro que los jefes ataquen a su vez a los *kamarai* de los piratas y los traigan en calidad de prisioneros con la tripulación y su botín. Sin embargo, en la parte del país actualmente sometida a los romanos, hay que esperar menos ayuda, vista la desidia de los legados».[1] Por otro lado, siempre según Estrabón, en Crimea aún se encontraban por todas partes rastros de las prolongadas guerras, donde los escitas «nómadas» no practicaban el bandolerismo, sino que vivían de los tributos que reclamaban a las poblaciones locales, y si no obedecían, las atacaban.[2]

Para controlar Oriente, Antonio usó una fórmula ya aplicada por Pompeyo y César: una sabia mezcla de diplomacia y de agresividad militar. Tras el acuerdo de Tarento, por razones que se nos escapan, decidió poner fin a la dinastía del gran Mitrídates y reemplazó a Darío, el rey a quien él mismo había entregado la diadema, por Polemón, un personaje que no tenía ni títulos nobiliarios ni arraigo en el territorio. El hermano de Darío, Arsaces, trató de recuperar sus territorios, pero fue asediado en la fortaleza de *Sagylion* por Polemón y Licomedes, gran sacerdote de Comana del Ponto, al que, al parecer, Antonio había concedido un título real.[3] En torno a la misma época, el trono de Galacia fue entregado a Amintas. Cástor II, el nieto de Deyótaro, que le había sucedido a su muerte en el año 40, murió o fue apartado. A raíz de este cambio dinástico, Antonio ofreció la Paflagonia a Deyótaro Filadelfo, hijo de Cástor II.[4]

Antonio había confiado Asia a C. Furnio, militar y administrador muy competente. Después de los estragos de la guerra contra los cesaricidas y las exacciones de Labieno, las ciudades de esta provincia estaban recuperando su antigua prosperidad; en

Antonio y Cleopatra en una moneda acuñada en el año 34 a. C.

Éfeso, Antonio tenía que hacerse perdonar su impiedad respecto al santuario de Artemisa, cuyos límites sagrados había violado para eliminar a Arsínoe. Así pues, hizo extender el perímetro en cuyo interior se podía solicitar derecho de asilo y creó una inmensa zona de inmunidad que, por otra parte, podía ser útil para los intereses de sus protegidos.[5] Antonio cultivó sus vínculos con los aristócratas locales, que por lo menos en un caso parece que fueron relaciones familiares: el riquísimo asiarca (presidente de la liga de las ciudades de la provincia de Asia) Pitodoro de Trales se había casado con una Antonia, hija de Cayo o más probablemente de Lucio Antonio.

Los adversarios de Antonio insisten en el hecho de que el triunviro eligió para su reorganización de Oriente a los personajes menos presentables de su entorno: el tañedor de cítara Anaxenor, ciudadano de Magnesia del Meandro y artista de teatro, fue nombrado recaudador de impuestos de cuatro ciudades de Asia y se le otorgó una escolta armada. Sus conciudadanos lo honraron con el sacerdocio de Zeus Sosípolis (salvador de la ciudad) y dos estatuas, una en el ágora y la otra, de bronce, en el teatro: Estrabón, que visitó Magnesia, no deja de mencionar las faltas gramaticales de la inscripción. No obstante, Anaxenor fue recompensado por su ciudad como evergeta (benefactor).[6] Como buen moralista, Plutarco evoca una camarilla de artistas como Anaxenor: el bailarín Metrodoro y el flautista Sutos (estos últimos no están documentados en ningún otro sitio), auténticos cortesanos.[7] En realidad, los artistas, sobre todo los más dotados y aclamados, desempeñaban un papel importante en la red de ciudades de Asia Menor; a partir del siglo IV, a menudo eran utilizados como embajadores a causa de su celebridad.

Algunas ciudades fueron castigadas, como Heraclea del Ponto, donde Antonio instaló una colonia romana. El resto de la ciudad fue confiada al gálata Adiatórix.[8] Un fragmento del historiador Memnón de Heraclea rememora la actividad de un notable de la ciudad, Britágoras, para atraerse los favores de «Cayo Julio César» (Octaviano), acariciando «la esperanza de conseguir para los suyos la condición de pueblo libre»: partió pues en misión diplomática a Roma, donde «el *autokratōr*, es decir, el triunviro, lo trató de tal modo que podía entreverse que acogería su petición con benevolencia».[9]

Durante este tiempo, Sosio se ocupó de reorganizar la provincia de Siria, además de una parte de la Cilicia que se le había confiado. Conforme a la versión difundida por Octaviano, no habría «llevado a cabo nada destacable» para no suscitar los celos de Antonio.[10] Una parte de la antigua provincia de Cilicia estaba bajo el control de Cleopatra, que también había obtenido Chipre y Fenicia, Siria Coele, Iturea y la Arabia Nabatea.[11] Por supuesto, oficialmente, todas estas medidas se derivaban de la voluntad unánime de los triunviros. En Cilicia, la ciudad de Tarso había sufrido particularmente las campañas militares: el notable Boetos, que, después de la batalla de Filipos, había compuesto un poema en honor de Antonio, fue ascendido a gimnasiarca. Para Estrabón, era tan mal poeta como mal ciudadano: fue acusado de haber desviado una parte del aceite destinado a los gimnasios y juzgado por Antonio, pero ganó el juicio gracias a sus adulaciones.[12]

Había también que recompensar a los griegos que habían combatido por los triunviros. Una larga inscripción griega hallada junto a la ciudad de Rosos, en las cercanías de Antioquía, presenta una serie de textos fechables entre los años 42 y 30. El segundo nos informa sobre los honores conseguidos por el almirante (*nauarchos*) Seleuco en virtud de una ley del 42, la *lex Munatia Æmilia*. Este obtuvo la ciudadanía romana, que le fue otorgada también a sus padres y descendientes, además de la inmunidad total, la exención de tributos y una serie de privilegios legales.[13] Probablemente, Seleuco había estado al mando de una de las naves entregadas por Antonio a Octaviano para la guerra contra Sexto Pompeyo. En otras palabras, Seleuco había combatido en el bando equivocado y se le podría haber considerado un «pirata», al igual que el famoso Menodoro, quien por su parte se redimió gracias a los servicios prestados a Octaviano; convertido en ciudadano romano, entró en el orden ecuestre. Sin duda, Seleuco regresó a casa al frente de una de las embarcaciones que Octaviano había devuelto a Antonio (setenta de ciento veinte), que fueron empleadas para perseguir a Sexto Pompeyo.[14]

Por último, no hay que subestimar la práctica, cada vez más habitual, de otorgar beneficios (como la concesión de la ciudadanía romana) a los partidarios de Antonio y de Octaviano: una práctica que no agradaba a los romanos más conservadores y que Pompeyo y Julio César habían contribuido a difundir. Se aplicaba con gran facilidad debido al enorme poder de los triunviros. Además, el nuevo romano podía conservar su antigua ciudadanía.

Antonio se dirigió a Siria, donde convocó a Cleopatra y reconoció, de acuerdo con el derecho egipcio, a los gemelos nacidos de su relación: Alejandro Helios y Cleopatra Selene, cuya educación había sido confiada a un tal Eufronios.[15] De este modo, al mismo tiempo que mantenía su unión estable con Octavia, asumía a ojos del pueblo de Alejandría prerrogativas idénticas en todos los aspectos a las de un Ptolomeo, es decir, de un rey-faraón. No obstante, en el resto de Egipto fue casi ignorado, señal de que a ojos de los sacerdotes su situación no se ajustaba a la tradición. En el Oriente que gravitaba en la órbita romano-egipcia circularon monedas con los retratos de Cleopatra y Antonio, difundiendo el carácter oficial de su unión. En esta ocasión, la ciudad de Antioquía, según una tradición extendida en Oriente, modificó provisionalmente su propio sistema de cálculo cronológico, basado hasta entonces en la era de Pompeyo. Sin embargo, esta nueva era en la que el año 1 empezaba el 1 de septiembre del año 37 no llevaba el nombre de Antonio, sino el de la reina Cleopatra.

Este cambio inauguraba una nueva fase del reinado de Cleopatra, que coincidía precisamente con su matrimonio con el triunviro. En el momento de la boda, la pareja concibió otro hijo, que nació en el verano del año 36 y al que se le impuso el nombre de Ptolomeo Filadelfo. Evidentemente, esta unión no tenía ningún valor jurídico a ojos de los romanos, puesto que respondía sobre todo al deseo de Cleopatra de reforzar su carisma y el de Antonio. Además, sus relaciones adquirían una importancia particular a ojos de los egipcios porque constituían una *hierogamia* (matrimonio sagrado) inspirada en las divinidades de Isis y Serapis (que los griegos asimilaban a Afrodita y Dioniso, en la interpretación griega). Esto confería a Antonio el carisma necesario para que su autoridad militar fuese aceptada y, al mismo tiempo, quedase reforzado el poder de Cleopatra como reina tanto ante los egipcios como ante los macedonios y los griegos. Efectivamente, de acuerdo con una tradición helenística, los poderes de una soberana estaban limitados, incluso para alguien tan enérgico y determinado como Cleopatra. Una reina (*basilissa*) solo era considerada como tal en calidad de esposa o madre del *basileus* gobernante: Ptolomeo XV, llamado Cesarión. Los esponsales sagrados de Cleopatra con Antonio contribuían, pues, a consolidar la base religiosa de su autoridad. Por otro lado, no hay que olvidar que, en Roma, en el año 43, se había consagrado un templo a Isis y a Serapis, por la voluntad de los tres triunviros.[16]

Semejante maniobra no podía pasar desapercibida, y Octaviano sin duda estaba informado. No hay que excluir tampoco que los dos triunviros lo hubieran decidido de común acuerdo durante las negociaciones de Tarento. El matrimonio de Antonio con Octavia permanecía sólido. Para los romanos, en efecto, el valor principal de las relaciones conyugales residía en la *concordia*, situación que describía perfectamente esta unión. En Roma la esposa legítima se ocupaba de los asuntos de su marido y sobre todo contribuía a manejar las difíciles relaciones que mantenía con su cuñado. En la actualidad, una unión de este tipo se consideraría un matrimonio de fachada, porque está basado en la conveniencia, pero en la Roma antigua la situación era muy distinta.

En realidad, el vínculo entre Antonio y Cleopatra respondía a dictados políticos. Quien quisiera gobernar Oriente tenía que adaptarse al sistema de gobierno de tradición griega o romana y no ejercer nunca un control directo, sino más bien una hegemonía imperialista que consistía en supervisar los equilibrios políticos y recaudar impuestos. En Oriente, los gobernantes ostentaban el título de rey, e incluso los menos poderosos poseían un carisma religioso que les garantizaba la fidelidad de los súbditos y la sumisión de los nobles. Roma tenía mucho interés en respetar estas tradiciones. Además, la amenaza parta había sembrado inestabilidad en el equilibrio instaurado por Pompeyo y había que distender las relaciones con la potencia económica de Egipto y su influyente reina, subrayando esta polaridad entre Roma y Alejandría que había caracterizado todo el período helenístico. César había comprendido esta exigencia tan bien que, por el momento, Antonio retomaba su discurso, interrumpido por la guerra civil, y recogía el legado político del dictador (y, en Asia Menor, el de Pompeyo). El carácter enérgico de Cleopatra y su carisma sobre sus súbditos la convertían en una aliada importante para Roma. A diferencia de los otros Ptolomeos, ella poseía un excepcional don para la diplomacia, cosa que, en Oriente, resultaba capital.

Un relieve de *Praeneste* (hoy Palestrina, una ciudad santuario situada a unos cuarenta kilómetros al este de Roma) que data de la segunda mitad del siglo I a.C., conservado en los Museos Vaticanos, representa a unos oficiales en el puente de una birreme de guerra de tipo helenístico; un cocodrilo apoyado sobre la proa se ha interpretado como una referencia a la guerra de Octaviano contra Cleopatra y a la batalla de Accio, pero es más probable que represente una embarcación egipcia comandada por Antonio (bajo cubierta).

Entretanto, en el 37 a.C., Orodes II acababa de morir después de abdicar en favor de su hijo Fraates (Frahād) IV, al que acusaban de haberlo asesinado. Bajo Augusto, Pompeyo Trogo presenta así al nuevo enemigo de Roma: «Considerando que su padre se obstinaba en no morir, se apresuró a matarlo, e hizo degollar también a sus treinta hermanos. Ni siquiera se detuvo ante sus propios hijos para cometer parricidio. De hecho, al ver que los mayores le eran hostiles debido a sus continuos crímenes, para evitar que algún otro fuera designado rey, dio la orden de matar a su hijo ya adulto».[17] Fraates ordenó masacres de aristócratas, pero el noble Moneses (Manēč) se refugió junto a Antonio, que al parecer lo recompensó con tres ciudades del este de Siria: *Larisa*, *Arethousa* y Hierápolis.[18] Informado, sin duda, de la sucesión violenta de Fraates, Antonio trató de comprar a Moneses, y no podemos excluir la posibilidad de que le prometiera el reino de los partos.[19] No obstante, al no pertenecer Moneses a la dinastía real de los arsácidas, difícilmente habría podido obtenerlo, incluso en caso de victoria romana: por consiguiente, nos cuesta creer esta historia. Moneses regresó a su patria con embajadores enviados por Antonio para reclamar las insignias militares arrebatadas a las legiones de Craso y de Decidio Saxa.

En cualquier caso, Antonio necesitaba un pretexto oficial para atacar a los partos. La muerte de Pacoro había vengado la de Craso y su hijo (el otro hijo gobernaba Creta y la Cirenaica), pero la cuestión de las insignias y de los prisioneros permanecía abierta. Ya hemos mencionado a estos romanos (aunque sin aludir a un personaje en particular) a los que Horacio (que escribía cuando las negociaciones entre Augusto y los partos todavía no habían concluido) reprochaba haberse casado con mujeres bárbaras y haber elegido militar «en las filas de sus suegros». Según una hipótesis tentadora, pero poco probable, prisioneros de Carras habrían combatido en la frontera de China.

Antonio preparó el terreno en el Cáucaso. En la frontera podía contar con el apoyo de Polemón en el Ponto y de Arquelao en Capadocia. Pero sobre todo se concentró en restablecer las relaciones de amistad con Artavasdes de Armenia. Se decía que en el año 53 este último había sugerido a Craso cambiar de estrategia y pasar por Armenia en lugar de dirigirse a Mesopotamia e ir directo al desastre. El caso es que el rey se había visto obligado a revisar sus posiciones y a interrumpir el pacto de amistad con Roma impuesto por Pompeyo a su padre Tigranes. A lo largo de los siglos, el reino de la Gran Armenia no dejó de vacilar entre Roma y los partos, y algunos historiadores, más bien equivocadamente que con razón, lo han comparado con los «Estados tapón» de la era contemporánea. Es preciso rechazar este anacronismo y ajustarse a la fórmula de Tácito, para quien el pueblo armenio fue «siempre indeciso e inconstante (*ambigua gens ea antiquitus*), debido a su carácter y a la situación del país, que, pese a limitar durante largo trecho con nuestras provincias, penetra también hasta el territorio de los medos; al estar situado entre dos grandes imperios, los armenios se encuentran a menudo en contienda, con los romanos por odio y con los partos por envidia».[20]

Antonio envió al Cáucaso a su legado Canidio Craso, cuya actividad resume Plutarco de este modo: «Canidio, a quien había dejado Antonio en Armenia, venciendo a los de esta región y a los reyes de los íberos y los albanos, había llegado hasta el Cáucaso».[21] Más adelante, Plutarco recuerda que Canidio era un lugarteniente que tenía gran influencia sobre Antonio.[22] Este antiguo legado de Lépido en la Galia, después de Asinio Polión en la Cisalpina, fue uno de los antonianos más fieles. No sabemos gran cosa de este personaje, que obtuvo el consulado sufecto en el 40, pero es seguro que su primera campaña en el Cáucaso tuvo lugar antes del inicio de la expedición de Antonio en el año 36. Según Dion Casio, las operaciones de Canidio Craso se desarrollaron bajo el consulado de (L.) Gelio (Publícola) y (M. Coceyo) Nerva, por lo tanto en el año 36, a finales del invierno, entre enero y marzo. Canidio había vencido al rey de los íberos del

Dracma de Fraates IV.

Cáucaso, que habitaban en la zona central y oriental de la actual Georgia, y lo había convertido en aliado de los romanos: Dion Casio lo llama Farnabaces (Parnavaz), nombre que se remonta al fundador de la dinastía íbera. El rey aceptó apoyar a Canidio contra Zober, rey de la Albania caucasiana.[23]

Esto significa que Canidio debió de llevar a cabo la misma operación con Artavasdes de Armenia, que probablemente había tenido que someter al rey para obtener su apoyo con unidades de caballería ligera, seis mil catafractos (el mismo número de jinetes de élite que antaño había proporcionado a Craso) y siete mil soldados de infantería: además, Antonio habría aceptado sus consejos estratégicos.[24] Dion Casio fecha las operaciones contra los íberos y los albanos en el año 36: es probable que la campaña contra los armenios, con la sumisión de Artavasdes, tuviera lugar en el 37, justo después de las victorias contra los partos y las operaciones en la Comagene. Los auxiliares armenios se añadieron a las demás tropas suministradas por los reyes aliados para reforzar a los sesenta mil legionarios y jinetes auxiliares «íberos y celtas»: si los íberos son casi con toda seguridad íberos del Cáucaso, y no de Hispania, los celtas podrían ser auxiliares gálatas enviados por Amintas. Según Plutarco, este ejército había atemorizado a toda Asia, hasta la frontera del Imperio parto.[25]

Conforme a una tradición que se remonta sin duda a Tito Livio, Antonio tenía previsto pasar por Mesopotamia; sin embargo, al estar este territorio fuertemente vigilado, el triunviro habría seguido el consejo de Artavasdes de atacar la Media Atropatene, en la que reinaba otro Artavasdes que había partido para unirse a Fraates.[26] No hay que pensar en una desviación estratégica de Antonio, sino que sencillamente prefirió no repetir el error de Craso y aceptó el plan de ataque que Artavasdes ya había aconsejado a este último. Por otro lado, el epítome del libro CXXX de Tito Livio que relataba la campaña oriental de Antonio muestra que el triunviro había penetrado en la Media con retraso, porque antes había dado rienda suelta a sus retozos con Cleopatra y había aplazado su partida.[27]

Plutarco, por su parte, afirma que Antonio, tras enviar a Cleopatra de vuelta a Egipto, se dirigió a Armenia pasando por Arabia y Osroene.[28] En realidad, tuvo que consolidar su posición en Siria. Floro parece confirmar este itinerario en un pasaje en el que reprocha a Antonio su ambición desconsiderada: «Le gustaban los títulos y quería que debajo de sus estatuas figuraran los nombres del Araxes y del Éufrates, sin razón, sin reflexión, sin ni siquiera un simulacro de declaración de guerra, como si el hecho de deslizarse a hurtadillas hacia el enemigo formara parte también de la táctica de un general, de repente abandonó Siria y se lanzó sobre los partos».[29] Los ríos Araxes y Éufrates marcaban la frontera entre el *Imperium Romanum* —las provincias romanas y los reinos amigos— y el Imperio parto con sus reinos tributarios. Efectivamente, Plutarco escribe que Antonio, en lugar de pasar el invierno en Armenia, atacó enseguida la Media: en otras palabras, el triunviro se sirvió de la rapidez que había garantizado el éxito de César y permitido a Ventidio vencer a Labieno y a los partos. Sin embargo, Plutarco prefiere concentrarse en la fatiga de los soldados que acababan de realizar una marcha de ocho mil estadios (casi mil quinientos kilómetros). Por añadidura, el ejército romano tenía que transportar, en trescientos carros, las pesadas máquinas de asedio, entre las cuales había un enorme ariete.[30]

El lugarteniente de Marco Antonio, Q. Delio, el veterano de Oriente del que ya hemos hablado, que participó en la expedición, en la que estuvo al mando de un cuerpo, escribió un relato de esta campaña.[31] Delio precisó que dos mil cuatrocientos estadios, es decir, unos cuatrocientos treinta kilómetros, separaban la capital armenia de Artaxata y la residencia real de verano de *Gazaka* (Ganja).[32] Estrabón es el único autor que cita una obra en la que Delio habría relatado la campaña de Antonio, cuyos fragmentos pueden encontrarse en Plutarco y, probablemente a través de Tito Livio, en Dion Casio. El fragmento de Delio menciona la ciudadela de *Uera*, residencia de invierno del rey. Plutarco y Dion Casio hablan de una ciudad a la que llaman respectivamente Fraata y Fraaspa, donde se hallaba el harén del rey.[33] Plutarco y Dion Casio proporcionan descripciones bastante detalladas de la campaña; por último, Justino nos informa de que había cincuenta mil jinetes partos, de los que solamente cuatrocientos eran «libres» (es decir, pertenecientes a la pequeña nobleza de los *azād*).[34]

Antonio confió la custodia de la impedimenta y de una parte del ejército a su lugarteniente Opio Estaciano, apoyado por los auxiliares de Polemón del Ponto, y se lanzó contra la ciudadela. Al parecer, no deseaba utilizar maquinaria de guerra contra Media. Entretanto, Artavasdes de Armenia había regresado a su reino. Los partos y los medos pudieron así desbordar al ejército dirigido por Estaciano. Con la fuerza equivalente a dos legiones, mataron al comandante romano, hicieron prisionero a Polemón del Ponto y destruyeron las máquinas de guerra.[35] Antonio trató en vano de reaccionar y atacar a los partos, que utilizaban su táctica de hostigamiento sin presentar batalla campal contra el enemigo. Estos quedaron atónitos al ver las filas disciplinadas de los romanos, que mataron a muy pocos adversarios.[36] Tras haber restablecido la disciplina mediante duros castigos, entre ellos la *decimatio* de dos cohortes,[37] Antonio se concentró en el asedio de Fraata/Fraaspa. El rey Fraates, que sin duda temía la defección de Artavasdes de Media, envió mensajeros al triunviro, que, a su vez, le despachó una embajada. Sentado en su trono de oro, haciendo vibrar su arco, el rey recibió a los romanos con arrogancia. Antonio decidió retirarse, pero resulta difícil creer a Dion Casio, que lo acusa de cobardía e ingenuidad: «Temiendo a la vez el orgullo del personaje y convencido de que negociaría si se marchaba a algún sitio, se retiró sin destruir su maquinaria de asedio como si se encontrara en un país amigo».[38] En realidad, no tenía elección.

Atacado por los temibles arqueros partos, Antonio consiguió neutralizarlos utilizando la célebre táctica de la tortuga: «Bien armados atacaban a quienes no llevaban armadura, bien preparados, atacaban a quienes no se lo esperaban, legionarios contra arqueros, romanos contra bárbaros, de modo que los partos supervivientes se retiraron enseguida y ya no los persiguieron más».[39]

A menudo se ha dicho que con esta expedición en Oriente Antonio pretendía seguir los pasos de Alejandro Magno. La anécdota de la tortuga, que destaca la superioridad de las técnicas romanas de combate, parece revelar, por el contrario, su preocupación por parecer ante todo un señor de la guerra romano, a imagen y semejanza de César o de Pompeyo. Por primera vez un ejército romano, privado de sus auxiliares orientales, resistía a los enemigos que habían aplastado a Craso con este tipo de táctica.

En definitiva, para Antonio, la *imitatio* de Alejandro se limitaba a sus pretensiones de la descendencia divina de Heracles y Dioniso. Sin embargo, su ejército no perdía su identidad romana. En cuanto al propio triunviro, no se encontraba en la corte de Cleopatra ni tenía interés alguno en ofender la sensibilidad de sus oficiales y la de sus soldados italianos. En cualquier caso, habría sido imprudente por su parte mostrar su ejército bajo su verdadera luz: el contingente multiétnico de una coalición romano-egipcia cuya misión era consolidar la entidad geopolítica que había diseñado con Cleopatra. Para la propaganda, los legionarios de los triunviros tenían que aparecer como los vengadores de Craso, que venían a recuperar el honor perdido en Carras. Quien considerase a Antonio como «el último príncipe helenístico», subestimaba su vínculo con los soldados.

Un nuevo testimonio del aspecto «italiano» que cultivaba Antonio se encuentra en las fuentes de la retirada romana hacia Armenia, documentada por Tito Livio. Según Estrabón y Plutarco, los romanos habrían seguido un recorrido aconsejado por un guía de origen mardo. Este pueblo, los mardos, probables antepasados de los kurdos actuales, vivía entre Armenia y Media y estaba dispuesto a favorecer a los romanos, ya fuera por temor a represalias, ya por cálculo político. Veleyo Patérculo y Floro nos ofrecen otra versión de la historia y relatan el destino ejemplar de un legionario superviviente de Carras, que sustituyó dignamente a la figura más digna de fe del guía mardo.[40]

Al parecer, este legionario habría llegado al campamento romano de noche y evitado a Antonio la debacle indicándole una vía de escape a través de los bosques. Floro precisa: «Un superviviente del desastre de Craso, vestido de parto, cabalga hacia el campamento: tras saludar a nuestros soldados en latín y haberles inspirado confianza por la lengua que hablaba, les informó del peligro que les aguardaba: "Pronto llegará el rey con todas sus tropas; tenían que retroceder y alcanzar las montañas; puede que ni así lograsen evitar al enemigo"». Por supuesto, las diferentes versiones de este episodio carecen de cierto fundamento histórico. No obstante, la historia del prisionero providencial tocaba la fibra sensible que no podía sino agradar a las familias romanas que tenían miembros aún prisioneros de los partos. Anécdotas de este tipo contribuían a reforzar la imagen que Antonio quería dar a su campaña. Había resistido a los partos gracias a tácticas totalmente romanas: en la tradición latina, su guía no podía ser otro que un superviviente de Carras, que le permitiera presentarse como digno heredero de la tradición republicana. En cierto modo, el triunviro tenía que conservar el modelo ideológico del estilo militar de antaño, debidamente respetado por César: un modelo que, en aras de los valores romano-italianos, despreciaba y consideraba como extranjero y bárbaro todo aquello que se salía del marco tradicional. Esta elección podría estar en contradicción con la pasión de Antonio por el estilo helenístico y sus inclinaciones orientales. En aquella época de cambios radicales, los protagonistas de la escena política tenían dificultades para imponer un comportamiento coherente. Después de todo, puede que Plutarco, al consultar su fuente, corrigiera la información confiando en su buen sentido y mencionase a un «mardo» en vez de un «marso». Horacio dice, efectivamente, que entre los italianos del ejército de Craso había también un contingente del pueblo de los marsos, que vivía en lo más recóndito de los Apeninos, en los Abruzos actuales: temibles guerreros que, dos generaciones antes, en tiempos de la guerra social de los años 91-89 a.C., habían puesto las cosas muy difíciles a los romanos.

Pese al incontestable fracaso de su expedición, Antonio fue aclamado *imperator* por tercera vez por sus soldados durante la retirada. Plutarco confiesa que ningún señor de la guerra de aquella época había reunido un ejército mejor de jóvenes valientes y resistentes.[41] Esta desgraciada campaña se saldó, sin embargo, con cuantiosas pérdidas humanas: de veinte a treinta mil hombres, incluidos legionarios y auxiliares. Después de una difícil retirada a través de las montañas del sur del Cáucaso, Antonio se vio constreñido a pasar el invierno en Armenia y a aceptar la ayuda de Artavasdes, a quien atribuía la responsabilidad de la traición. La economía de Cleopatra le permitió pagar el salario de sus legiones y, sin duda por esta razón, partió hacia Egipto,[42] pero aún no había terminado con Artavasdes de Armenia.

10

El fin del joven Pompeyo. Las guerras del joven César

Mientras que Antonio combatía en la Media Atropatene, Sexto Pompeyo se había marchado a Asia Menor; el gobernador Furnio, que había sido amigo del gran Pompeyo, no lo atacó abiertamente, porque parecía que Sexto estaba dispuesto a entregarse a Antonio. Según Apiano, que dedica la última parte de sus *Guerras civiles* al fin de Sexto, este último recobró las esperanzas «al enterarse de que Antonio había sido derrotado —y los rumores amplificaron el suceso: o bien sucedería a Antonio si este estaba muerto, o bien se asociaría con él si regresaba. Además, tenía continuamente en la cabeza a Labieno, que, poco antes, había llevado a cabo ataques en Asia».[1] Sexto había enviado embajadas a Antonio, pero también a los reyes de Tracia y del Ponto, y «a los partos, con la esperanza de que, para finalizar la guerra contra Antonio, lo acogerían con agrado como general, dado que era romano y sobre todo hijo de Pompeyo Magno».[2]

El rey de los tracios era probablemente Cotis VII, hijo de Rascuporis o Rescuporis: como ya hemos visto con ocasión de la batalla de Filipos, su padre y su tío habían llevado una especie de doble juego. No obstante, es difícil creer que Polemón del Ponto, pese a haber sido liberado por los medos, recibiera la solicitud de Sexto: este último pensaba en otros dinastas del mar Negro. En cuanto a los mensajeros enviados a Fraates, jamás llegaron a su destino. Fueron capturados por los hombres de Antonio y conducidos a Alejandría, donde el triunviro los mostró a los embajadores de Sexto. Antonio fingió creer en su buena fe, pero envió contra él al cuestor M. Titio, uno de sus lugartenientes en la campaña oriental.[3] Titio, sobrino de Munacio Planco, tenía cuentas pendientes con Sexto Pompeyo, cuyo lugarteniente Menas o Menodoro lo había capturado en el año 40. Sexto lo había salvado por su amistad con el padre de Titio, afectado por las proscripciones de los triunviros. Para colmo de ingratitud, ahora le hacía la guerra. Según Dion Casio, Titio era un personaje ambivalente: un ambicioso desprovisto de cartas de nobleza, que, en el momento de ser capturado por el almirante de Sexto, «estaba reuniendo naves para hacerse con el poder» —en pocas palabras, un aspirante más a señor de la guerra.[4]

Cuando Antonio comprendió las intenciones belicosas del hijo de Pompeyo, movilizó contra él al gálata Amintas y a Domicio Enobarbo. Este último frustró un intento de asesinato o de secuestro por parte de un tal Curio, miembro de su séquito, que Sexto había reclutado para su causa. Entonces Sexto decidió atacar y ocupó Lámpsaco, desde donde podía controlar los Dardanelos con su flota. Desde esta base, atacó el puerto de Cícico por tierra y por mar, aunque sin éxito. A continuación, apoyado por los habitantes de la región, que no soportaban las exacciones de los romanos, se lanzó contra el campamento de Furnio. Después se apoderó de Nicomedia y Nicea. Entretanto, llegaron procedentes de Italia refuerzos de caballería (Apiano destaca el papel de intermediario desempeñado por Octavio, que se encontraba en Atenas). Sexto trató de comprarlos, pero los hombres enviados para convencerlos con oro fueron interceptados por el gobernador de Macedonia.[5] Paralelamente, Sexto quedó atrapado en tenaza por dos flotas triunvirales: por un lado, setenta barcos procedentes de Sicilia, por el otro, Titio, que llegaba de Siria. Los generales y senadores que hasta entonces habían permanecido fieles a Sexto (entre ellos Casio de Parma, el último cesaricida) se aliaron con Antonio.

Acosado por Furnio, Titio y Amintas, Sexto, que había mandado incendiar sus naves, tomó la ruta interna de Bitinia: se decía que tenía previsto refugiarse en Armenia. Apiano parece que no se lo cree,[6] pero esta información no es absurda, puesto que Pompeyo Magno había permitido a Tigranes, el padre de Artavasdes, conservar su reino. Para trasladarse de Bitinia al territorio controlado por los partos, Armenia era una etapa casi obligada. Semejante hipótesis podía resultar útil a los intereses de Antonio y permitirle acusar a Artavasdes de Armenia de traición e inculparlo de sabotear su campaña oriental. En un capítulo digno de una de las declamaciones que se aprendían en las escuelas de retórica, Apiano escenifica el diálogo entre Furnio y Sexto, ambos en orillas opuestas de un río no identificable, en algún lugar de la Bitinia profunda o en Frigia. Furnio instaba a Sexto a entregarse a manos de Titio, pero Sexto se negaba a conceder este honor a un hombre ingrato que «no tenía nada de noble», ni de notable. Si Furnio no lo aceptaba, él estaba dispuesto a entregarse a un no romano como Amintas. A fin de cuentas, fue la caballería gálata la que quebró la última resistencia de los hombres de Sexto, quien efectivamente se entregó a Amintas, pero finalmente fue degollado por Titio, a los cuarenta años de edad.[7] Al final de las *Guerras civiles*, Apiano resume así la situación: «Pompeyo había muerto y Antonio emprendía una nueva campaña en Armenia, mientras que César partía para enfrentarse a los ilirios, que se dedicaban al pillaje en Italia; algunos de ellos todavía no se habían sometido a los romanos y otros se habían sublevado durante las guerras civiles».[8] Dicho de otro modo, los únicos señores de la guerra que podían rivalizar en carisma con Antonio y Octaviano estaban fuera de juego, Lépido apartado y Pompeyo el joven eliminado. Todo estaba a punto para concluir el antiguo proyecto de César, pero con un cambio de estrategia: en vez de una sola expedición con una serie de campañas consecutivas, había dos frentes abiertos al mismo tiempo.

La polarización entre Oriente y Occidente era ahora un hecho consumado. Un fragmento del tratado *El establecimiento de los límites*, del agrimensor Higinio, documenta que «el divino Augusto, asimismo, después de haber aportado la paz al universo entero, estableció en calidad de colonos a los ejércitos que habían combatido bajo Antonio y Lépido, así como a los soldados de sus propias legiones, a unos los asentó en Italia, a otros en las provincias».[9] Higinio se refiere, evidentemente, al inicio del Principado, pero esta situación ya se había instaurado en el año 36 a. C., tras la caída política de Lépido. De acuerdo con Antonio, que había conseguido la flota que le permitió zanjar sus cuentas con Sexto Pompeyo, Octaviano renunció a la idea de trasladarse a África. Encargó, pues, la misión a T. Estatilio Tauro, cónsul sufecto en el año 37, quien, tras haber pacificado Sicilia, había sido nombrado procónsul de las dos provincias de África. Sus operaciones militares le valieron un triunfo *ex Africa* que celebró en el 34.[10] Poco después, Estatilio Tauro participó en la campaña iliria de Octaviano.

Ya hemos señalado la importancia estratégica de los Balcanes, zona sensible afectada por la guerra civil entre César y Pompeyo. No obstante, no sabemos gran cosa de la organización política de este territorio, habitado por aquellos a los que un moderno denominaría «pueblos sin historia». Algunos años antes, en tiempos de la guerra de Perusa, L. Marcio Censorino y después Asinio Polión habían combatido contra los dálmatas.[11]

En su librito dedicado a Iliria, Apiano declara respecto a los panonios que los griegos los llamaban peonios: ahora bien, estos últimos eran un pueblo tracio-ilírico situado al norte de Macedonia.[12] Según Apiano, las primeras informaciones sobre los panonios se remontan a la *Autobiografía* perdida de Augusto, una de sus fuentes principales, una obra de trece libros que relataba las guerras de Octaviano , o Augusto, hasta las campañas hispánicas, por lo tanto hasta el año 25.[13]

Como Antonio no había conseguido recuperar las insignias perdidas por el ejército de Craso, Octaviano deseaba hacerse con las que Gabinio había dejado en manos de los dálmatas en el año 48 para afirmar su talento militar, al contrario que el de los lugartenientes de Antonio, que habían fracasado, muestra de la «inercia» (*apraxia*) de su rival.[14] Era un elemento importante de la propaganda de Augusto: en sus *Res gestae*, enumera estas insignias recuperadas bajo su principado, de Occidente a Oriente: «Recuperé muchas enseñas militares romanas perdidas por otros generales, de enemigos vencidos en Hispania, en Galia, y de los dálmatas. Obligué a los partos a restituir el botín y las enseñas de tres ejércitos romanos y a suplicar la amistad del pueblo romano».[15] Los tres ejércitos humillados por los partos eran el de Craso en el año 53, el de Decidio Saxa en el 40 y por último el de Marco Antonio en el 36: las enseñas fueron recuperadas en el año 20. Ignoramos quién las perdió en Hispania y en Galia, pero Apiano (en otras palabras, Augusto) precisa que las arrebatadas a los dálmatas eran las de Gabinio.[16]

Los dálmatas vivían en Iliria, que era una provincia romana, no a nivel administrativo sino como zona de operaciones en un conjunto más amplio: desde el territorio de los salasianos, en los Alpes occidentales, hasta la línea de demarcación de *Scodra* que delimitaba las competencias territoriales de los dos triunviros, en los confines de la provincia de Macedonia. El joven César podía contar con el apoyo de buenos lugartenientes: Agripa, M. Cicerón el Joven, Estatilio Tauro y el incombustible Menas/Menodoro, convertido en caballero romano y ciudadano libre a todos los efectos. En cierto modo, Menodoro había sido blanqueado de su pasado de liberto, cosa que le permitía cenar en la misma mesa que Octaviano.[17] Es el primer testimonio de un procedimiento llamado *restitutio natalium*, «restitución del nacimiento», aún más extraordinario que la «restitución de la integridad jurídica» que un magistrado concedía a un ciudadano caído en desgracia, por ejemplo, por haber sido prisionero. Julio César había aplicado esta última medida con bastante libertad en favor de sus protegidos. Su heredero, sin duda en virtud de la ley *Titia* que había regulado los poderes de los triunviros, podía en adelante ascender a semejante aventurero, que, a partir de aquel momento, por lo menos teóricamente, podría conseguir incluso una magistratura. Después de todo, Menodoro había sido esclavizado y luego liberado por Pompeyo Magno: merecía la plena libertad, lo que contribuía a su credibilidad como almirante. No importa que se le hubiera elevado al rango ecuestre: los soldados romanos difícilmente habrían tolerado a un comandante que tuviera el estatus de liberto.

Según Apiano y Dion Casio, parece que la estrategia desplegada por Octaviano planeaba ataques múltiples, tanto por tierra como por mar: algunos lugartenientes de Octaviano eran almirantes experimentados como Agripa, Estatilio Tauro y, por supuesto, Menodoro. Los romanos habían sufrido la guerra contra los «piratas» de Iliria. Para controlar el Adriático del norte, había que derrotar a la flota de los liburnos, un pueblo que se servía de embarcaciones ligeras, en latín *liburnae*, que les permitían maniobras rápidas en el archipiélago de las costas dálmatas.

Tras haber reunido toda la información de que disponía sobre la historia de los pueblos balcánicos antes de las campañas de Octaviano, Apiano no puede evitar sorprenderse: «Me parece que, además de las tribus ilíricas de las que ya he hablado, había otras que ya habían estado sometidas a los romanos antes de su época. Pero ¿de qué manera? No lo he podido descubrir (Augusto, en efecto, no ha dejado por escrito los hechos ni las gestas de los demás, solamente las suyas)».[18] Es difícil llevar a cabo una reconstrucción histórica, sobre todo porque la situación en los Balcanes había cambiado tras la desaparición del escenario político del dacio Burebista. Nuestra única fuente es un fragmento de Estrabón, que resume rápidamente los acontecimientos ya mencionados en sus *Comentarios históricos* perdidos, aunque no nos proporciona referencias cronológicas. Afirma que este soberano fue depuesto por conspiradores antes de que los romanos pudiesen lanzar una campaña contra los dacios, sin precisar si fue asesinado, encarcelado o desterrado. A su muerte, el imperio de los getas quedó repartido en cuatro sectores (Estrabón no lo precisa), que más tarde se extendieron a cinco. De todos modos, «esta clase de particiones son esencialmente temporales y varían según las circunstancias».[19] Los sucesores de Burebista no fueron capaces de mantener la unidad de su imperio. Sin él, los Balcanes ya no constituían una verdadera amenaza para el orden romano, pero las incursiones de las tribus balcánicas no eran menos temibles para la Iliria y la Macedonia romana. No obstante, había un problema de orden estratégico: las operaciones de Octaviano no solo implicaban a los pueblos que se encontraban más allá de su propia zona de control. Ignoramos las consignas de Antonio al gobernador de Macedonia, y quizás no sea ninguna casualidad que las fuentes no nos informen de su identidad.

En cualquier caso, las campañas militares de los años 35/33 lanzaron las bases de la expansión a las futuras provincias de Panonia y Dalmacia. Octaviano perseguía la política de César en la Galia Cisalpina y trataba de resaltar sus conquistas más o menos destacables y sus victorias sobre una serie de pueblos y de tribus más o menos importantes: *carni*, *tairisci*, *iapodas*, *segestani*, etcétera. ¿Constituían estos pueblos una verdadera amenaza para el orden romano? Sin duda, los movimientos de estas tribus perturbaban las negociaciones comerciales. Además, los puertos del Adriático con los que Roma podía contar eran enclaves en el seno de los territorios ilíricos. Apiano menciona cifras bastante importantes, y aunque este autor tiende a la exageración, el número de cien mil guerreros panonios es razonable.[20]

En su narración, Apiano habla de «Iliria» para designar el conjunto de la región, pero nombra los pueblos uno a uno. Las fuentes indican las tres etnias más importantes que se opusieron a la invasión romana; los *iapodas*, los dálmatas y los panonios.[21] El triunfo de Octaviano (celebrado al final de las guerras civiles) fue documentado como un solo triunfo sobre Iliria/Dalmacia. Se pone en escena a un triunviro dispuesto a defender Italia contra la presunta amenaza de los pueblos de los Alpes y los Balcanes, en contraste con la «inercia» de Antonio. Augusto/Apiano enumera los pueblos «que le causaron más dificultades», empezando por los salasianos, que ocupaban el actual valle de Aosta y controlaban yacimientos de oro bastante importantes. Habitaban «las cumbres de los Alpes, montañas difícilmente franqueables a las que se accede por un paso estrecho y arduo, gracias al cual eran independientes y exigían el pago de un canon a quienes atravesaban la región». Sometidos por César y obligados a pagar tributo a Roma, los salasianos aprovecharon los desórdenes acontecidos tras los idus de marzo. Antes de la campaña de Octaviano, esta región había sido confiada a C. Antistio Veto, veterano de César que en el año 45 había combatido contra Cecilio Baso para después abrazar la causa de los cesaricidas; después de Filipos, los triunviros lo perdonaron. Durante dos años, Veto bloqueó a los salasianos apoderándose de los desfiladeros alpinos e impidiéndoles abastecerse de sal.[22] Estas operaciones suelen fecharse al inicio de la campaña de Octaviano, entre el 35 y el 34, pero nada nos impide fecharlas con anterioridad, un poco después de las operaciones de L. Antonio que le valieron el triunfo en el año 41.

La pacificación de los sectores alpinos no quedó del todo afianzada hasta comienzos del principado de Augusto, en el año 25. En su descripción de los Alpes, Estrabón afirma que «en los tiempos en que ejercían su poderío, los salasianos tenían la plena y total propiedad de estas minas, de la misma manera en que eran los únicos dueños de los pasos en esta parte de los Alpes. [...] Hasta estos últimos tiempos, los salasianos han vivido con los romanos en una alternancia continua de hostilidades y treguas, conservando, sin embargo, una cierta potencia y causando mucho daño, mediante sus pillajes, a quienes tenían que pasar por sus tierras para atravesar los Alpes. Así, cuando Décimo Bruto huyó de *Mutina*, tuvo que pagarles, para él y su gente, un dracma (un denario) por cabeza».[23]

Tras la marcha de Antistio Veto, los salasianos recuperaron el control de su territorio. Expulsaron a las guarniciones romanas y almacenaron gran cantidad de sal. Con ocasión de las campañas de Octaviano, tuvieron que hacer frente a Mesala, aquel antiguo proscrito que se había unido a los triunviros y desempeñado un papel fundamental en los acuerdos de *Brundisium*. Estrabón cuenta que «cuando Mesala instaló su cuartel de invierno en sus proximidades, no pudo conseguir más que a precio de oro la madera que necesitaba, tanto la leña de quemar como la madera de olmo para fabricar las astas de las jabalinas y las armas para ejercitar a los soldados. Es más, incluso se atrevieron, un día, a robar el dinero de los impuestos y, más de una vez, fingiendo que trabajaban en la reparación de sus carreteras, o tendiendo puentes sobre los torrentes de los Alpes, hicieron rodar enormes bloques de rocas sobre destacamentos en marcha».[24] Finalmente, Mesala «los subyugó mediante la hambruna».[25]

En la parte oriental de los Alpes había que continuar la labor de César. Porque, aunque sus *Comentarios* relatan principalmente las campañas realizadas contra los galos, los germánicos y los bretones, no hay que subestimar la importancia estratégica de la Cisalpina, donde los lugartenientes del procónsul de las Galias y de Iliria tenían que vigilar el sector del arco adriático. En el año 52, mientras César derrotaba a Vercingétorix, los *iapodas* rompían su tratado de amistad con Roma atacando la colonia de Aquilea y el puerto de *Tergeste* (Trieste), ocupado por ciudadanos romanos. Esta región era la menos segura de los Alpes: había que defenderla contra las invasiones de las poblaciones celtas vecinas que codiciaban las mercancías procedentes del este del Adriático, como el aceite de Histria. En el año 51, César tuvo que enviar a una legión, comandada por T. Labieno, para «proteger las colonias romanas de la Galia Cisalpina; temía que pudiera sucederles algún desastre parecido al de los tergestinos, que el verano anterior habían sido saqueados y destruidos a consecuencia de una irrupción».[26] Octaviano aspiraba a integrar la península de Histria, donde se producía aceite de excelente calidad, en la Cisalpina, convertida ahora en un territorio italiano. Una inscripción de Octaviano documenta la construcción de murallas y torres, señal de la transformación del pueblo de *Tergeste* en colonia romana. La mencionada inscripción es fragmentaria, pero una copia del Renacimiento muestra la titulatura completa del triunviro, que a partir del año 38 enarbolaba el *praenomen* de *Imp(erator)*, con el patronímico añadido de *divi filius*, «hijo del divinizado (César)».[27]

A partir de este momento, los Alpes constituían la nueva frontera de Italia, circunstancia que implicaba la concesión de la ciudadanía romana a todos los habitantes de la península. No obstante, a veces los indígenas seguían siendo ciudadanos de segunda clase, como en el caso de los *carni* y de los *catali*, dos pueblos vinculados (*adtributi*) a la ciudad de *Tergeste*: desde la creación de la colonia romana por Julio César, fueron adscritos a la ciudad sin por ello compartir todos los derechos reservados a los ciudadanos. Evidentemente, participaban en las actividades productivas y comerciales del territorio de *Tergeste*, pero desempeñaban un papel subalterno en el proceso de romanización, como otras comunidades locales situadas en las fronteras de la Italia romana. Su estatus era muy parecido a lo que hoy en día llamaríamos minoría étnica.[28] Sin duda, la persistencia de su estatus de ciudadanos de segunda clase era un efecto colateral del establecimiento de la colonia de *Tergeste*: la ocupación por parte de los colonos romanos no debió de ser indolora y probablemente los focos de resistencia solo se extinguieron con la llegada del gran ejército de Octaviano.

Augusto/Apiano atribuía gran importancia a las campañas contra la capital de los *iapodas*, *Metulum*, cuyos habitantes disponían de máquinas de guerra de fabricación romana, que habían recogido en el momento de la huida de Décimo Bruto.[29] Esta información, sin embargo, parece poco probable, porque, como ya hemos visto, Décimo Bruto fue abandonado por sus hombres en un territorio situado en la vertiente opuesta de los Alpes. *Metulum*, situado al norte del actual pueblo de Josipdol, en Croacia, fue asediado y tomado por los romanos liderados por Agripa y por el joven Cicerón; Apiano nombra también a un tal Lupo, al que llama *sômatophylax*, «guardaespaldas», una función equivalente al latín *speculator*, «explorador». De él solo se conoce el *cognomen*, *Aviola*. Otro lugarteniente importante era Fufio Gémino, al que se le confió la Panonia al final de la campaña.[30] Y siempre Menodoro.

Los habitantes de *Metulum* terminaron abriendo las puertas de la ciudad a los romanos, pero cuando estos les ordenaron que depusieran las armas, encerraron a las mujeres y a los niños en la sala del consejo antes de prenderle fuego y combatieron hasta el final. La destrucción de la capital incitó a los otros *iapodas* a someterse a Octaviano. Tras su partida, la tribu limítrofe de los posenos se rebeló, pero fue sofocada por un comandante llamado M. Helvecio, que ejecutó a sus jefes y redujo al pueblo a la esclavitud.[31]

Para las legiones romanas, un episodio sangrante como el de la caída de *Metulum* no tenía nada de extraordinario. En diciembre del año 51 a. C., durante su proconsulado en Cilicia, Cicerón había tomado el *oppidum* de *Pindenissus* al cabo de casi dos meses de sitio, tras una serie de masacres que le valieron el título de *imperator*. Por otra parte, este título le parecía fútil, por lo menos en relación con las hazañas políticas que esperaba llevar a cabo, y sobre todo en relación con el triunfo que el Senado no le concedió.[32] Desconocemos los detalles de la actividad del hijo de Cicerón en *Metulum*, puesto que no era más que uno de los lugartenientes de Octaviano, a partir de entonces *imperator* de por vida. Este, a pesar de sus heridas (en la pierna derecha y en los dos brazos), pudo alcanzar «la cima de la torre con las enseñas y mostró que estaba sano y salvo para evitar la confusión que podía provocar el rumor de su muerte».[33] Estas hazañas apenas tuvieron repercusión, porque *Metulum*, por más que fuera la capital más grande de los *iapodas*, no por ello era menos desconocida que *Pindenissus*. Al contrario que en Oriente, donde Marco Antonio se esforzaba por imitar a César, es decir, a Alejandro Magno. Estrabón describió así su territorio: «Su país contiene algunas ciudades, *Metulum*, *Arupini*, *Monetium* y *Vendon*; pero la tierra es pobre y para alimentarlos apenas produce espelta y mijo. Tienen la misma manera de armarse que los celtas y, con ello, la costumbre de tatuarse, común a todos los pueblos ilirios y tracios».[34]

La campaña continuó en Panonia, donde los panonios disponían de una fuerza militar bastante importante, cien mil hombres en edad de combatir, pero carecían de cohesión política. Según el compendio de Apiano, la *Autobiografía* de Augusto sin duda ofrecía descripciones de las costumbres de los pueblos enemigos, seguramente para imitar las descripciones etnográficas frecuentes en los *Comentarios* de César. Los panonios no vivían en ciudades, sino en pueblos y propiedades rurales. Sus comunidades formaban clanes familiares y, a diferencia de los galos y de los germánicos, no reconocían la autoridad de los jefes ni tenían salas de consejos. En cambio, dominaban su territorio cubierto de bosques, que les permitía hostigar a los invasores con acciones de guerrilla.[35] Dion Casio, que gobernó la región desde comienzos del siglo III d. C., describe así su estilo de vida «bárbara»: «De todos los hombres son los que tienen la existencia más miserable: en efecto, su territorio y el clima no son favorables, no producen ni aceite ni vino, sino muy poco y de muy mala calidad, dado que la mayor parte del tiempo viven en un invierno muy riguroso; sin embargo, tanto su alimento como su bebida los hacen de la cebada y el mijo. Aun así, nosotros los consideramos los más valientes de todos los bárbaros que conocemos. Son, efectivamente, muy violentos y sanguinarios, puesto que no tienen nada que les permita llevar una vida agradable. Lo sé, no por haberlo oído, ni siquiera por haberlo solo leído, sino porque lo he aprendido por experiencia como gobernador de su país».[36]

Sin embargo, fueron aplastados por la eficacia brutal de los romanos. Octaviano prosiguió con sus operaciones en el país de los *segestani*, una tribu panonia cuya capital *Segesta* (*Siscia* en latín, hoy Sisak) era una ciudad fortificada situada en la confluencia de los ríos Kupa, Save y Odra. El control de esta posición estratégica permitiría a los romanos atacar a los bastarnos y a los dacios, debilitados por la desaparición de Burebista. De acuerdo con el relato de Augusto/Apiano, los notables de la ciudad habían aceptado la ocupación romana y entregado a sus hijos en calidad de rehenes, pero el pueblo llano, que no soportaba la llegada de la guarnición romana, cerró las puertas de la ciudad. Entonces, al igual que su padre adoptivo, el joven César hizo construir un puente sobre el Save y un mecanismo complejo de asedio. Se

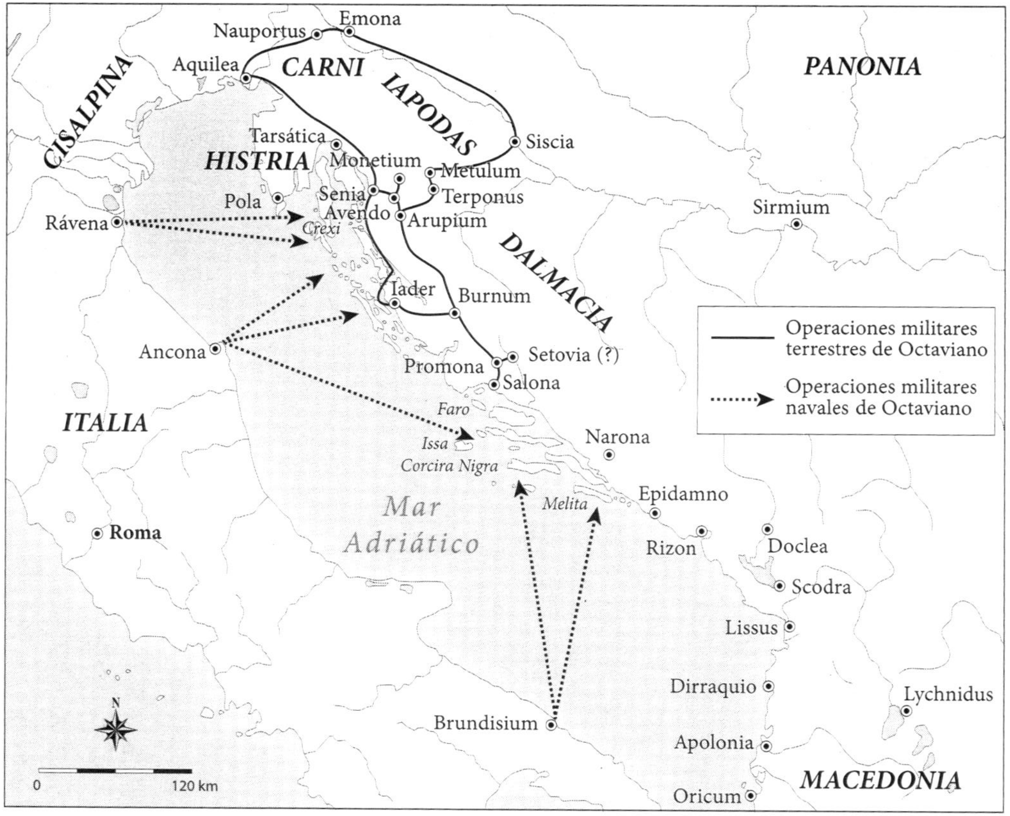

La guerra ilírica de Octaviano

produjo una batalla fluvial en la que Menodoro halló la muerte: sin duda, el fin de este señor de la guerra, hábil pero no demasiado fiable, debió de aliviar al ambicioso Agripa.

Al cabo de treinta días, *Segesta* capituló. Según Apiano, Octaviano quería pasar el invierno en Roma, pero fue imposible, al parecer por un intento de revuelta de los *segestani* y, sobre todo, porque había que castigar a los dálmatas. En realidad, Dion Casio documenta que Octaviano regresó a Roma, pero aplazó el triunfo que se le había concedido y refiere un detalle importante: «Para igualar a su padre, preparaba una expedición a Britania, y ya había llegado a la Galia pasado el invierno, durante el que Antonio por segunda vez y Lucio (Escribonio) Libo fueron nombrados cónsules, cuando se sublevaron algunos de los pueblos recientemente sometidos junto con los dálmatas».[37] ¿Hasta qué punto son dignas de fe estas informaciones? ¿Acaso habría proyectado Octaviano, en su deseo de imitar a César, conquistar las islas Británicas que su padre adoptivo no había conseguido someter? No se puede descartar, sobre todo porque Antonio, como veremos en el siguiente capítulo, había compensado parcialmente su fracaso en Oriente mediante el encarcelamiento de Artavasdes de Armenia. Mientras Octaviano controlaba el sector occidental de su campaña (las operaciones en los Alpes proseguían bajo la dirección de Mesala), Agripa hizo reparar el acueducto de *Aqua Marcia* y contribuyó al saneamiento de la ciudad de Roma. Para poner en práctica estas medidas, Agripa, que ya había asumido el consulado, fue nombrado edil: retrocedía en el *cursus* senatorial. Efectivamente, el cargo de edil, que se ocupaba de las infraestructuras y de los juegos, suponía una magistratura sin *imperium*, con prerrogativas menos importantes que las de un pretor o un cónsul. No obstante, hacía falta un gran organizador para resolver una situación susceptible de provocar disturbios.

La última fase de la campaña se concentró en la costa de Dalmacia, pero sin duda dio comienzo mucho antes: en la práctica, resulta difícil reconstruir la historia y los detalles.[38] En la localidad de Tasovčići, al norte de *Narona*, se ha encontrado una dedicatoria que celebra la conquista de Sicilia por parte de Octaviano. El monumento, grabado en un cipo, data probablemente de inicios de la nueva campaña y fue erigido o inaugurado por los hermanos C. Papio Cel(so) y M. Papio Cano.[39] Al igual que Salona, *Narona* parece que obtuvo el estatus de colonia romana hacia finales de las campañas de Octaviano. En cualquier caso, había que destacar los éxitos militares del joven César, empezando por la recuperación de Sicilia, sobre todo porque el antoniano C. Sosio, para celebrar su triunfo sobre Judea, había elegido la fecha del 3 de septiembre, aniversario de la victoria de Nauloco.[40] Asimismo había planeado construir un templo en honor a Apolo, sin duda para demostrar que Octaviano no tenía el monopolio de este dios.

A diferencia de los panonios, las tribus dálmatas estaban unidas en torno a un jefe, Verso, que disponía de doce mil guerreros de élite (sin contar a los demás). Verso había instalado su cuartel general en la plaza fuerte de *Promona*, junto al actual pueblo de Tepljuh, en Croacia, un enclave montañoso rodeado de «colinas puntiagudas».[41] Tras repeler a enemigos que habían acudido a ayudar a los sitiados, los romanos masacraron a un tercio de los resistentes de *Promona*. Aquellos que pudieron refugiarse en la ciudadela lograron escapar gracias a la negligencia de una cohorte romana. Octaviano atrapó a los enemigos y los sometió; a continuación, castigó duramente a los romanos que habían abandonado su puesto. La cohorte fue diezmada y dos centuriones ejecutados, el resto de los soldados fue privado de trigo y obligado a pasar el resto del verano con un régimen espartano a base de cebada. En el mar, Estatilio Tauro derrotó a los «piratas» en *Melita* (Mljet) y *Corcira Nigra* (Korčula). La población fue masacrada o reducida a la esclavitud. Los romanos se apoderaron de la flota de los liburnos, que Octaviano y Agripa necesitaban para futuros combates. El 1 de enero del año 33, Octaviano, que iniciaba el último año de su segundo mandato triunviral, asumió su segundo consulado (con L. Volcacio Tulo), pero renunció a las enseñas de cónsul aquel mismo día; fue sustituido por L. Autronio (o Antonio) Peto, el primero de una serie de cónsules sufectos nombrados por turnos para aquel año. Durante este tercer y último año de guerra, el triunviro Octaviano deseaba someter de una vez por todas a los dálmatas, ahora agobiados por la falta de víveres, y recuperar las insignias de Gabinio. Llevó a cabo con éxito su misión: la capitulación de los dálmatas provocó la rendición de las otras tribus enemigas. Las enseñas de Gabinio fueron colocadas en el pórtico de Octavio, en la zona del circo de Flaminio, una construcción del siglo II que acababa de ser restaurada en el año 33 (que no hay que confundir con el pórtico de Octavia). Augusto/Apiano afirma haber sometido a toda la Iliria, pero se equivoca: de hecho, muestra que ciertas tribus, con el pretexto de una epidemia, no cerraron su pacto con Roma ni cedieron los rehenes requeridos para esta clase de acuerdo, «pero parece que más tarde también ellos fueron sometidos».[42] Por otro lado, Octaviano aprovechó la ocasión de la muerte de Boco II en el año 33 para incluir a Mauritania (que sin duda fue legada a Roma por el rey) en el sistema provincial y aumentar así su poder.[43]

11

La vida inimitable de Alejandría

El fracaso de Antonio en el año 36 había disminuido su prestigio en Roma y, en consecuencia, debilitado su posición frente a Octaviano. No obstante, los triunviros continuaron respetando sus acuerdos. En contrapartida, Octaviano le envió tropas para reanudar su campaña en Oriente. Como veremos, esta vez el objetivo era el reino de Artavasdes de Armenia. Entretanto, la unión con Cleopatra progresaba. La pareja había creado una asociación religiosa de inspiración dionisíaca llamada «Vivientes inimitables», dedicada a la práctica de banquetes refinados y suntuosos en los que algunos iniciados buscaban la perfección en una «ebriedad sobria».[1] Las anécdotas relativas a esta vida cortesana apuntan sobre todo a los excesos, sin tratar de comprender su sentido. En realidad, la búsqueda de la perfección por parte de los «Inimitables» correspondía al código de la realeza egipcia, en el que el carisma del monarca provenía también de su capacidad de distanciarse del común de los mortales para acercarse a lo divino.

El triunviro trató también de presentar bajo una luz positiva su indiscutible atracción por los banquetes y el vino, que todos sus enemigos le habían reprochado siempre. En el marco de Alejandría, estos *symposia* se dotaban de nuevos elementos de prestigio, muy superiores a los difundidos por el mundo griego, que asumían las connotaciones orientales de una liturgia de la ebriedad mística. No es casualidad que Antonio, poco antes de la batalla de Accio, consagrara un pequeño tratado «a su pasión por el vino» (*de sua ebrietate*).[2] Sus detractores romanos le hacían pasar por un borracho de costumbres disolutas, pero a ojos de los alejandrinos aparecía como un nuevo Dioniso, y sobre todo como un nuevo Alejandro.

Aun siendo el representante de Roma, Antonio exhibía en Alejandría el estilo de los soberanos helenísticos. Se insinuó que había ofrecido a la biblioteca de Alejandría los doscientos mil volúmenes de la de Pérgamo, su rival.[3] En el 44, el antiguo maestro de Octaviano, Apolodoro, que había regresado a su patria con el pretexto de su edad (tenía sesenta y un años) y de su enfermedad,[4] sin duda debió de asistir a la incautación de los volúmenes. Antonio ordenó asimismo el saqueo de obras de arte: las tres estatuas colosales de Zeus, Atenea, Heracles, obras del gran Mirón, fueron sacadas del santuario de Hera en Samos.[5] Con esta actuación castigaba a la ciudad, que, en torno al año 38, se había levantado contra Octaviano para exigir el privilegio de la libertad.[6] Como tenía por costumbre, cultivaba su pasión por las armas «exóticas» y a menudo, en lugar del gladio, llevaba en la cintura una espada oriental (*akinakēs*), una alusión a sus expediciones más allá del Éufrates. Se decía que a su tienda de mando la llamaba *basileion* (residencia real), en vez del término tradicional de *prætorium*.[7]

Plutarco relata el testimonio, de fuente directa, de un médico griego, Filotas de Anfisa: el biógrafo tenía esta información de su propio abuelo, Lamprias. Filotas (que hacia finales del siglo I seguía ejerciendo la medicina en Delfos)[8] reducía la «vida inimitable» a simples excesos de *gourmet*, con un gran despilfarro de comida, sin mencionar la exhibición de oro y plata en las mesas. Pero esta desmesura, que no dejó de inspirar a ciertos dandis o decadentes de la época moderna, no representaba más que uno de los aspectos de un programa ideológico.

Como ya hiciera en Roma, se rodeaba de intelectuales griegos que, entre otros, difundían su propaganda y se ocupaban de las funciones diplomáticas: el erudito Alejandro Polistor, el historiador Nicolás de Damasco, el especialista en Oriente Timágenes de Alejandría y sobre todo su legado Delio.

Marco Antonio y Cleopatra no eran los únicos adeptos a la «vida inimitable»; también estaba el joven Antilo, el primer hijo de Antonio y Fulvia. Este muchacho daba banquetes a los que invitaba a sus amigos, pero también a otros miembros del círculo de la corte, entre ellos Filotas, que velaba por su salud. Plutarco narra un episodio acontecido con ocasión de un banquete, en el que el joven —imitando la generosidad de su padre y de su abuelo—[9] ofreció a Filotas todas las copas de plata que había sobre la mesa para recompensarlo por una ocurrencia que ridiculizaba a un convidado a causa de sus comentarios jactanciosos.[10] Según Plutarco, Antilo no habría vestido la toga viril hasta después de la batalla de Accio;[11] por lo tanto, aunque tuviera unos dieciséis años, técnicamente era un *puer*. Era, por consiguiente, su rango lo que le permitía una vida social tan precoz, o más probablemente el contexto alejandrino: de hecho, en la corte de un rey helenístico, los pajes (que, entre otras funciones, servían al rey en la mesa) empezaban su aprendizaje a los catorce años. Si, a semejanza de su padre, Antilo se alejaba del *mos maiorum* romano, no era tanto por arrogancia ni por impiedad, sino por una estrategia de acercamiento a las tradiciones helenísticas.

La «vida inimitable» fue interrumpida por la nueva campaña oriental de Antonio. Durante el invierno del 35, el triunviro había pedido la mano de la hija de Artavasdes de Armenia para su hijo Alejandro Helios, de cinco años de edad, pero el rey se negó a ir a Egipto.[12] En el año 35, Octavia abandonó Roma rumbo a Oriente con un convoy que transportaba regalos para los oficiales y los «amigos», ropa para los soldados, y animales de carga. Se detuvo en Atenas, mientras que Antonio se preparaba para atacar de nuevo a los partos.[13] Aunque las fuentes augústeas imputan a Cleopatra sentimientos que habrían impedido que Antonio se marchara, en realidad, los cambios de equilibrio habían forzado una profunda modificación de la estrategia de este último. A partir de este momento, su nuevo objetivo era Armenia. El triunviro pactó una nueva alianza con Artavasdes de Media, quien, a cambio, aprovechó para recuperar territorios que antaño habían pertenecido a la Media Atropatene, y que probablemente habían sido conquistados por el padre de Artavasdes de Armenia, Tigranes el Grande.[14]

En la primavera del 34, Antonio marchó hasta Nicópolis, cerca de la frontera armenia, y envió en embajada al leal Delio para solicitar una entrevista con el rey. A raíz de su negativa, Antonio marchó hacia Artaxata; tras numerosos parlamentos, acabó convenciendo a Artavasdes de que acudiese a su campamento, donde lo arrestó. Primero hizo que lo trasladaran cerca de las plazas fuertes donde se encontraban los tesoros reales, con el objetivo de apoderarse del oro armenio sin combatir, a cambio de su rey. Pero los «portadores de armas» armenios, es decir, los nobles, rechazaron este mercadeo y nombraron rey al hijo mayor de Artavasdes, Artaxa (Artašēs).[15] Este último trató de resistirse a los romanos, pero no tardó en refugiarse junto a los partos. Antonio dejó una guarnición bastante importante en la Armenia ocupada y envió a Alejandría el botín y los prisioneros reales: Artavasdes, su esposa y sus otros hijos.[16] Los romanos saquearon también el santuario de Anahita y robaron la estatua de oro macizo de la diosa. Se dijo que la divinidad había cegado, paralizado y finalmente matado al profanador del templo; en realidad, algunos años más tarde, Augusto conoció a este hombre, un rico veterano originario de Bolonia, quien, divertido, le explicó que estaba cenando con una pierna de la diosa. En otras palabras, si podía ofrecer a Augusto un banquete suntuoso, lo debía a este sacrilegio y, sin embargo, no por ello se sentía menos bien.[17] Por lo menos esta es la versión romana.

Por su parte, el historiador armenio Moisés de Corene (Movsēs Xorenac'i) afirma que Artavasdes, rey cazador, amante de la buena comida y dado a la bebida, había decidido de todos modos hacerle la guerra a Antonio, porque se había apoderado de «Mesopotamia» (territorios de la Armenia meridional). Así pues, el rey había reclutado un gran ejército de soldados de Atropatene, montañeses del Cáucaso, de Albania y de Iberia. En su primer ataque «en Mesopotamia», habría vencido a los romanos, pero Antonio reaccionó de forma brutal y, «rugiendo como un león», masacró a todo el ejército enemigo e hizo prisionero a Artavasdes, al que ofreció a Cleopatra como regalo junto con el botín de guerra.[18] La tradición armenia cuenta que Artavasdes, capturado por los «demonios», fue «encarcelado en una caverna, cargado de cadenas de hierro; dos perros roen continuamente sus cadenas y él se esfuerza por escapar para traer la devastación al mundo».[19]

Artavasdes fue efectivamente trasladado a Alejandría atado «con cadenas de plata».[20] La ocupación de Armenia consolidó la posición de Antonio en Oriente, que se preocupaba cada vez más por las maniobras de Octaviano. Este, en las sesiones del Senado o ante el pueblo, replicaba a las críticas de Antonio, quien, tras la muerte de Sexto Pompeyo, había comprendido que la marginación de Lépido suponía un peligroso precedente. Por su parte, Octaviano respondía que «había puesto término a las funciones de Lépido a causa de sus abusos insolentes; lo que había conquistado mediante la guerra, lo compartiría con Antonio cuando este compartiera Armenia con él».[21] Dion Casio, aún más directo, afirma que Octaviano había negociado en secreto contra Antonio, y que sentía envidia de sus «ceremonias triunfales».[22] El criterio de este historiador sobre Antonio está influido por la historiografía augústea y por su misoginia, como bien se puede ver en los fragmentos sobre Cleopatra. No obstante, aun estando convencido de la necesidad de un gobierno monárquico, Dion Casio no puede evitar mostrarse pesimista respecto a la situación: «El pueblo romano se había visto privado de su régimen democrático, pero sin embargo no había adoptado una monarquía en el sentido estricto de término: Antonio y César todavía detentaban el poder en condiciones de igualdad; se habían repartido a suertes la mayor parte de las funciones, considerando teóricamente comunes las demás, pero tratando de apropiárselas e intentando cada uno prevalecer sobre su rival. Después, tras la muerte de

Sexto, cuando el armenio fue hecho prisionero, las naciones que habían combatido contra César permanecieron tranquilas y los partos dejaron de causar problemas, Antonio y César se volvieron abiertamente el uno contra el otro y el pueblo quedó estrictamente reducido a la esclavitud».[23] Una vez más, los partos comprendieron que los romanos iban a luchar entre ellos.

Antonio regresó vencedor a Alejandría y celebró una *pompē*, una especie de ceremonia triunfal helenística. Para desacreditar a Antonio, Plutarco dice que «había triunfado», en otras palabras, que había celebrado un triunfo, una ceremonia típicamente romana que solamente se llevaba a cabo en la Ciudad.[24] En cualquier caso, Artavasdes y su familia desfilaron por Alejandría cubiertos de cadenas, pero esta vez de oro: para disgusto de Cleopatra, que después los trató duramente, se negaron a rendirle homenaje postrándose ante ella.[25]

Monedas con las efigies de Antonio y Cleopatra exhiben la leyenda *Antoni(us). Armenia devicta*, «Antonio. Armenia ha sido sometida».[26] Pero Octaviano (que reclamaba la mitad del botín) reprochaba a Antonio el haber capturado a Artavasdes mediante una artimaña, cosa que constituía una violación mayúscula del código diplomático y había empañado la reputación del pueblo romano.[27] En resumidas cuentas, Artavasdes, aunque prisionero, todavía podía ser considerado el rey legítimo. Es más, sus hijos (sabemos los nombres de dos de ellos, Tigranes y Artavasdes) habían sido trasladados a Roma en calidad de rehenes y podían ser utilizados contra Artašēs. Privada de su rey, Armenia entró en la órbita romano-egipcia y fue destinada al hijo mayor de Antonio y Cleopatra, Alejandro Helios. Este último, una vez instalado en el trono, se casó con Iotapa, hija del rey de los medos, mientras que la Armenia menor, situada cerca de la frontera del Éufrates, fue confiada a Polemón. Por primera vez en su historia, los armenios fueron obligados a pagar tributo a Roma.[28]

Tras esta campaña victoriosa, Antonio parece que adoptó una actitud aún más escandalosa, incluso deshonrosa. En el año 34 a. C., con ocasión de una ceremonia pública en el gimnasio de Alejandría, celebró el reparto de territorios que le había prometido a Cleopatra. Ante una inmensa muchedumbre, hizo «levantar sobre un estrado de plata dos tronos de oro, uno para él y el otro para Cleopatra, y otros, más bajos, para sus hijos». Desde lo alto de su autoridad de cónsul, proclamó a Cleopatra y a Ptolomeo «Cesarión» reyes asociados de Egipto, Chipre, Libia y de la Siria Coele. En cuanto a sus propios hijos, los pequeños Alejandro y Ptolomeo, obtuvieron el título de reyes: la autoridad del primero se extendía a Armenia y Media, incluido asimismo «el Imperio parto cuando fuera sometido» (en los proyectos de Antonio, la invasión tan solo había quedado aplazada), mientras que al más pequeño, Ptolomeo «Filadelfos», se le concedió Fenicia, Siria y Cilicia. El atuendo de los niños recordaba los fastos del Imperio macedonio: el pequeño Alejandro iba vestido como un medo, coronado con una tiara oriental, y su hermano como un macedonio, con la cabeza cubierta con una *kausia* (el gorro macedonio que todavía llevan los afganos) adornada con una diadema, la banda ornamental símbolo de la realeza. Bajo la mirada de una Cleopatra ataviada, según la tradición ya consolidada, con el vestido sagrado de Isis, «tras abrazar a sus padres, los dos niños fueron rodeados, uno por una guardia de armenios, el otro por una guardia de macedonios».[29]

Siguiendo el modelo de Alejandro, Antonio reconstruyó el pasado mediante una puesta en escena que destacaba los desafíos geopolíticos de sus donaciones. ¿Eran verdaderas donaciones que apuntaban a la constitución de una federación romano-egipcia? El detalle de la doble guardia de macedonios y armenios hace reflexionar sobre las modalidades teatrales de la ceremonia orquestada por la pareja «inimitable». Se comprende perfectamente el papel de los soldados armenios, destinados a ayudar a Alejandro, «rey de reyes» que dominaba a su soberano Artavasdes, igual que a su homónimo y rival, Artavasdes de Media Atropatene. En cuanto a las tropas «macedonias», el mensaje era evidente: el territorio destinado al bebé Ptolomeo, antaño disputado entre los ptolomeos y los seléucidas, correspondía

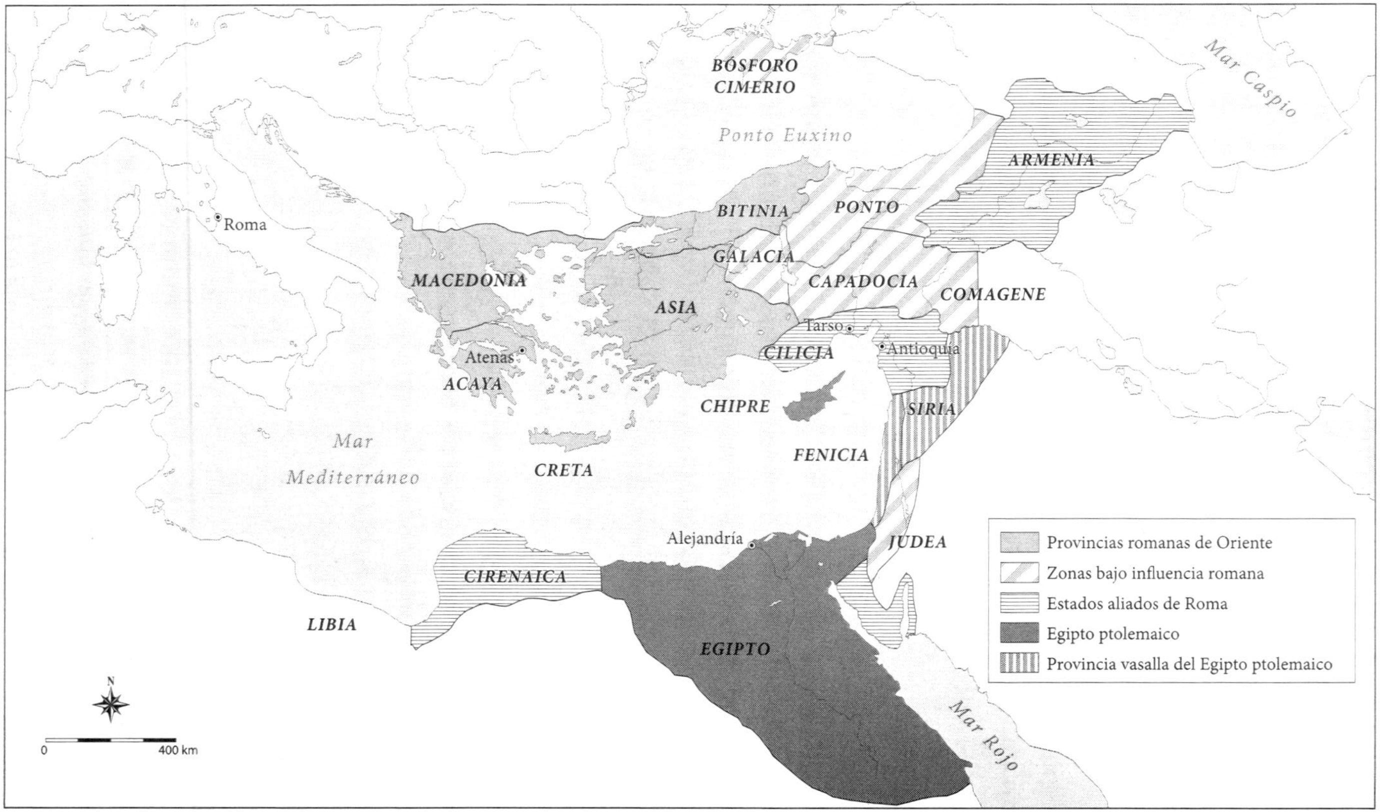

Las donaciones de Alejandro

efectivamente al antiguo reino de Alejandro Magno. Ahora, con el imperio seléucida fuera de juego, el legado macedonio lo recogía Cleopatra.

Por supuesto, no hay que subestimar las razones políticas de la relación entre Antonio y Cleopatra. Había que establecer un vínculo menos unilateral, y sobre todo menos arrogante, con la potencia económica de Egipto y su influyente soberana, subrayando esta polaridad entre Roma y Alejandría que había caracterizado todo el período helenístico. César había comprendido perfectamente esta exigencia y, ahora, Antonio reanudaba su trayectoria, interrumpida por la guerra civil, recogiendo el legado político del dictador (y, en Asia Menor, el de Pompeyo).

La crítica va dirigida, sobre todo, a la naturaleza de la unión entre Marco Antonio y Cleopatra y su validez. Para los historiadores del derecho, el objeto de discordia reside en un célebre fragmento de Suetonio que cita una epístola en tono decididamente áspero y familiar en la que Antonio trataba de mantener las relaciones, siempre difíciles, con Octaviano, antes de la ruptura definitiva. El texto está traducido en estos términos: «¿Qué te ha hecho cambiar? ¿Es porque me acuesto con una reina? Es mi esposa».[30] El término *uxor*, «esposa», plantea un problema evidente. Con el fin de conservar su sentido primero, algunos lo han interpretado según la acepción más amplia de «concubina». En realidad, basta con considerar que la frase es interrogativa para traducir el texto así: «¿Qué te ha hecho cambiar? ¿Es porque me acuesto con una reina? ¿Es mi esposa, quizás?».

No obstante, esto no basta para entender por qué varios historiadores modernos siguen tomando casi al pie de la letra los argumentos relativos a la campaña de desinformación contra Antonio. Probablemente, porque resulta difícil apreciar a este personaje. Sin duda, Octaviano era más implacable que él, y a menudo mucho más cruel. Pero Antonio era el responsable principal de la muerte de Cicerón, el defensor de los valores republicanos. Por si fuera poco, a nuestra conciencia de occidentales le cuesta digerir su «orientalismo», incluso hoy en día: el historiador generalista Anthony Pagden, en su ambiciosa síntesis sobre «2500 años de lucha entre Oriente y Occidente», termina admitiendo que «mucho del "orientalismo" de Marco Antonio fue fabricado posteriormente por la propaganda augústea». De todos modos, esta observación queda enterrada bajo los tópicos habituales.

En resumen, el aspecto fundamental de la vida de Antonio no se puede limitar a sus relaciones con Oriente, y mucho menos al presunto —y poco verificable— «destino grandioso» de conquista de Oriente. De hecho, los historiadores modernos se han visto condicionados por la vulgata augústea y han interpretado las maniobras de Antonio en Oriente como iniciativas personales con el fin de crear un nuevo imperio, alternativo a Roma en cierto modo. Evidentemente, como todos los grandes generales de la República, Antonio tenía un horizonte y un campo de acción adecuados a sus capacidades y a su ambición. No obstante, su política no divergía de la llevada a cabo por los principales arquitectos del imperialismo romano.

A comienzos del año 32, el triunvirato llegó a su término, mientras que la alianza romano-egipcia empezaba a tomar un rumbo que no era del agrado de Octaviano. Al parecer, Antonio habría reconocido oficialmente el matrimonio de Cleopatra con Julio César, convirtiendo así a «Cesarión» en legítimo heredero del dictador. En cualquier caso, el acuerdo entre Octaviano y Antonio estaba condenado tarde o temprano a la ruptura. Pese a la derrota del 36, la victoria sobre Armenia había devuelto el prestigio al triunviro de Oriente, que, ya en tiempos de *Mutina*, había demostrado su capacidad para enderezar situaciones aparentemente desesperadas. Las acusaciones recíprocas entre ambos se intensificaron. Antonio reprochaba a su rival el no haber sido recompensado por el apoyo que le había prestado contra Sexto Pompeyo. Por su parte, Octaviano se apoyaba en el patriotismo de los romanos para condenar la alianza de Antonio con Egipto, olvidando que esta reflejaba la política preconizada por César incluso en sus últimas voluntades. La propaganda de Octaviano presentaba a Antonio como un hombre totalmente sometido a

Cleopatra, bajo la influencia del alcohol y la droga, poco preocupado por su papel de representante de Roma, e incluso dispuesto a trasladar la capital a Alejandría. Recordando la guerra civil entre César y Pompeyo, Antonio actuó para controlar Italia. En efecto, si perdía el consenso en la península, aparecería a ojos de los romanos como un tirano y un enemigo público, sin mencionar que sus aliados orientales no serían de gran ayuda. Había llegado la hora del ajuste de cuentas. En Roma, bandas de muchachos se enfrentaban en las calles con juegos violentos entre «antonianos» y «cesarianos».[31] Dion Casio no lo dice, pero sin duda uno de ellos debió de pronunciar, en un latín no del todo irreprochable, la máxima *si novero non venero*, «si lo hubiera sabido, no habría venido».

12

El juramento de toda Italia

Mientras aguardaban el estallido de la guerra abierta, Antonio y Octaviano habían movilizado a sus partidarios para dejar huella con una campaña de propaganda basada en rumores e incluso en profecías.[1] Mientras que Antonio hacía hincapié en los orígenes humildes de su adversario, este último se afanaba en desmentir la relación entre César y Cleopatra y, sobre todo, en negar que «Cesarión» fuera su legítimo heredero.

En cualquier caso, los partidarios de Antonio cometieron el mismo error que Pompeyo, quien, después de que César cruzase el Rubicón a comienzos del año 49 a. C., abandonó Roma, instando a los cónsules y a los senadores fieles a hacer lo mismo. En el 32, los dos cónsules eran C. Sosio y Domicio Enobarbo. Ambos salieron de Roma con un grupo de senadores (unos trescientos de mil): Antonio, que se encontraba en Éfeso, los reunió en una especie de Senado alternativo para declarar la guerra a Octaviano. Contaba con los aliados orientales: «Los reyes, los dinastas, los tetrarcas, todos los pueblos y todas las ciudades situadas entre Siria, el lago Meótida (mar de Azov), Armenia e Iliria habían recibido la orden de enviar o de aportar lo necesario para la guerra».[2] Después, tras marcharse a Atenas, repudió oficialmente a Octavia. Octaviano no podía pedir más: eso le permitió confirmar que Antonio servía a los intereses egipcios. Por su parte, convocó las fuerzas de Italia y del Occidente romano. Más tarde, al referir su declaración de guerra contra Cleopatra y Antonio, Augusto la presentó como una guerra contra Oriente, llevada a cabo con el apoyo, primero, de «toda Italia», pero también de «los galos, las Hispanias, África, Sicilia y Cerdeña».[3] En otras palabras, Occidente contra Oriente, sobre todo porque con el fin del triunvirato, no se había fijado la elección de los nuevos gobernadores.

Al insistir en el papel central de Italia, Octaviano presionaba al pueblo, al ejército y a los personajes destacados de las provincias con los que se había aliado a lo largo de los años en que había dirigido sus operaciones. En las *Geórgicas*, su poema sobre la agricultura escrito en los años 30, Virgilio canta las alabanzas de la península en comparación con las regiones de Oriente, opulentas pero peligrosas. Era la revancha de Occidente, pero sobre todo de Italia, con la que nada podía rivalizar: ni la India ni la Bactriana, ni los partos «con sus bosques y sus tierras tan ricas».[4]

Había llegado el momento de montarse al carro de quien ahora se perfilaba como futuro vencedor. Se preparaba la guerra contra Cleopatra, pero en realidad lo que se reanudaba era la guerra civil. Hemos visto que las *Guerras civiles* de Apiano, que empezaban con los Gracos, concluían con el fin de Sexto Pompeyo en el 35: los acontecimientos de los cinco años siguientes fueron descritos en la segunda parte, perdida, de esta obra.[5] La tradición historiográfica muestra a un Octaviano que libra su última guerra contra Egipto,[6] mientras que Augusto, en las *Res gestae*, declara haber puesto fin a las guerras civiles.[7] Lo que estaba en juego en la guerra contra Egipto era la supervivencia del último reino helenístico. Una victoria sobre este permitiría a Octaviano revisar la historia: Roma ya no imitaba a Alejandro y su legado político quedaba borrado.

Los hábiles movimientos de Octaviano obligaron a Antonio a reaccionar con una maniobra que resultó funesta. El pretexto para declarar la guerra lo proporcionaron Munacio Planco y su sobrino Titio, el asesino de Sexto Pompeyo. Estos dos personajes, que habían certificado las disposiciones testamentarias de Antonio, partieron rumbo a Italia y, una vez en Roma, revelaron a Octaviano el contenido del documento conservado junto al templo de Vesta. Infringiendo la ley, Octaviano se apoderó del testamento y reveló públicamente las disposiciones, que consistían en un futuro reparto del Oriente y en donaciones a los hijos de Cleopatra. Todo apuntaba a que estos últimos habían obtenido la ciudadanía romana y, por lo tanto, se convertían a partir de aquel momento en sus auténticos herederos. Teóricamente, estas disposiciones no vulneraban de ninguna manera el *imperium* de Roma, porque afectaban a reinos exteriores, pero permitieron a Octaviano presentar a Antonio como un traidor y un renegado a ojos de los senadores. El triunviro fue declarado enemigo público y todos sus bienes quedaron confiscados.

La apertura del testamento de Antonio, aunque ilegal, resultó una maniobra eficaz. Algunos partidarios de Antonio, que habían empezado a dudar de él a raíz del fracaso de la campaña contra los partos en el año 36 a. C., ahora tenían un excelente pretexto para cambiar de bando y salvar su honor. Este fue el caso de Mesala, que en el pasado había sido proscrito por los triunviros y que puso a disposición de Octavio su talento de panegirista y panfletario. Los libelos de Mesala iban destinados no solo a denunciar las calumnias difundidas por Antonio, sino también a presentar bajo una luz desfavorable su gestión de los asuntos de Oriente. Mesala divulgó también críticas sobre el tren de vida de Antonio, como el uso de orinales de oro.[8] A su vez, Planco contó la «inimitable» depravación alejandrina, en la que sin embargo había participado. Los romanos más patriotas eran sensibles a semejantes discursos, que contribuían a degradar la imagen de Antonio. Incluso los senadores más independientes, que hasta aquel momento habían evitado tomar partido, eligieron a Octaviano, pese a su despotismo. Planco fue recompensado con el consulado sufecto para el año 31 y, además, pudo compartir con Agripa la suntuosa mansión en las *Carinae* que Antonio le había embargado a Pompeyo.

En el 31 el Senado alternativo le concedió a Antonio un tercer consulado, mientras que sus soldados le otorgaron, por aclamación, el título de *imperator* por cuarta vez. Su ejército se había reunido en Grecia. La batalla de Accio, con su dimensión de combate entre Oriente y Occidente, se convirtió en el punto de inflexión entre la República y el Principado. Durante los meses que precedieron a la batalla, Antonio, instalado en Patras, desplegó sus naves a lo largo de la costa occidental de Grecia. Octaviano había tratado de convencer a los soberanos y señores de la guerra para que cambiasen de bando, como el tracio Remetalkes: según una anécdota relatada por Plutarco, con ocasión de un banquete en el que Octaviano estaba brindando a la salud de otro rey aliado, pronunció «comentarios despectivos sobre su nueva alianza». Entonces Octaviano le replicó: «Me gusta la traición, pero no alabo a los traidores».[9] Otros personajes se aliaron con Octaviano por odio a Antonio, como un tal Euricles de Laconia, hijo de un cierto Lacarés, al que Antonio había mandado ejecutar por pirata (probablemente era de origen cretense).[10] Euricles se convirtió en un auténtico señor de la guerra, dueño de la isla de Citera, que Octaviano le concedió después de la guerra.[11]

Para esta nueva guerra civil, Antonio podía contar con varios aliados orientales. En Tracia, Sadalas seguía siéndole fiel. Entre los reyes y jefes anatolios estaban Deyótaro Filadelfo, rey de Paflagonia, Mitrídates de Comagene y el cilicio Tarcondimoto. También contaba con el antiguo rey de Mauritania Bogud, que había tenido que huir de África. Estos hombres estaban presentes, mientras que otros se limitaron a enviar tropas: Polemón del Ponto, Amintas (rey de los gálatas y de los licaonios), Artavasdes de Media, Herodes de Judea y, por último, Jámblico I de Emesa y el árabe Malicos.[12] Por otro lado, Antonio negociaba con Dicomes, rey de los «getas» e incluso de los dacios. Efectivamente, «antes habían enviado a Octaviano una delegación, pero como no habían conseguido nada de lo que pedían, se volvieron hacia Antonio».[13] Delio y Amintas fueron enviados a Macedonia y a Tracia para reclutar mercenarios, pero Antonio no confiaba en ellos: sus sospechas resultaron fundadas.[14]

El activo principal de Octaviano residía en la pericia naval de Marco Agripa, que acabó siendo dueño y señor de los puestos clave de la costa: Metone (donde Bogud fue liquidado), Patras, Corinto, Léucade.[15] La situación se volvió en contra de Antonio, que fue abandonado por sus colaboradores más próximos: Domicio Enobarbo (que murió poco después), Delio y el rey Deyótaro Filadelfo, que combatía en la caballería de Antonio y que, atacado por Titio y Estatilio Tauro, fue el primero en desertar; Amintas siguió rápidamente su ejemplo: más tarde, Horacio evocaría a los jinetes galos que le habían dado la espalda para cantar la gloria del joven César.[16] Entretanto, en una batalla naval contra Agripa, el leal Tarcondimoto halló la muerte.[17] Antonio maniobraba mejor en tierra que en el mar, pero probablemente no pudo elegir el teatro de operaciones. De hecho, tanto los legionarios como los aliados debían dudar de la legitimidad de una nueva guerra civil. La batalla decisiva se libró en el mar, el grueso de su flota se concentró en Accio, un promontorio de Epiro sobre la desembocadura del golfo de Ambracia, donde Antonio trataba de romper el bloqueo para salir a alta mar. Era el 2 de septiembre del año 31.

La vigilia de la batalla, en el discurso dirigido a las tropas, Octaviano recordó a sus soldados que iban a combatir contra «alejandrinos y egipcios esclavos de una mujer y no de un hombre».[18] En cuanto las condiciones fueron favorables, ambas coaliciones se enfrentaron en el mar, mientras sus tropas de infantería observaban con atención la evolución. El desarrollo de la batalla ha sido reconstruido por Plutarco y Dion Casio, cuyos relatos divergen sobre determinados aspectos, pero son creíbles en el plano militar. De cualquier modo, los dos autores se remiten a la vulgata oficial de Augusto, elaborada *a posteriori*, según la cual el gran error de Antonio habría consistido en fiarse de una flota de trirremes, naves imponentes pero lentas y por consiguiente vulnerables frente a los ataques de las embarcaciones rápidas de Agripa. Los historiadores, incluso recientemente, han aceptado esta versión, que, no obstante, no se ajusta a la realidad. Pese a que las dos flotas tenían una configuración casi idéntica, la de Octaviano era significativamente más numerosa. Dada la situación, la flota egipcia decidió retirarse. Muy probablemente se trataba de una retirada estratégica, pero según una fuente cercana a Augusto particularmente subjetiva, transmitida por Dion Casio, Cleopatra se habría cansado de esperar el resultado de la batalla.[19] Esta maniobra provocó confusión en la formación de Antonio, pese a no tener demasiadas víctimas. Y, sobre todo, aunque pueda resultar sorprendente, Antonio y Cleopatra habían ganado la batalla de Accio, porque habían conseguido romper el bloqueo. Sin embargo, su victoria era lo único positivo en un contexto desastroso. A Octaviano no le fue difícil transformar la fecha de aquella batalla en una fecha clave que los modernos consideran que marca el fin de la era helenística.

En realidad, Egipto, el último reino helenístico, no capituló hasta el año siguiente. Octaviano acogió en su propio ejército a los soldados antonianos supervivientes y, gracias a un rápido avance, retomó el control de la situación en Oriente y alteró en gran parte la obra militar y diplomática llevada a cabo por su rival. A continuación, regresó a Italia por temor a una revuelta militar y concedió la amnistía a los partidarios de Antonio que se habían rendido a sus condiciones. Al cabo de un mes, Octaviano ponía rumbo a Oriente. Entretanto, en Alejandría, Antonio y Cleopatra se vengaban de los traidores y mandaban asesinar a prisioneros como Artavasdes de Armenia. No sirvió de nada. Los monarcas aliados, como Herodes de Judea, lo abandonaron. En cuanto a los comandantes que habían permanecido fieles, cayeron en el campo de batalla, mientras que las legiones, los cuerpos auxiliares y las tropas más o menos regulares cedieron. Una compañía de gladiadores luchó con arrojo, pero inútilmente, contra las tropas de Amintas en Galacia y después, en Cilicia, contra los hijos de Tarcondimoto, que habían cambiado de bando tras la muerte de su padre. Habían sido trasladados a Cícico con el fin de entrenarse para los espectáculos que Antonio pretendía montar tras su victoria sobre Octaviano. No consiguieron llegar a Egipto para reunirse con él. El gobernador de Siria Q. Didio, un

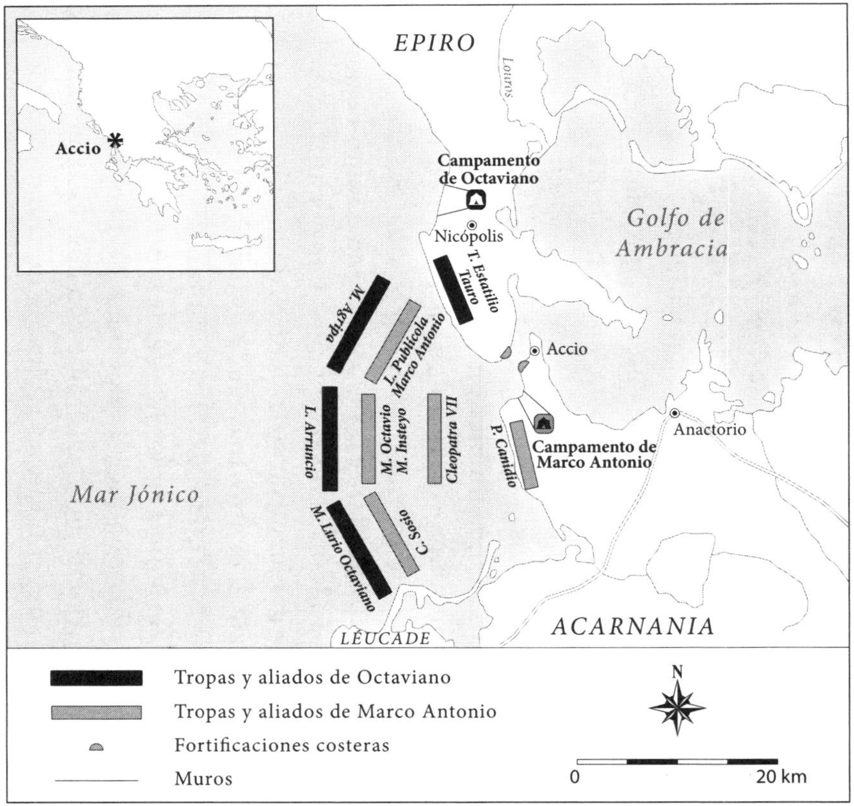

La batalla de Accio

partidario tránsfuga, prefirió no enfrentarse a ellos, pero negoció su establecimiento en Dafne, un rico enclave periférico de Antioquía. Después, durante su proconsulado en Siria en el año 28, Mesala prometió enrolarlos en sus legiones, pero una vez dispersados, fueron eliminados: «como es debido», comenta Dion Casio.[20] Señal de que el traspaso de poder no estuvo exento de problemas.

Ante esta situación, Cleopatra empezó a entablar negociaciones, demasiado tarde. Sus enemigos ya se dirigían a Egipto para atacar por dos frentes: uno dirigido por Octaviano, el otro por Cornelio Galo, un leal de la época de la guerra de Perusa y conocido como poeta elegíaco. Sus obras celebraban a «Licoris», en realidad la actriz liberta Volumnia Citeride, que años antes había sido amante de Antonio. Galo mostró su talento estratégico en la toma de Paretonium (Marsā Maṭrūḥ), un puerto egipcio al oeste de Alejandría; Octaviano, por su parte, desembarcó en Pelusa, al oeste del Delta, en el lugar en el que Pompeyo, procedente de Anatolia, acabó muriendo sin honor. Tras una breve resistencia, Antonio se retiró para morir en «su» Alejandría. Se acercaba el momento de la capitulación. La ciudad, normalmente bulliciosa y animada, estaba silenciosa. Sin embargo, una noche, la calma se vio interrumpida por la música y las danzas de una procesión dionisíaca, que, desde el centro de la ciudad, se dirigía hacia la puerta que daba a las líneas enemigas. Este episodio, sin duda ficticio, refleja el estado de ánimo de los habitantes. Alejandría, que hasta entonces se había beneficiado del favor de Dioniso, ahora se veía abandonada por el dios, y Antonio con ella. Nos han llegado varias versiones más o menos novelescas del final de Antonio, que acabó suicidándose a la edad de cincuenta y tres años. Con la victoria de Octaviano, Roma se convertía en dueña y señora de Egipto. Cleopatra trató, en vano, de negociar con él. También ella se suicidó.

Antilo, el hijo de Antonio y Fulvia, fue traicionado por su pedagogo Teodoro y decapitado por los legionarios cuando se refugiaba, en vano, a los pies de la estatua de César. En cuanto a

«Cesarión», el último rey-faraón, fue enviado por su madre a «la India pasando por Etiopía», con un tesoro. Pero uno de sus pedagogos, Rodón, acabó convenciéndolo de que regresara; Octaviano, que más tarde usurpó su título egipcio de «elegido de Ptah», lo hizo ejecutar.[21] Con el fin de eliminar cualquier escrito comprometedor, Octaviano ordenó quemar los archivos de Antonio que contenían los famosos documentos de César. Desde el momento en que llegó a Roma la noticia de la muerte de Antonio, se decretó la aplicación de la *damnatio memoriae* a este último.

Después de haber fingido llorar la muerte de su enemigo (César hizo lo mismo con Pompeyo), Octaviano se apresuró a leer a su séquito las cartas que habían intercambiado, insistiendo en su equidad frente a la arrogancia «tiránica» de Antonio. Así, pues, a diferencia de César, que había rendido el honor de las armas, de romano a romano, el futuro Augusto seguía denigrando a Antonio incluso después de su muerte. Los antonianos fueron expulsados de las colonias en Italia y enviados a Oriente para dejar su sitio a los veteranos alineados con Octaviano. Este, borrando de un plumazo el recuerdo de la guerra civil, hizo pasar a Antonio por un renegado, consagrado a la causa de Oriente debido a su pasión por Cleopatra, todo para que quedase en la historia como «aquel que llevaba las armas de su mujer alejandrina».[22]

La identidad romana de Antonio fue sacrificada por razón de Estado. Por lo demás, Accio había sido una victoria «sobre los egipcios», y conservó una gran resonancia en el imaginario de los romanos. De los tres triunfos concedidos a Octaviano por el Senado y celebrados en el año 29 a.C., el de la victoria sobre Egipto fue el más fastuoso y colorido. Esto contribuyó, posteriormente, a la difusión de una «egiptomanía» en las artes figurativas: unos quince años después, el rico senador C. Cestio, antiguo pretor vinculado a Agripa, se hizo construir una tumba, justo fuera de la ciudad de Roma, en forma de pirámide.

Egipto se convirtió en una provincia romana con un estatuto particular: su gobernador se encontraba directamente bajo las órdenes del *prínceps*, y fue Cornelio Galo, militar y poeta, quien heredó el cargo. Otro poeta, Horacio, escribió una oda para celebrar el fin del *fatale monstrum*; en alusión a un poema en el que Alceo, un griego de Mitilene muerto a comienzos del siglo VI, aplaudía la muerte del tirano Mirsilo, Horacio aplaudió la de la pareja infernal con las célebres palabras *nunc est bibendum*, «es el momento de beber», un brindis que inspiró el anuncio, igualmente célebre, de los neumáticos Michelin.[23] Por otro lado, Horacio añadió que había que bailar y celebrar un lectisternio, una ceremonia en la que se aplacaba a los dioses ofreciéndoles manjares (*dapes*) depositados sobre un cojín (*pulvinar*).

Con la conquista de Egipto y la desaparición del último reino helenístico, el Mediterráneo se convirtió en un «lago romano»: más tarde, los árabes hablarán de *Baḥr al-Rūm* («mar de los romanos»). Pese a ello, Alejandría no perdió su importancia comercial, pero con la victoria de «toda Italia» la economía mundial, a partir de entonces, estableció su centro en Roma. Para los *boni cives*, los «buenos» ciudadanos, y respetables, Italia y Roma eran el centro del mundo. En el año 30, tras su victoria final contra Antonio, Octaviano hace acuñar monedas con la leyenda *Asia recepta*, «Asia ha sido recuperada», aquí Asia alude genéricamente a Oriente, es decir, a la parte usurpada por Antonio.[24] Por su parte, los griegos y los orientales consideraban a Antonio y a Octaviano como dos dominadores surgidos de la misma potencia extranjera. Oficialmente, en Roma, la batalla de Accio había sido una guerra exterior contra Egipto: de hecho, fue una mezcla de guerra exterior y de guerra civil. En pocas palabras, una guerra mundial.

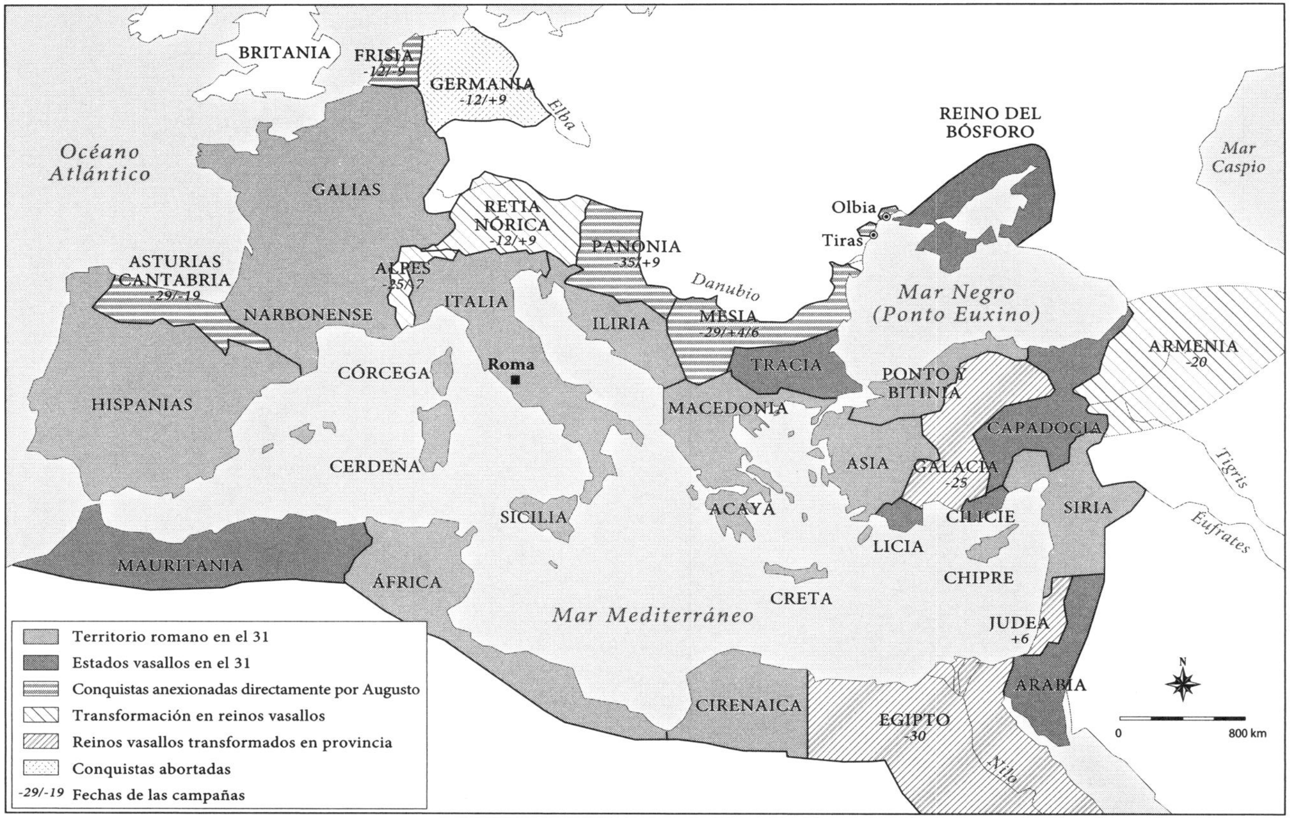

El Mediterráneo con el acceso al poder de Augusto

Notas

Prólogo. El fin de la República romana: ¿guerra civil o guerra mundial?

1. Ampelio, *Liber memorialis*, 40. Las fuentes han sido traducidas por el autor.

2. Floro, *Compendio de la Historia Romana*, II, 21 (IV, 12, 1), extraído sin duda de Tito Livio.

3. En su obra sobre la guerra del Peloponeso, Tucídides no dudó en hablar de «la mayor de todas las guerras», *Historia de la guerra del Peloponeso*, II, 21, 2 (véase también 1, 2). Encontramos un eco de esta expresión en Tito Livio, a propósito de la segunda guerra púnica (*Historia romana*, XXI 21, 1).

4. Floro, *Liber memorialis*, II, 13, 4, se hace eco sin duda del primer verso del poema de Lucano sobre la guerra civil entre Pompeyo y César, en el que el poeta utiliza la expresión harto peculiar de «guerras más que civiles» (*Farsalia*, I, 1).

Introducción. El último proyecto de Julio César

1. Nicolás de Damasco, *Vida de Augusto*, fr. 130, 95.
2. Plutarco, *Vida de Craso*, 33, 1-7.
3. Dion Casio, *Historia romana*, XL, 28, 4.
4. [César], *La guerra de las Galias*, VIII, 54-55.

5. Justino, *Epítome de las Historias Filípicas de Pompeyo Trogo*, XLII, 4, 68.

6. Dion Casio, *Historia romana*, XLI, 55, 3.

7. *Ibid.*, XLII, 2, 5.

8. *Ibid.*, XLI, 63, 1.

9. *La guerra de Alejandría*, 65, 4-66, 1.

10. Dion Casio, *Historia romana*, XLV, 29, 4; Dion Casio (XLIV, 46, 3) ya había afirmado que la expedición del año 47 se había pospuesto debido a desórdenes en Roma, pero había atribuido esta idea a Marco Antonio, quien la había mencionado, acusando implícitamente a Dolabela en su discurso fúnebre a César.

11. César, *Guerra civil*, III, 31-33. Escipión continuó haciendo estragos en la provincia de Asia.

12. Apiano, *Guerras civiles*, III, 312; IV, 250.

13. Suetonio, *Vida de César*, 37, 4; Floro, *Compendio de la Historia Romana*, II, 13, 88.

14. No obstante, evitó celebrar sus victorias en las guerras civiles y se limitó a presentar a sus adversarios romanos en estatuas o cuadros, aunque guardándose de hacer alusión a Pompeyo: Apiano, *Guerras civiles*, II, 101.

15. Suetonio, *Vida de César*, 39, 1; 4.

16. Plinio el Viejo, *Historia natural*, VIII, 22; Suetonio, *Vida de César*, 39, 2-3.

17. Dion Casio, XLIII, 23, 1-2.

18. Plinio el Viejo, *Historia natural*, VIII, 71-72.

19. Dion Casio, *Historia romana*, XLVII, 26, 6.

20. Salustio, *Historias*, I, 5, 2.

21. Cicerón, *Cartas a Ático*, XIV, 9, 3.

22. Dion Casio, *Historia romana*, XLIII, 51, 1.

23. Plutarco, *Vida de Craso*, 16, 2.

24. Cornelio Nepote, en Pomponio Mela, III, 43; Plinio el Viejo, *Historia natural*, II, 170.

25. Estrabón, *Geografía*, III, 5, 3.

26. Suetonio, *Vida de César*, 7, 1.

27. *Ibid.*, 47, 1.

28. Plinio el Viejo, *Historia natural*, XXXVII, 12.

29. *La interpretación de los sueños*, de Artemidoro de Daldis, le dedica un capítulo entero (I, 79).

30. Suetonio, *Vida de César*, 7, 2; Dion Casio, *Historia romana*, XXXVII, 52, 2. Según Plutarco (*Vida de César*, 32, 4), César había tenido el mismo sueño antes de cruzar el Rubicón, a comienzos del año 49.

31. Suetonio, *Vida de César*, 52, 2; véase también Apiano, *Guerras civiles*, II, 90.

32. Nicolás de Damasco, *Vida de Augusto*, f. 130, 68; véase también Suetonio, *Vida de César*, 79, 3.

33. Suetonio, *Vida de César*, 52, 2.

34. Cicerón, *Cartas a Ático*, XIV, 8.

35. Suetonio, *Vida de César,* 52, 1.

36. Veleyo, *Historia romana*, II, 59, 4; Suetonio, *Vida de Augusto*, 8, 2; Dion Casio, XLV, 3, 1 (que menciona solo a los partos).

37. Apiano, *Guerras civiles*, II, 459.

38. *Ibid.*, III, 92.

39. Pompeyo Trogo, *Prólogos*, XXXII.

40. Estrabón, *Geografía*, VII, 3, 11.

41. *Ibid.,* VII, 3, 13.

42. Dion Casio, *Historia romana*, XXXVIII, 10, 2-3.

43. Estrabón, *Geografía*, VII, 3, 5.

44. Jordanes, *Historia de los godos*, 67-68.

45. *Inscriptiones Graecae in Bulgaria repertae*, I, 13.

46. Apiano, *Guerras civiles*, II, 51.

47. Dion Casio, *Historia romana*, XLIV, 44, 1.

48. Lucano, *Farsalia*, VII, 272-273.

49. César, *Guerra civil*, III, 4, 3; véase también III, 95. Sobre el perdón de Sadalas, véase Dion Casio, *Historia romana*, XLI, 63, 1.

50. Apiano, *Guerras civiles*, II, 308-309.

51. Cicerón, *Cartas a los amigos*, V, 10a, 3.

52. Dion Casio, *Historia romana*, XLIV, 46, 3; *La guerra de Alejandría*, 78, 2.

53. Dion Casio, *Historia romana*, XLII, 48, 4.

54. Apiano, *Guerras mitridáticas*, 120.

55. Estrabón, *Geografía*, XIII, 4, 3; XI, 2, 11.

56. Suetonio, *Vida de César*, 44, 4.

57. Estrabón *Geografía*, VII, 5, 9 - Teopompo, *BNJ* 115 F 129.

58. Apiano, *Guerras civiles*, II, 459.

59. Suetonio, *Vida de César*, 44, 4.

60. Plutarco, *Vida de César*, 58, 6-7. ¿Eran acaso meras exageraciones de la propaganda de César, adulaciones cortesanas de su séquito o quizás una manipulación *a posteriori* de la tradición que reflejaba la ideología de conquista del emperador Trajano, que preparaba su propia campaña oriental en torno a 110 d.C., cuando Plutarco escribía sus *Vidas paralelas*? Es difícil pronunciarse.

61. Cicerón, *Cartas a Ático*, XV, 4, 3.

62. Nicolás de Damasco, *Vida de Augusto*, fr. 130, 80.

63. Suetonio, *Vida de César*, 79, 4; Apiano, *Guerras civiles*, II, 460; Dion Casio, *Historia romana*, XLIV, 15, 3.

64. Plutarco, *Vida de César*, 64, 3.

Capítulo 1. ¿Apolo contra Dioniso?

1. Julio Honorio, *Cosmografía*, 1. Dídimo se puede identificar no como el célebre sabio llamado *chalkenteros* («de las entrañas de bronce»), sino más bien como el autor de una obra de metrología, algunos de cuyos fragmentos pertenecen a la tradición manuscrita de Herón, el famoso sabio alejandrino del siglo I d.C.

2. Plutarco, *Vida de Pompeyo*, 45, 5.

3. Cicerón, *Sobre la respuesta de los arúspices*, 14, 31.

4. Cicerón, *Cartas a Ático*, II, 6, 1.

5. Varrón, *Sobre la agricultura*, I, 2, 1-3.

6. Veleyo Patérculo, *Historia romana*, II, 59, 4; Suetonio, *Vida de Augusto*, 8, 2; Dion Casio, *Historia romana*, XLV, 3, 1.

7. Estrabón, *Geografía*, XIV, 1, 48.

8. Cicerón, *Filípicas*, XI, 11, 2.

9. Suetonio, *Vida de Augusto*, 89, 1. Nicolás de Damasco, *Vida de Augusto*, fr. 130, 37.

10. Veleyo Patérculo, *Historia romana*, II, 59.

11. Por consiguiente, Cratipo había adoptado el gentilicio de su protector, Tulio; un tal M. Tulio Cratipo, sin duda su hijo, aparece mencionado en una inscripción latina de Pérgamo (*Corpus inscriptionum Latinarum*, III, 399).

12. Plutarco, *Vida de Cicerón*, 24, 7.

13. Sobre las primeras hazañas militares de Marco hijo, véase Cicerón, *Sobre los deberes*, II, 45.

14. En esta época, en los Balcanes orientales, las líneas de demarcación de las provincias eran bastante flexibles, sobre todo porque en territorios poco pacificados, el término *provincia* tenía el significado de «zona operativa militar».

15. Nicolás de Damasco, *Vida de Augusto*, fr. 130, 41.

16. Cicerón, *Cartas a los amigos*, V, 10a, 3.

17. Cicerón, *Sobre la adivinación*, II, 89.

18. En adelante se llamaría «caldeos» (babilonios) a todos los astrólogos extranjeros, por ejemplo, a los egipcios.

19. Suetonio, *Vida de Augusto*, 94, 5.

20. *Ibid.*, 94, 12.

21. Nicolás de Damasco, *Vida de Augusto*, fr. 130, 37.

22. Veleyo Patérculo, *Historia romana*, II, 59, 5; véase también Nicolás de Damasco, *Vida de Augusto*, f. 130, 41.

23. Augusto, *Res gestae del divino Augusto*, I, 1.

24. Suetonio, *Vida de Augusto*, 89, 1.

25. Cicerón, *Filípicas*, I, 4.

26. Flavio Josefo, *La guerra de los judíos*, I, 180-182.

27. Frontino, *Estratagemas*, II, 5, 35.

28. Cicerón, *Cartas a Ático*, V, 20, 3. En esta carta, dirigida a su amigo Ático, Cicerón se vanagloria de haber aterrorizado a los partos y de haberse ganado la confianza de Casio.

29. Cicerón, *Cartas a Ático*, XV, 11, 1.

30. Plinio el Viejo, *Historia natural*, II, 22, 2.

31. Cicerón, *Cartas a los amigos*, X, 1, 1.

32. Cicerón, *Filípicas*, II, 57.

33. Cicerón, *Filípicas*, II, 44; véase también II, 8; XIII, 8.

34. Cicerón, *Filípicas*, VIII, 24.

35. Ateneo, 152f-153b - Posidonio, *FGrHist* 87 f. 5 - EK 57 - Theiler 114.

36. Fue probablemente Cicerón quien eligió este título apelando al precedente ilustre de Demóstenes, autor de cuatro discursos (bautizados con el nombre de *Philippikà* por los gramáticos de Alejandría), mediante los cuales el gran orador, entre los años 351 y 340 a. C., había incitado a los griegos a rebelarse contra los objetivos imperialistas de Filipo de Macedonia.

37. Cicerón, *Cartas a Ático*, XIV, 12, 2; *Filípicas*, II, 95.

38. Cicerón, *Cartas a Ático*, VI, 1, 14 (50); *Filípicas*, XI, 33.

39. Varrón, *Sobre la agricultura*, I, 1, 10.

40. Cicerón, *En defensa del rey Deyótaro*, 27.

41. Apiano, *Guerras civiles*, III, 92.

42. Dion Casio, *Historia romana*, XLV, 9, 3.

43. Apiano, *Guerras civiles*, III, 96.

44. Veleyo Patérculo, *Historia romana*, II, 69, 3.

45. Suetonio, *Vida de Augusto*, 86, 5; Plutarco, *Vida de Antonio*, 2, 7-8.

46. Dion Casio, *Historia romana*, XLV, 11, 1. Véase Tucídides, *Historia de la guerra del Peloponeso*, I, 66.

47. Cicerón, *Cartas a Ático*, XVI, 15, 3.

48. Cicerón, *Carta a sus amigos*, XI, 4; 5. Sobre los *inalpini*, véase Plinio el Viejo, *Historia natural*, III, 47.

Capítulo 2. Señores de la guerra en Occidente

1. [César], *Guerra de Hispania*, 39, 3.

2. Apiano, *Guerras civiles*, IV, 348-349.

3. Veleyo Patérculo, *Historia romana*, II, 73, 1.

4. Cicerón, *Sobre las provincias consulares*, 31.

5. Floro, *Compendio de la Historia Romana*, IV, 8, 2.

6. Apiano, *Guerras civiles*, II, 105-106.

7. Cicerón, *Cartas a los amigos*, XI, 1, 4.

8. Cicerón, *Cartas a Ático*, XV, 29, 1; XVI, 1, 4. Véase también Apiano, *Guerras civiles*, III, 11.

9. Cicerón, *Cartas a Ático*, XIV, 13, 2.

10. *Ibid.*, XVI, 4, 2.

11. Apiano, *Guerras civiles*, IV, 54, 2; Cicerón, *Cartas a Ático*, XV, 17, 1.

12. Cicerón, *Cartas a Ático*, XIV, 1 y 9.

13. Estrabón, *Geografía*, IV, 1, 5.

14. Valerio Máximo, *Hechos y dichos memorables*, II, 6, 7.

15. Justino, *Epítome de las Historias Filípicas de Pompeyo Trogo*, XLIII, 5, 1; César, *La guerra de las Galias*, V, 36, 1.

16. Apiano, *Guerras civiles*, II, 122-123.

17. Dion Casio, *Historia romana*, XLV, 10, 16.

18. *Ibid.*

19. Dion Casio, *Historia romana*, XLVI, 50, 4-5.

20. Apiano, *Guerras civiles,* IV, 84.

21. Apiano, *Guerras púnicas*, 136; Solino, *Colección de cosas memorables*, 27, 11.

22. Suetonio, *Vida de César*, 24, 2.

23. *Corpus inscriptionum Latinorum*, IX, 1460. Este *cognomen* iraní, que recuerda a la dinastía real parta, parece, no obstante, remitir al período de las campañas orientales de Antonio.

24. Cicerón, *Filípicas*, V, 46; Dion Casio, XLV, 13, 4; 42, 1; XLVI, 37, 2.

25. Ovidio, *Las tristes*, IV, 10, 6.

26. Frontino, *Estratagemas*, I, 7, 5.

27. Cicerón, *Cartas a los amigos*, X, 28; XII, 4.

28. Carta de Décimo Bruto, en Cicerón, *Cartas a los amigos*, XI, 10.

29. Suetonio, *Vida de Augusto*, XII.

30. Cicerón, *Filípicas*, XIV, 10, 28.

31. Nicolás de Damasco, *Vida de Augusto*, XXVII, 112.

32. Cicerón, *Cartas a Bruto*, I, 10, 2 (julio de 43).

33. Tito Livio, *Epítome*, 120.2 (véase también Orosio, *Historias contra los paganos*, VI, 18), dice que Camilo era un secuano. Sin embargo, este nombre está documentado sobre todo entre los helvecios: *Corpus inscriptionum Latinarum*, XIII, 5093; 5094; 5110; 5063.

34. Apiano, *Guerras civiles*, III, 403-407.

35. Cicerón, *Cartas a los amigos*, X, 33, 3.

36. Dion Casio, *Historia romana*, XLVII, 8, 3.

37. Plutarco, *Vida de Craso*, 32, 1.

38. *Ibid.*, 33, 3.

39. Jenofonte, *Anábasis*, I, 10, 1.

Capítulo 3. Las guerras de los tiranicidas

1. Cicerón, *Cartas a Ático*, XV, 11, 2.

2. Floro, *Compendio de la Historia Romana*, II, 17, 4; Apiano, *Guerras civiles*, III, 2, pero véase Dion Casio, *Historia romana*, XLVII, 20, 2.

3. Dion Casio, *Historia romana*, XLV, 15, 2.

4. Valerio Máximo, *Hechos y dichos memorables*, II, 10, *ext.* 1.

5. Plutarco, *Vida de Bruto*, II, 4. Quintiliano, *Instituciones oratorias*, X, 4, 6.

6. Apiano, *Guerras civiles*, II, 369.

7. *Supplementum epigraphicum Graecum*, XVII, 75.

8. *Inscripciones de Delos*, 1622; *Inscriptiones Graecae*, VII, 383.

9. Plutarco, *Vida de Bruto*, 24, 3.

10. Séneca, *Cartas*, 95, 45; Prisciano, *Instituciones de gramática*, 6, 7.

11. Plutarco, *Vida de Bruto*, 24, 1; Dion Casio, *Historia romana*, XLVII, 21, 3.

12. César, *Guerra civil*, III, 4, 2.

13. Plutarco, *Vida de César*, 24; Apiano, *Guerras civiles*, II, 368.

14. Apiano, *Guerras civiles*, IV, 373.

15. Cicerón, *Filípicas*, X, 4-6.

16. Apiano, *Guerras de Iliria*, 13.

17. Apiano, *Guerras civiles*, III, 321-324; IV, 317-318.

18. Flavio Josefo, *La guerra de los judíos*, I, 216-217; *Antigüedades judías*, XIV, 268-270.

19. Flavio Josefo, *Antigüedades judías*, XIV, 144; 188.

20. Plutarco, *Vida de Antonio*, 3, 1.

21. Dion Casio, *Historia romana*, XL, 20, 2; XLVII, 27, 3.

22. Lucano, *Farsalia*, VII, 230; *Guerra de África*, 20, 1.

23. [César], *Guerra de África*, 20, 1; Lucano, *Farsalia*, VII, 230.

24. Estrabón, *Geografía*, XVI, 2, 10.

25. Dion Casio, *Historia romana*, XLVII, 27, 4-5.

26. Apiano, *Guerras civiles*, III, 316.

27. *Ibid.*, IV, 257; 271, IV, 264.

28. Casio, en Cicerón, *Cartas a los amigos*, XII, 11, 1; 12, 3.

29. Dion Casio, *Historia romana*, XLVII, 28, 5.

30. Flavio Josefo, *La guerra de los judíos*, I, 219; *Antigüedades judías*, XIV, 271.

31. Flavio Josefo, *Antigüedades judías*, XIV, 280 (en *La guerra de los judíos*, I, 225, se habla de toda la Siria).

32. Cicerón, *Filípicas*, XI, 4.

33. Léntulo Espínter, en Cicerón, *Cartas a los amigos*, XII, 14, 4; 15, 7; Apiano, *Guerras civiles*, IV, 258.

34. Carta de P. Léntulo Espínter, en Cicerón, *Cartas a los amigos*, XII, 14, 1.

35. César, *Guerra civil*, III, 102, 7.

36. Apiano, *Guerras civiles*, IV, 273.

37. Dion Casio, *Historia romana*, XLVII, 26, 2.

38. Cicerón, *Cartas a los amigos*, XV, 1, 2.

39. Lucano, *Farsalia*, IX, 219-225.

40. [César], *Guerra de Alejandría*, 66, 2-3.

41. Estrabón, XIV, 5, 18.

42. Dion Casio, *Historia romana*, XLVII, 31, 1.

43. Plinio el Viejo, *Historia natural*, V, 79, la describe como «Antioquía la libre».

44. P. Léntulo Espínter, en Cicerón, *Cartas a los amigos*, XII, 14, 1.

45. Apiano, *Guerras civiles*, IV, 262-264.

46. *Ibid.*, IV, 257; 271; Dion Casio, *Historia romana*, XLVII, 30, 3.

47. Apiano, *Guerras civiles*, IV, 257; 271.

48. *Ibid.*, V, 30.

49. Flavio Josefo, *Antigüedades judías*, XIV, 304-323.

50. Apiano, *Guerras civiles*, IV, 224-225.

51. Dion Casio, *Historia romana*, XLVII, 24, 3.

52. Apiano, *Guerras civiles*, IV, 319-320.

53. Cicerón, *Cartas a Ático*, VI, 1; VI, 3.

54. Dion Casio, *Historia romana*, XLVII, 37, 1.

55. *Ibid.*, 33, 1; 4.

56. Apiano, *Guerras civiles*, IV, 319-320.

57. Plutarco, *Vida de Bruto*, 28, 1.

58. Apiano, *Guerras civiles*, IV, 18.

59. *Ibid.*, 269.

Capítulo 4. Vengar a César

1. Plinio el Viejo, *Historia natural*, IX, 116.

2. Dion Casio, *Historia romana*, XLVI, 48, 4.

3. *Ibid.*, XLVIII, 17.

4. Apiano, *Guerras civiles*, IV, 36; Dion Casio, *Historia romana*, XLVII, 12, 3.

5. Menas y Menécrates son considerados libertos por Plinio el Viejo, *Historia natural*, XLVII, 12, 3.

6. Apiano, *Guerras civiles*, V, 280.

7. Orosio, *Historias contra los paganos*, VI, 18, 19.

8. Apiano, *Guerras civiles*, IV, 36.

9. *Ibid.*, 104-106.

10. Cicerón, *Cartas a Ático*, XVI, 4, 2. Véase *Defensa de Ligario*, 7, 22.

11. Apiano, *Guerras civiles*, IV, 226-243.

12. *Ibid.*, 224-225.

13. *Tabula triumphorum Barberiniana* (*Inscriptiones Italiae*, 13, 36, l. 7): *L(ucius) Antonius ex Alpibus K(alendis) Ian(uariis) triump(h)avi[t].*

14. Dion Casio, *Historia romana*, XLVIII, 18, 1-19, 1. Octaviano no participó en las operaciones porque padecía de hidropesía: Plinio el Viejo, *Historia natural*, VII, 148.

15. *Corpus inscriptionum Latinarum*, X, 8337a-g.

16. Apiano, *Guerras civiles*, IV, 347; 358-362.

17. *Ibid.*, 285; 294; 299.

18. *Ibid.*, 279-313; véase Dion Casio, *Historia romana*, XLVII, 33, 3-4.

19. Plutarco, *Vida de Bruto*, 30, 4-32, 4; Apiano, *Guerras civiles*, IV, 285; 294; 299.

20. Plutarco, *Vida de Bruto*, 30, 4. Apiano, *Guerras civiles*, II, 377.

21. Apiano, *Guerras civiles,* II, 346; 456. Sobre la muerte de L. Domicio Enobarbo, véase Cicerón, *Filípicas*, II, 39, 2.

22. Cicerón, *Filípicas*, XI, 12; XIII, 27; XIV, 10.

23. Apiano, *Guerras civiles*, IV, 369.

24. *Ibid.*, 428.

25. *Ibid.*, 35.

26. Dion Casio, *Historia romana*, XLVIII, 24, 5-6.

27. Apiano, *Guerras civiles*, IV, 373.

28. Plutarco, *Vida de Bruto*, 49, 4.

29. *Ibid.*

30. Apiano, *Guerras civiles*, IV, 345.

31. Apiano, *Guerras civiles*, IV, 566; véase Plutarco, *Vida de Bruto*, 48, 5.

32. Plutarco, *Vida de Bruto*, 41, 8; Apiano, *Guerras civiles*, IV, 498.

33. *Res gestae del divino Augusto*, 2, 1.

34. Suetonio, *Vida de Augusto*, 13, 2-3. Véase también Dion Casio, *Historia romana*, LI, 2, 5-6.

35. Suetonio, *Vida de Augusto*, 27, 4.

36. Apiano, *Guerras civiles*, IV, 160; 575.

37. *Ibid.*, 580 s.

38. *Ibid.*, 573.

Capítulo 5. Entre concordia y discordia

1. Dion Casio, *Historia romana*, XLVIII, 1, 2.

2. Aulo Gelio, *Noches áticas*, XIV, 7, 5.

3. Dion Casio, *Historia romana*, XLVI, 55, 4.

4. *Ibid.*, XLVIII, 4, 2-6.

5. Apiano, *Guerras civiles*, IV, 36; Dion Casio, *Historia romana*, XLVII, 12, 3.

6. Apiano, *Guerras civiles*, IV, 479-488.

7. Plutarco, *Vida de Pompeyo*, 70, 1-5.

8. Apiano, *Guerras civiles*, IV, 36; Dion Casio, *Historia romana*, XLVII, 12, 3.

9. Veleyo Patérculo, *Historia romana*, II, 72, 3.

10. Dion Casio, *Historia romana*, XLVIII, 24, 1-2.

11. Flavio Josefo, *La guerra de los judíos*, I, 244; Plutarco, *Vida de Antonio*, 3, 10.

12. *Inscriptiones Graecae*, II2, 1039, 57.

13. Séneca el Viejo, *Suasorias*, I, 6-7.

14. Apiano, *Guerras civiles*, V, 29-30.

15. *Supplementum epigraphicum Graecum*, 38, 856.

16. Dion Casio, *Historia romana*, XLVIII, 43, 3.

17. Apiano, *Guerras civiles*, V, 15.

18. Flavio Josefo, *Antigüedades judías*, XV, 89. Apiano, *Guerras civiles*, V, 35-36, con algunas dudas acerca de la localización del santuario.

19. Plinio el Viejo, *Historia natural*, V, 111; Head, *Historia numorum*, 564.

20. Sócrates de Rodas, *BNJ* 192, f. 2 - Ateneo, *Banquete de los eruditos*, IV, 29, 148b-c.

21. *Inscriptiones Graecae*, II2, 1043.

22. Plutarco, *Vida de Antonio*, 24.

23. Plinio el Viejo, *Historia natural*, XXXV, 200.

24. Plutarco, *Vida de Antonio*, 24, 1-2.

25. Apiano, *Guerras civiles*, V, 31.

26. Plutarco, *Vida de Antonio*, 24, 1.

27. Marcial, *Epigramas*, XI, 20.

28. Plutarco, *Vida de Antonio*, 25, 1.

29. Apiano, *Guerras civiles*, V, 30.

30. Plutarco, *Vida de Antonio*, 26, 1; 5.

31. Sócrates de Rodas, *BNJ* 192, f. 2 - Ateneo, *Banquete de los eruditos*, 4, 29, 147e-148b.

32. Lucano, *Farsalia*, X 107-170.

33. Apiano, *Guerras civiles*, V, 35-36; Flavio Josefo, *Antigüedades judías*, XIV, 319-329.

34. Flavio Josefo, *Antigüedades judías*, XV, 89.

35. Apiano, *Guerras civiles*, V, 37-38.

Capítulo 6. El inicio de una edad de oro

1. Ennio, *Anales*, VII, fr. 24 Skutsch. Véase también Tito Livio, *Historia de Roma*, XXII, 10, 9.

2. Varrón, *Sobre la agricultura*, I, 1, 4.

3. Suetonio, *Vida de Augusto*, 70, 1-2.

4. Apiano, *Guerras civiles*, V, 12.

5. *Ibid.*, 80.

6. Estrabón, *Geografía*, XVII, 3, 5.

7. Apiano, *Guerras civiles*, V, 103.

8. Estrabón, *Geografía*, III, 5, 3; Porfirio, *Sobre la abstinencia*, I, 25.

9. Apiano, *Guerras civiles*, V, 102.

10. Dion Casio, *Historia romana*, XLVIII, 23, 3.

11. Apiano, *Guerras civiles*, V, 43-44.

12. Plutarco, *Vida de Antonio*, 27, 4-5.

13. Valerio Máximo, *Hechos y dichos memorables*, VIII, 7, *ext.* 16.

14. Apiano, *Guerras civiles*, V, 230; Dion Casio, *Historia romana*, XLVIII, 15, 2.

15. Apiano, *Guerras civiles*, V, 218.

16. *Ibid.*, 249-250.

17. Apiano, *Guerras civiles*, V, 277; Dion Casio, *Historia romana*, XLVIII, 48, 7-8.

18. Apiano, *Guerras civiles*, V, 255.

19. *Ibid.*, 279.

20. Servio «Danielino», *Comentarios de las* Bucólicas *de Virgilio*, 8, 12.

21. Apiano, *Guerras civiles*, V, 234.

22. Dion Casio, *Historia romana*, XLVIII, 30, 1.

23. Flavio Josefo, *Antigüedades judías*, XIV, 376-383; *La guerra de los judíos*, I, 279-283.

24. Apiano, *Guerras civiles*, V, 274; Dion Casio, *Historia romana*, XLVIII, 20, 3.

25. Apiano, *Guerras civiles*, V, 278; 386.

26. Plutarco, *Vida de Antonio*, 31, 5.

27. Flavio Josefo, *Antigüedades judías*, XIV, 385-389; *La guerra de los judíos*, I, 284-285.

28. Flavio Josefo, *Antigüedades judías*, XIV, 384.

29. Veleyo Patérculo, *Historia romana*, II, 78, 3.

30. Apiano, *Guerras civiles*, V, 321; 584.

31. Dion Casio, *Historia romana*, XLVIII, 30, 3; 31.

32. Apiano, *Guerras civiles*, V, 280-289.

33. *Ibid.*, 305.

34. *Ibid.*, 327.

35. Horacio, *Epodos*, IV, 18-19.

36. Apiano, *Guerras civiles*, V, 318.

37. Dion Casio, *Historia romana*, XLVIII, 327.

38. Apiano, *Guerras civiles*, V, 320; Dion Casio, *Historia romana*, XLVIII, 41, 7.

39. *Boletín epigráfico*, 1948, n. 55.

40. Dion Casio, *Historia romana*, XLVIII, 39, 2.

41. Apiano, *Guerras civiles*, V, 323-324.

Capítulo 7. El *Imperium* contraataca

1. Dion Casio, *Historia romana*, XLVIII, 33, 5.

2. Apiano, *Guerras civiles*, V, 319.

3. Dion Casio, *Historia romana*, XLVIII, 40, 6.
4. *Ibid.*, 41, 5.
5. Plutarco, *Vida de Craso*, 33, 2.
6. *Ibid.*, 33, 3.
7. Cicerón, *Cartas a Ático*, V, 21, 2.
8. Dion Casio, *Historia romana*, XLVIII, 24, 7-8. El término *ethnos* se utiliza de forma ambigua, porque significa a la vez «pueblo» y «provincia romana».
9. Flavio Josefo, *Antigüedades judías*, XIV, 372.
10. Flavio Josefo, *Antigüedades judías*, XIV, 362; *Guerra de los judíos*, I, 265.
11. Dion Casio, *Historia romana*, XLVIII, 25, 2-4.
12. Plutarco, *Vida de Antonio*, 28, 1.
13. Dion Casio, *Historia romana*, XLVIII, 26, 5.
14. Horacio, *Odas*, III, 5, 5-12.
15. Justino, *Epítome de las* Historias Filípicas *de Pompeyo Trogo*, XLII, 26, 5.
16. Estrabón, *Geografía*, XIV, 2, 24. Sobre los orígenes de Hibreas, véase Valerio Máximo, *Hechos y dichos memorables*, IX, 14, 12.
17. Estrabón, *Geografía*, XII, 8, 9.
18. Dion Casio, *Historia romana*, XLVIII, 39, 3.
19. Flavio Josefo, *Antigüedades judías*, XIV, 469.
20. Floro, *Compendio de la Historia Romana*, I, 46; Plutarco, *Vida de Craso*, 20, 1.
21. Flavio Josefo, *Antigüedades judías*, XIV, 434-436.
22. Dion Casio, *Historia romana*, XLVIII, 39, 3.
23. *Ibid.*, 40, 1-5.
24. Frontino, *Estratagemas*, II, 5, 36.
25. Dion Casio, *Historia romana*, XLVIII, 40, 6.
26. Plutarco, *Vida de Antonio*, 33, 6. En su resumen de diversos episodios de este conflicto, Veleyo Patérculo, *Historia romana*, II, 78, 1, dice que Labieno fue eliminado con el ejército parto, pero eso no implica que su muerte tuviera lugar en combate.
27. Dion Casio, *Historia romana*, XLVIII, 41, 1-4; Estrabón, *Geografía*, XVI, 2, 8; Frontino, *Estratagemas*, II, 5; 37 (llama *Farnastanes* al general parto).
28. Flavio Josefo, *Antigüedades judías*, XIV, 5; 37.

29. Apiano, *Guerras civiles*, V, 319.

30. Estrabón, *Geografía*, XVI, 2, 8.

31. Frontino, *Estratagemas*, I, 1, 6; Dion Casio, *Historia romana*, XLIX, 19, 2-3.

32. Plutarco, *Vida de Antonio*, 34, 3; Floro, *Compendio de la Historia Romana*, II, 19, 5-7; Aulo Gelio, *Noches áticas*, XV, 4, 4 - Suetonio, fragmento 210 Reifferscheid; Dion Casio, *Historia romana*, XLIX, 19-20; Justino, *Epítome de las* Historias Filípicas *de Pompeyo Trogo*, XLII, 4, 11-16, 5, 1-2; Eutropio, *Breviario de la historia romana*, VII, 5.

33. Floro, *Compendio de la Historia Romana*, II, 19, 5-7; sobre el fabuloso destino de Ventidio, véase también Juvenal, *Sátiras*, VII, 199, que lo compara con el rey Servio Tulio.

34. Plutarco, *Vida de Antonio*, 34, 4-5.

35. *Fasti triumphales* (*Inscriptiones Italiae,* 13, 1b. 7, l. 716-717): *P(ublius) Ventidius P(ubli) f(ilius) pro co(n)s(ule) ex Tauro an(no) DCCX[V] / monte et Partheis V K(alendas) Decem(bres).*

36. Aulo Gelio, *Noches áticas*, XV, 4, 3-4 (en realidad, Ventidio hacía negocios suministrando animales de transporte al ejército).

37. Frontón, *Epístolas a Vero César*, II, 9.

Capítulo 8. *Mare Nostrum*

1. Veleyo Patérculo, *Historia romana*, II, 88, 3; Dion Casio, *Historia romana*, XLVIII, 42, 1-4.

2. *Corpus inscriptionum Latinarum*, VI, 1301: *Inscriptiones Latinae liberae rei publicae*, 429.

3. Dion Casio, *Historia romana*, XLVIII, 42, 4; *Fasti triumphales Capitolini* (*Inscriptiones Italiae,* 13, 1b. 7, l.??): *Cn(aeus) Domitius M(arci) f(ilius) M(arci) n(epos) Calvinus an(no) DCCXVII / pro co(n)s(ule) ex Hispania XVI K(alendas) Sextil(es);* los *Fasti triumphales Barberiniani* (*Inscriptiones Italiae,* 13, 36) añaden la fórmula *palmam dedit*, «consagró la palma de la victoria».

4. Suetonio, *Vida de Augusto*, 49, 1.

5. Dion Casio, *Historia romana*, XLVIII, 49, 3.

6. César, *La guerra de las Galias*, IV, 16, 1; 18, 1.

7. Virgilio, *Bucólicas*, X, 46-48; *Geórgicas*, I, 509.

8. Dion Casio, *Historia romana*, XLVIII, 49, 3.

9. Apiano, *Guerras civiles*, V, 387.

10. Dion Casio, *Historia romana*, XLVIII, 49, 4-50, 3; Virgilio, *Geórgicas*, II, 161-162.

11. *Année épigraphique*, 1959, 77 - *Inscriptiones Latinae liberae rei publicae*, 1276.

12. Dion Casio, *Historia romana*, XLVIII, 45, 3.

13. Apiano, *Guerras civiles*, V, 406.

14. *Senatusconsultum de Plarasensibus et Afrodisiensibus*, ed. Raggi-Buongiorno.

15. Orosio, *Historias contra los paganos*, VI, 18, 23. Véase también Plutarco, *Vida de Antonio*, 34, 8; *Historia romana*, XLIX, 20, 5.

16. Estrabón, *FGrHist* 91, F 11 - Flavio Josefo, *Antigüedades judías*, XV, 9.

17. Dion Casio, *Historia romana*, XLIX, 32, 5.

18. Apiano, *Guerras civiles*, V, 387.

19. Plutarco, *Vida de Antonio*, 35, 1.

20. Apiano, *Guerras civiles*, V, 387-395; Dion Casio, *Historia romana*, XLVIII, 5', 1-6.

21. Apiano, *Guerras civiles*, V, 391.

22. *Ibid.*, 550.

23. *Ibid.*, 525.

24. Estrabón, *Geografía*, VI, 2, 6.

25. Dion Casio, *Historia romana*, XLIX, 8, 3.

26. Apiano, *Guerras civiles*, V, 542.

27. *Res gestae del divino Augusto*, 25, 1.

Capítulo 9. La campaña oriental de Antonio

1. Estrabón, *Geografía*, XI, 2, 12.

2. Estrabón, *Geografía*, VII, 4, 6.

3. *Ibid.*, XII, 3, 38, habla de «dos reyes».

4. Dion Casio, *Historia romana*, XLIX, 32, 3 (que sitúa el ascenso al poder de Amintas después de la campaña oriental de Antonio). Estrabón, *Geografía*, XII, 3, 42.

5. Estrabón, *Geografía*, XIV, 1, 23.

6. *Ibid.*, 1, 41.

7. Plutarco, *Vida de Antonio*, 24, 2.

8. Estrabón, *Geografía*, XII, 3, 6.

9. Memnón de Heraclea, 40.4.

10. Dion Casio, *Historia romana*, XLIX, 23, 1-2; 22, 3.

11. Plutarco, *Vida de Antonio*, 36.

12. Estrabón, *Geografía*, XIV, 5, 14.

13. *Supplementum epigraphicum Graecum*, 54, 1625: 58, 1733.

14. Apiano, *Guerras civiles*, V, 577; Dion Casio, *Historia romana*, XLIX, 14, 6, afirma de forma equívoca que Octaviano había devuelto a Antonio «tantos barcos como había perdido».

15. Plutarco, *Vida de Antonio*, 72, 2. Un autor cristiano del siglo VII, Sofronio de Damasco, habla también de Nicolás de Damasco (*Los milagros de los santos Ciro y Juan - FGrHist* 90, T1). Pero este último se ocupó probablemente de la educación de los gemelos en Roma, tras la muerte de sus padres.

16. Dion Casio, *Historia romana*, XLVII, 15, 4.

17. Justino, *Epítome de las* Historias Filípicas *de Pompeyo Trogo*, XLII, 5, 1-2. Dion Casio, *Historia romana*, XLIX, 23, 3-5, confirma estas masacres, que él fecha en el 37. Véase también Plutarco, *Vida de Antonio*, 37, 1-2.

18. Plutarco, *Vida de Antonio*, 37, 1; Dion Casio, *Historia romana*, XLIX, 24, 2.

19. *Ibid.*

20. Tácito, *Anales*, II, 56, 1.

21. Plutarco, *Vida de Antonio*, 34, 10.

22. *Ibid.*, 42, 6.

23. Dion Casio, *Historia romana*, XLIX, 24, 1. Hay que tener en cuenta que Zober, a diferencia del rey íbero, no tiene un nombre iraní.

24. Estrabón, *Geografía*, XI, 13, 4; 14, 9. Véase Plutarco, *Vida de Craso*, 19, 1.

25. Plutarco *Vida de Antonio*, 37, 4-5.

26. Dion Casio, *Historia romana*, XLIX, 25, 1-2.

27. Tito Livio, *Epítome*, CXXX, 1.

28. Plutarco, *Vida de Antonio*, 37, 3.

29. Floro, *Compendio de la Historia Romana*, II, 20, 2.

30. Plutarco, *Vida de Antonio*, 37, 1-2.

31. *Ibid.*, 40, 8.

32. Estrabón, *Geografía*, XI, 13, 3.

33. Plutarco, *Vida de Antonio*, 38, 3; 39, 8: 50, 2; Dion Casio, *Historia romana*, XLIX, 25, 3.

34. Justino, *Epítome de las* Historias Filípicas *de Pompeyo Trogo*, XLII, 2, 6.

35. Plutarco, *Vida de Antonio*, 38, 2-39, 1; Dion Casio, *Historia romana*, XLIX, 25.

36. Plutarco, *Vida de Antonio*, 39, 2-7; Dion Casio, *Historia romana*, XLIX, 25.

37. Frontino, *Estratagemas*, IV, 1, 37.

38. Plutarco, *Vida de Antonio*, 39, 2-7; Dion Casio, *Historia romana*, XLIX, 27, 5.

39. Dion Casio, *Historia romana*, XLIX, 29, 4.

40. Veleyo Patérculo, *Historia romana*, II, 82, 2-3; Floro, *Compendio de la Historia Romana*, II, 20, 4-5.

41. Plutarco, *Vida de Antonio*, 43, 3.

42. Dion Casio, *Historia romana*, XLIX, 31, 4.

Capítulo 10. El fin del joven Pompeyo. Las guerras del joven César

1. Apiano, *Guerras civiles*, V, 551.
2. *Ibid.*, 554.
3. Plutarco, *Vida de Antonio*, 42, 4-5.
4. Dion Casio, *Historia romana*, XLVIII, 30, 5.
5. Apiano, *Guerras civiles*, V, 572-575.
6. *Ibid.*, 580.
7. *Ibid.*, 598-600; Veleyo Patérculo, *Historia romana*, II, 79, 5.
8. Veleyo Patérculo, *Historia romana*, II, 79, 5.
9. Higinio el Gromático, p. 142 Thulin.
10. Suetonio, *Vida de Augusto*, 47; Apiano, *Guerras civiles*, V, 537; Dion Casio, *Historia romana*, XLIX, 34, 1. Para el triunfo de Estatilio Tauro, véase *Inscriptiones Italiae*, XIII, 1.569. Anfiteatro: Dion Casio, *Historia romana*; XLIX, 34, 1.
11. Floro, II, 25; Dion Casio, *Historia romana*, XLVIII, 41, 7.
12. Apiano, *Guerras ilíricas*, 40.

13. Suetonio, *Vida de Augusto*, 85, 1; *Suda*, s.v. *Augoustos kaisar*.

14. Apiano, *Guerras ilíricas*, 46.

15. *Res gestae del divino Augusto*, 29.

16. Apiano, *Guerras ilíricas*, 71.

17. Dion Casio, *Historia romana*, XLVIII, 45, 7; sobre la obtención de la *ingenuitas*, véase Suetonio, *Vida de Augusto*, 74, 1 - M. Valerio Mesala, fr. 4 Cornell.

18. Apiano, *Guerras ilíricas*, 42-43.

19. Estrabón, *Geografía*, VII, 3, 11.

20. Apiano, *Guerras civiles*, 22.

21. Tito Livio, *Epítome*, 131.

22. Apiano, *Guerras ilíricas*, 49-50.

23. Estrabón, *Geografía*, IV, 6, 7.

24. *Ibid.*

25. Apiano, *Guerras ilíricas*, 50-51.

26. [César], *La guerra de las Galias*, VIII, 24, 3.

27. *Inscriptiones Latinae liberae rei publicae*, 418.

28. *Inscriptiones Italiae*, X, 4, 31.

29. Apiano, *Guerras ilíricas*, 54.

30. Dion Casio, *Historia romana*, XLIX, 38, 1.

31. Apiano, *Guerras ilíricas*, 54-61.

32. Cicerón, *Cartas a Ático*, V, 20, 1.

33. Apiano, *Guerras ilíricas*, 58.

34. Estrabón, *Geografía*, VII, 5, 4.

35. Apiano, *Guerras ilíricas*, 63-64.

36. Dion Casio, *Historia romana*, XLIX, 36, 2-4.

37. *Ibid.*, XLIX, 38, 1.

38. Debido sin duda a esta prioridad, las operaciones más allá del Danubio quedaron postergadas *sine die*. Apiano termina, pues, el libro ilírico con las victorias del hermano pequeño de Lúculo, M. Terencio Varrón Lúculo. En el 71 a. C., mientras su hermano proseguía la guerra contra Mitrídates, él había aplastado a los mesios y asegurado el control de las ciudades griegas de la costa occidental del mar Negro.

39. *Inscriptiones Latinae selectae*, 8893 - *Inscriptiones Latinae liberae rei publicae*, 417.

40. *Fasti triumphales* (*Inscriptiones Italiae*, 13, 1b. 7, 1. 343-343; 569-560).

41. Apiano, *Guerras ilíricas*, 73.

42. *Ibid.*, 82.

43. Dion Casio, *Historia romana*, XLIX, 43, 7.

Capítulo 11. La vida inimitable de Alejandría

1. Plutarco, *Vida de Antonio*, 28, 2.

2. Plinio el Viejo, *Historia natural*, XIV, 148.

3. Plutarco, *Vida de Antonio*, 58, 9, atribuye esta información a un tal Calvisio, «compañero de César»; es improbable que se trate de C. Calvisio Sabino, cónsul en el año 39, que no se encontraba en Oriente.

4. Nicolás de Damasco, *Vida de Augusto*, fr. 130, 37. Murió octogenario en el año 23.

5. Estrabón, *Geografía*, XIV, 1, 14.

6. Reynolds, *Aphrodisias and Rome*, n.º 13.

7. Dion Casio, *Historia romana*, L, 5, 2.

8. *Excavaciones de Delfos*, III, 4, 58.

9. Véase Plutarco, *Vida de Antonio*, 1, 2-3.

10. Plutarco, *Vida de Antonio*, 28, 3-12.

11. *Ibid.*, 71, 2-3.

12. Dion Casio, *Historia romana*, XLIX, 30, 1-4.

13. Plutarco, *Vida de Antonio*, 53, 7; Dion Casio, *Historia romana*, XLIX, 33, 3.

14. Dion Casio, *Historia romana*, XLIX, 43, 2. Una de estas regiones era la Symbakē, mencionada por Estrabón, *Geografía*, XI, 13, 2.

15. Dion Casio, *Historia romana*, XLIX, 30, 6.

16. *Ibid.*, XLIX, 40, 3.

17. Plinio el Viejo. *Historia natural*, XXXIII, 82-83.

18. Moisés de Corene, *Historia de Armenia*, II, 22-23. El último pasaje está sacado de Flavio Josefo, *La guerra de los judíos*, I, 363, quien se equivoca al llamar «el parto» a Artavasdes (*Artabazēs*).

19. Moisés de Corene, *Historia de Armenia*, II, 61.

20. Dion Casio, *Historia romana*, XLIX, 40, 3.

21. *Ibid.*

22. *Ibid.*, XLIX, 41, 5.

23. *Ibid.*, L, 1, 1-2.

24. Plutarco, *Vida de Antonio*, 50, 6-7.

25. Dion Casio, *Historia romana*, XLIX, 40, 3-4.

26. *British Museum Coins*, 701 var.; *Roman Imperial Coins*, 492.

27. Dion Casio, *Historia romana*, L, 1, 4.

28. Moisés de Corene, *Historia de Armenia*, II, 24.

29. Plutarco, *Vida de Antonio*, 54, 5-9; véase Dion Casio, *Historia romana*, XLIX, 41, 1-4.

30. Suetonio, *Vida de Augusto*, 69, 3.

31. Dion Casio, *Historia romana*, L, 8, 6.

Capítulo 12. El juramento de toda Italia

1. *Oráculos sibilinos*, III, 350-380.

2. Plutarco, *Vida de Antonio*, 56, 7.

3. *Res gestae del divino Augusto*, 25, 2.

4. Virgilio, *Geórgicas*, II, 136.

5. Apiano, *Guerras civiles*, I, 25.

6. Véase por ejemplo Dion Casio, L, 4, 3-4.

7. *Res gestae*, 34, 1.

8. Plinio el Viejo, *Historia natural*, XXXI, 50.

9. *Ibid.*

10. Plutarco, *Vida de Antonio*, 67, 2-3.

11. Plutarco, *Apotegmas de reyes y generales*, VIII, 5, 1. Véase también *Vida de Rómulo*, 17, 3.

12. Plutarco, *Vida de Antonio*, 61, 2-3. Jámblico: Dion Casio, *Historia romana*, L, 13, 7.

13. *Ibid.*, 63, 7; Dion Casio, *Historia romana*, LI, 22, 8.

14. Dion Casio, *Historia romana*, L, 13, 7.

15. *Ibid.*, L, 11, 3; 13, 5.

16. Plutarco, *Vida de Antonio*, 63, 4-5; Dion Casio, *Historia romana*, I, 13, 5; Horacio, *Epodos*, IX, 17-18.

17. Dion Casio, *Historia romana*, L, 14, 2.

18. *Ibid.*, L, 24, 6-7.

19. *Ibid.*, L, 33, 2-3.

20. *Ibid.*, LI, 7, 2-7.

21. Plutarco, *Vida de Antonio*, 81.
22. Marcial, *Epigramas*, IV, 11, 4.
23. Horacio, *Odas*, I, 37, 1. Véase Alceo, fr. 332 Lobel-Page.
24. *Roman Imperial Coinage*, 276.

Bibliografía esencial

SÍNTESIS Y CUESTIONES GENERALES

Richard Alston, *Rome's Revolution: Death of the Republic and Birth of the Empire*, Oxford, Oxford University Press, 2015.

François Cadiou, *L'Armée imaginaire. Les soldats prolétaires dans les légions romaines au dernier siècle de la République,* París, Les Belles Lettres, 2018.

Luciano Canfora, *La prima marcia su Roma*, Roma-Bari, Laterza, 2007.

Pierre Cosme, *Auguste, maître du monde. Actium, 2 septembre 31 av. J.-C.*, París, Tallandier, 2014.

Jean-Louis Ferrary, «L'"oikoumène", l'Orient et l'Occident d'Alexandre le Grand à Auguste: histoire et historiographie», en Augusto Fraschetti, Andrea Giardina y Elio Lo Cascio (dir.), *Convegno per Santo Mazzarino (Roma, 9-11 maggio 1991)*, Roma, L'Erma di Bretschneider, 1998, pp. 97-132.

—, *Rome et le monde grec. Choix d'écrits*, París, Les Belles Lettres, 2017, pp. 57-83.

Ulrich Gotter, *Der Diktator ist tot! Politik in Rom zwischen den Iden des März und der Begründung des Zweiten Triumvirats,* Stuttgart, Franz Steiner, 1996.

Thomas Rice Holmes, *The Architect of the Roman Empire (44-27 B.C.)*, Oxford, Clarendon Press, 1928.

Frédéric Hurlet, «De Pompée à Auguste: les mutations de l'*imperium militiae.* 1. Les réalités institutionnelles», en Valérie Fromentin *et al.* (dir.), *Cassius Dion: nouvelles lectures*, II, Burdeos, Ausonius, 2016, pp. 581-593.

Paul Jal, *La Guerre civile à Rome: étude littéraire et morale de Cicéron à Tacite*, París, PUF, 1963.

Mario Attilio Levi, *Ottaviano capoparte: storia politica di Roma durante le ultime lotte di supremazia*, Florencia, La Nuova Italia, 1933.

Fergus Millar, «The Mediterranean and the Roman Revolution: Politics, War, and the Economy», *Past and Present*, n.º 102, 1984, pp. 3-24.

—, *Rome, the Greek World, and the East*, vol. I, *The Roman Republic and the Augustan Revolution*, Chapel Hill-Londres, University of North Carolina Press, 2002, pp. 215-237.

Josiah Osgood, *Caesar's Legacy. Civil War and the Emergence of the Roman Empire*, Cambridge, Cambridge University Press, 2006. [Hay trad. cast.: *El legado de César. La guerra civil y el surgimiento del Imperio romano*, Desperta Ferro Ediciones, Madrid, 2023.]

Christopher Pelling, «The Triumviral Period», en Alan K. Bowman, Edward Champlin y Andrew Lintott (dir.), *The Cambridge Ancient History*, 2.ª ed., *The Augustan Empire, 43 B.C.-A.D. 69*, Cambridge, Cambridge University Press, 1996, pp. 1-69.

Francisco Pina Polo (dir.), *The Triumviral Period; Civil War, Political Crisis and Socioeconomic Transformations*, Zaragoza-Sevilla, Editorial Universidad de Sevilla/Prensas de la Universidad de Zaragoza, 2020.

Geoffrey S. Sumi, *Ceremony and Power. Performing Politics in Rome between Republic and Empire*, Ann Arbor, The University of Michigan Press, 2005.

Ronald Syme, *La Révolution romaine*, París, Gallimard, 1967. [Hay trad. cast.: *La revolución romana*, Crítica, Barcelona, 2010.]

Frederik J. Vervaet, *The High Command in the Roman Republic. The Principle of the* summum imperium auspiciumque *from 509 to 19 BCE*, Stuttgart, Franz Steiner, 2014.

Los protagonistas

Thomas Robert Shannon Broughton, *The Magistrates of the Roman Republic, vol. II, 99 B.C.-31 B.C.*, Nueva York, The American Philological Association, 1952.

Domicio Enobarbo:

Henri Etcheto y François Jougleux, «Les ressorts politiques d'une falsification historique: Cn. Domitius Ahenobarbus et les Ides de Mars», *Historia*, n.º 64, 2015, pp. 106-130.

Decidio Saxa:

Ronald Syme, «Who was Decidius Saxa?», *Journal of Roman Studies*, n.º 27, 1937, pp. 127-137.
—, *Roman Papers*, vol. I, Oxford, Oxford University Press, 1979, pp. 31-41.

Lucio Antonio:

Umberto Livadiotti, «Lucio Antonio, Appiano e la propaganda augustea», *Seminari romani di letteratura greca*, n. s., n.º 2, 2013, pp. 65-91.
Jean-Michel Roddaz, «Lucius Antonius», *Historia*, n.º 37, 1988, pp. 317-346.

Balbo:

Francisco Pina Polo, «Les *Cornelii Balbi* de Gadès: un exemple de clientélisme provincial?», en Nathalie Barrandon y François Kirbihler (dir.), *Les Gouverneurs et les provinciaux sous la République romaine*, Rennes, PUR, 2011, pp. 189-203.

Agripa:

Jean-Michel Roddaz, *Marcus Agrippa*, Roma, École française de Rome, 1984.
Ilaria Romeo, Ingenuus Leo: *L'immagine di Agrippa*, Roma, L'Erma di Bretschneider, 1998.

Salvidieno Rufo:

Gustavo Vivas García, «Quinto Salvidieno Rufo. Algunos apuntes sobre su biografía política», *Studia histórica, Historia antigua*, n.º 39, 2021, pp. 237-251.

Domicio Calvino:

Jean-Noël Bonneville, «Les patrons du municipe d'*Emporiae* (Ampurias, Espagne)», *Revue des Études Anciennes*, n.º 88, 1986, pp. 181-200.

Jesper Carlsen, «Cn. Domitius Calvinus: A Noble Caesarian», *Latomus*, n.º 67, 2008, pp. 72-81.

Mecenas:

Philippe Le Doze, *Mécène. Ombres et flamboyances*, París, Les Belles Lettres, 2014.

Mesala:

Patrick Tansey, «Messalla Corvinus and the "Bellum Siculum"», *Latomus*, n.º 66, 2007, pp. 882-890.

Ventidio:

Francesca Rohr Vio, *Publio Ventidio Basso. Fautor Caesaris, tra storia e memoria*, Roma, L'Erma di Breschneider, 2009.

L. Plinio Rufo:

Marina Silvestrini, «Nuove epigrafi da Lilibeo», *Antichità altoadriatiche*, n.º 79, 2014, pp. 207-226.

Cleopatra:

Bernard Legras, *Cléopâtre l'Égyptienne*, París, Les Belles Lettres, 2021.
Maurice Sartre, *Cléopâtre. Un rêve de puissance*, París, Tallandier, 2018.

Cesarión/Cesarión en Dendera:

Livia Capponi, «Osservazioni su Cesarione», *Quaderni di storia*, n.º 95, 2022, pp. 31-59.
Jan Quaegebeur, «Cléopâtre VII et le temple de Dendara», *Göttinger Miszellen*, n.º 120, 1991, pp. 49-72.

Deyótaro:

Victor Parker, «Deiotarus: Zur Karriere eines römischen Klientelkönigs», *Electrum*, n.º 25, 2018, pp. 187-208.

Herodes:

Edith Parmentier, *Hérode. De la légende à l'Histoire*, París, Les Belles Lettres, 2022.
Jean-Michel Roddaz, *Hérode le roi architecte*, París, Actes Sud/Errance, 2014. [Hay trad. cast.: *Herodes: el rey arquitecto*, Desperta Ferro Ediciones, Madrid, 2018.]

Hibreas de Milasa:

Fabrice Delrieux y Marie-Claire Ferriès, «Euthydème, Hybréas et Mylasa: une cité grecque de Carie dans les conflits romains de la fin du Ier siècle a.C.», *Revue des études anciennes*, n.° 106, 2004, pp. 49-71, 499-519.

Seleuco de Rosos:

Andrea Raggi, *Seleuco di Rhosos. Cittadinanza e privilegi nell'Oriente greco in età tardo-repubblicana*, Pisa-Roma, Giardini, 2006.

Tarcondimoto:

Nathanael Andrade, «Local Authority and Civic Hellenism: Tarcondimotus, Hierapolis-Castabala and the Cult of Perasia», *Anatolian Studies*, n.° 61, 2011, pp. 123-132.

Nicholas L. Wright, «The House of Tarkondimotos: A Late Hellenistic Dynasty Between Rome and the East», *Anatolian Studies*, n.° 62, 2012, pp. 69-88.

Los pueblos y sus espacios

Hispania:

François Cadiou, Hibera in terra miles. *Les armées romaines et la conquête de l'Hispanie sous la République (218-45 av. J.-C.)*, Madrid, Casa de Velázquez, 2008.

Christian Rico, *Pyrénées romaines. Essai sur un pays de frontière (IIIe siècle av. J.-C.-IVe siècle ap. J.-C.)*, Madrid, Casa de Velázquez, 1997.

Gades:

Jean Gagé, «Hercule-Melqart, Alexandre et les Romains à Gadès», *Revue des Études Anciennes*, n.º 42, 1940, pp. 425-438.

Francisco Pina Polo, «Les *Cornelii Balbi* de Gadès: un exemple de clientélisme provincial?», art. cit.

Celtas:

Pierre Ouzoulias y Laurence Tranoy (dirs.), *Comment les Gaules devinrent romaines*, París, La Découverte, 2010.

Ilírico:

Danijel Dzino (Džino), *Illyricum in Roman Politics, 229 BC-AD 68*, Cambridge, Cambridge University Press, 2010.

Marjeta Šašel Kos, «The Role of the Navy in Octavian's Illyrian War», *Histria Antiqua*, n.º 21, 2012, p. 93-104.

Dacios:

Vasile Lica, *The Coming of Rome in The Dacian World*, Constanza, Universitätsverlag, 2000.

Ioana A. Oltean, *Dacia. Landscape, Colonization and Romanization*, Londres-Nueva York, Routledge, 2007.

Tracios:

Sobre las dinastías tracias, véase Richard D. Sullivan, «Thrace in the Eastern Dynastic Network», en *Aufstieg und Niedergang der römischen Welt*, II, 7.1, 1979, pp. 186-211.

Grecia:

Paul Ernst, «Le logement des particuliers romains dans la Grèce égéenne aux IIe et Ier siècles av. J.-C.», *Bulletin de correspondance hellénique*, n.º 141, 2017, pp. 313-336.

Jean-Louis Ferrary, «Les Grecs des cités et l'obtention de la *ciuitas Romana*», en Pierre Fröhlich y Christel Müller (dirs.), *Citoyenneté et participation à la basse époque hellénistique: actes de la table ronde des 22 et 23 mai 2004*, Ginebra, Droz, 2005, pp. 51-75.

—, *Rome et le monde grec*, *op. cit.*, pp. 267-286.

Atenas:

W. Jeffrey Tatum, «Antonius and Athens», en Francisco Pina Polo, *The Triumviral Period*, *op. cit.*, pp. 459-473.

Peloponeso:

Jean-Sebastien Balzat, «Les Euryclides en Laconie», en Catherine Grandjean (dir.), *Le Péloponnèse d'Épaminondas à Hadrien*, Burdeos, Ausonius, 2008, pp. 335-350.

Rodas:

Fabrice Delrieux y Marie-Claire Ferriès, «Le siège de Rhodes par C. Cassius Longinus en 42 av. J.-C., de la bataille de Myndos à la prise de la ville», en Nicolas Faucherre e Isabelle Pimouguet-Pédarros (dirs.), *Les Sièges de Rhodes*, Rennes, PUR, 2010, pp. 75-199.

Oriente Próximo:

Maurice Sartre, *D'Alexandre à Zénobie: histoire du Levant antique, IIe siècle avant Jésus-Christ-IIIe siècle après Jésus-Christ*, 2.ª ed., París, Fayard, 2003.

Hendrikus A. M. van Wijlick, Rome and the Near Eastern Kingdoms and Principalities, 44-31, Leyde-Boston, Brill, 2021.

Asia Menor:

Raphaëlle Laignoux, «Reconnaître Octavien et ses concurrents en Anatolie: les allégeances asiatiques durant les guerres civiles de la fin de la République», en Laurence Cavalier, Marie-Claire Ferriès y Fabrice Delrieux (dirs.), *Auguste et l'Asie Mineure*, Burdeos, Ausonius, 2017, pp. 211-239.
Maurice Sartre, *L'Asie Mineure et l'Anatolie d'Alexandre à Dioclétien (IVe siècle av. J.-C.-IIIe siècle)*, París, Armand Colin, 1995.

Éfeso:

François Kirbihler, *Des Grecs et des Italiens à Éphèse. Histoire d'une intégration croisée (133 a.C.-48 p.C.)*, Burdeos, Ausonius, 2016.

Cilicia:

Bradley Jordan, «Political Authority and Local Agency: Cilicia Pedias and Syria Between the Seleucid Empire and the Roman Republic», *Mnemosyne*, 2021 [en línea].

Tarso:

Carlo Franco, «Tarso tra Antonio e Ottaviano (Strabone 14, 5, 14)», en Giusto Traina (dir.), *Studi sull'età di Marco Antonio* (*Rudiae*, 18), Galatina, Congedo, 2006, pp. 313-337.

Comagene:

Michael Blömer *et al.* (dirs.), *Common Dwelling Place of all the Gods. Commagene in its Local, Regional and Global Hellenistic Context*, Stuttgart, Franz Steiner, 2021.

Margherita Facella, *La dinastia degli Orontidi nella Commagene ellenistico-Romana*, Pisa, Giardini, 2006.

Siria Coele:

Maurice Sartre, «Retour vers la Cœlé-Syrie», *Syria*, n.º 95, 2018, pp. 447-460.

Itureos:

Julien Aliquot, «Les Ituréens et la présence arabe au Liban du IIe s. a. C. au IVe s. p. C.», *Mélanges de l'Université Saint-Joseph*, n.º 56, 1999-2003, pp. 161-290.

Julia Hoffmann-Salz, «The Ituraeans as a Hellenistic Dynasty – Working the Middle Ground in Hellenistic Syria», en *Ead., The Middle East as Middle Ground? Cultural Interaction in the ancient Middle East revisited*, Viena, Holzhausen GmbH, 2021, pp. 101-116.

Elaine A. Myers, *The Ituraeans and the Roman Near East. Reassessing the Sources,* Cambridge, Cambridge University Press, 2010.

Palmira:

Olivier Hekster y Ted Kaizer, «Mark Antony and the Raid on Palmyra: Reflections on Appian, *Bella Civilia* V, 9», *Latomus*, n.º 63, 2004, pp. 70-80.

Annie y Maurice Sartre, *Palmyre. Vérités et légendes*, París, Perrin, 2016.

Partos:

Charlotte Lerouge, *L'Image des Parthes dans le monde gréco-romain. Du début du* ier *siècle av. J. C. jusqu'à la fin du Haut-empire romain*, Stuttgart, Franz Steiner, 2007.

Giusto Traina, *Carrhes, 9 juin 53 av. J.-C. Anatomie d'une bataille*, París, Les Belles Lettres, 2011 (ed. original italiana: *La resa di Roma. Battaglia a Carre, 9 giugno 53 a.C.*, Roma-Bari, Laterza, 2010).

Armenia:

Aldo Ferrari y Giusto Traina, *Storia degli Armeni*, Bolonia, Il Mulino, 2020.

Lee E. Patterson, «Antony and Armenia», *Transactions of the American Philological Association*, n.º 145, 2015, pp. 77-105.

Albania caucasiana:

Giusto Traina, «Strabo and the Caucasian Albanians: Some Preliminary Remarks», en Lauriane Locatelli, Émilie Piguet y Simone Podestà (dirs.), *Constructions identitaires en Asie Mineure (*viii*e siècle avant J.-C-*iii*e siècle après J.-C.)*, Besançon, Presses universitaires de Franche-Comté, 2021, pp. 199-211.

Media Atropatene:

Martin Schottky, *Media Atropatene und Gross-Armenien in hellenistischer Zeit*, Bonn, Habelt, 1989.

Índice de antropónimos*

* Las fechas entre paréntesis indican la duración de los reinados.

Índice de topónimos y gentilicios*

* Los nombres de los pueblos aparecen en negrita.

Créditos de las ilustraciones

53 *Aureus* de Sexto Pompeyo.
© Biblioteca Nacional de Francia.
72 Fragmento de la estatua de Bruto.
© American School of Classical Studies at Athens.
87 Denario de L. Musidio Longo.
© Biblioteca Nacional de Francia.
108 Denario de Cn. Domicio Enobarbo Imperator.
© Biblioteca Nacional de Francia.
115 Cleopatra y Ptolomeo XV «Cesarión» en el templo de Hathor en *Tentyris*.
© Bridgeman Images.
137 Otto Neurath, «Estado y demografía en torno al nacimiento de Cristo».
© Biblioteca de Viena.
139 Dracma de plata de Artavasdes II.
© Museo de la historia de Armenia.
141 *Denarius* de plata de Quinto Labieno.
© Biblioteca Nacional de Francia.
151 Arsameia en el Nymphaios.
Antíoco de Comagene y Vahagn.
© Alamy.
162 Antonio y Cleopatra en una moneda acuñada en el año 34 a. C.
© Biblioteca Nacional de Francia.
169 Dracma de Fraates IV.
© Biblioteca Nacional de Francia.

Índice

Tercera parte
EL FIN DE UNA REPÚBLICA